Elogios para **Marketing com Valor** *Agregado*

"A propaganda está mudando rapidamente e as fórmulas antigas já não funcionam mais. O novo livro de Bob Gilbreath está repleto de ideias e conceitos que ajudarão você a lidar com as novas realidades na esfera do marketing. Está muito bem escrito também."

–**Al Ries**, Coautor de *War in the Boardroom*

"Conforme o mundo se torna mais imune à propaganda 'como de costume', a urgência em encontrar maneiras novas e melhores de se conectar com o consumidor está cada vez maior. Ao reconhecer esta necessidade e responder a ela, Bob Gilbreath introduz *Marketing com Valor Agregado*, uma maneira fantástica de ganhar a atenção do consumidor e tornar o mundo um lugar melhor no processo."

–**Kevin Doohan**, Diretor de Marketing Digital, Red Bull América do Norte

"Este livro imensamente importante apresenta um novo modelo de marketing sintonizado com a avidez do consumidor atual por significado em sua vida. É uma visão dos bastidores sobre como as maiores marcas estão alavancando seu poder e uma leitura essencial para qualquer um que busque agregar valor a seu negócio, carreira e vida."

–**Jim Heekin**, Presidente e CEO, Grey Group

"Recomendo fortemente este livro. Bob Gilbreath demonstra como o marketing pode ir além da interrupção para agregar valor tanto para o consumidor como para as marcas. Ele ilustra sua visão com um conjunto rico e diversificado de *cases* complementados por diretrizes desenhadas para ajudar as pessoas a criarem *Marketing com Valor Agregado*."

–**Nigel Hollis**, Chefe Analista Global, Millward Brown, e autor de *The Global Brand*

"As tecnologias atuais passaram o poder para o consumidor. *Marketing com Valor Agregado* mostra como as empresas podem alavancar este poder para beneficiar a seus clientes e a si próprias."

> –**Peter Golder**, Professor de Marketing, Tuck School of Business at Darthmouth, e coautor de *Will and Vision: How Latecomers Grow to Dominate Markets*

"Bob Gilbreath escreveu um guia empolgante e articulado para o futuro do marketing no novo ambiente da mídia. Glória!"

> –**Bruce Owen**, Professor de Políticas Públicas da Morris M. Doyle, Stanford University

"O mundo mudou, as expectativas do consumidor mudaram e, como resultado, o marketing tradicional interruptivo perdeu consideravelmente a eficiência. Neste livro, Bob Gilbreath não só define e expõe argumentos para o *Marketing com Valor Agregado*, mas também oferece uma estrutura estratégica, excelentes exemplos da vida real e um mapa da estrada claro para chegar lá, de uma maneira profunda e engajadora."

> –**Brian McNamara**, Presidente para a Europa, Novartis OTC Business Unit

"Empresas inteligentes viram seus produtos crescerem adotando uma abordagem com mais significado, mas ninguém deu um nome ao modelo, codificou e ofereceu diretrizes para implementá-lo. Mas neste livro, Bob Gilbreath fez tudo isso."

> –**Pete Blackshaw**, EVP, Digital Strategic Services, Nielsen Online, e autor de *Satisfied Customers Tell Three Friends, Angry Customers Tell Three Thousand*

"Gilbreath tocou em algo importante com *Marketing com Valor Agregado*. Não me lembro de um livro que contenha exemplos tão reais."

> –**Tim Kopp**, Diretor-executivo de Marketing, Exact Target

"É uma abordagem abrangente e prática do marketing de conectividade. Uma vez que a mídia não é mais 'surda', os profissionais de marketing devem conectar verdadeiramente suas marcas com seus clientes. A infinidade de veículos de mídia fragmenta o mercado, mas também cria uma oportunidade tremenda. Bob usa habilmente exemplos reais e atuais sobre como podemos capitalizar com conexões mais ricas e profundas."

–**Mark Chmiel**, Diretor de Marketing e Inovações,
The Denny's Corporation

"Dez anos depois do *Permission Marketing*, Bob Gilbreath leva a ideia para um novo nível. Uma leitura essencial para qualquer um que trabalhe com publicidade."

–**Seth Godin**, autor de *Tribes*

"Bob é um dos talentos do marketing. *Marketing com Valor Agregado* é um verdadeiro guia para todos os construtores de marca – muitos livros prometem isso, o livro de Bob cumpre. É em parte uma coletânea de histórias inspiradoras, em parte um manual para a mudança... mudança que devemos abraçar se quisermos levar as marcas para o futuro."

–**Jim Stengel**, Ex-diretor de Marketing Global, Procter & Gamble

"Algumas verdades eternas recuperadas para o marketing moderno – e muitas outras novas. Uma lembrança inspiradora do valor do comportamento de marca e de como fazer isso acontecer."

–**Sir Martin Sorrell**, CEO, WPP

"No mundo de hoje movido por mensagens de texto, infestado por TiVos e voltado para a mídia social, a propaganda tradicional perdeu praticamente todo o significado. Bob Gilbreath mostra de maneira brilhante por que não estamos vivendo mais na era do marketing de nossos pais. Melhor ainda, ele detalha como o marketing é mais eficaz quando agrega valor à vida das pessoas e oferece um roteiro para o sucesso."

–**David Meerman Scott**, autor de *The New Rules of Marketing & PR* e *World Wide Rave*

"Um dos muitos *insights* iluminadores no novo livro de Bob Gilbreath é que muitos profissionais de marketing estão encontrando sucesso nas mídias sociais porque estão redescobrindo a generosidade. A persuasão deu lugar ao compartilhamento e o marketing nunca mais será o mesmo."

–**John Gerzema**, Chief Insights Officer, Young & Rubicam e
coautor de *The Brand Bubble*

"Na Coca-Cola Company acreditamos que estimular o amor e a defesa da marca é essencial para construir marcas nestes tempos de mídia social. Este livro oferece uma estrutura e exemplos instigantes para a criação da próxima geração de marcas voltadas para a cultura."

–**Mark Greatrex**, Vice-presidente sênior, Insights de Marketing e
Comunicações, The Coca-Cola Company

MARKETING
com
VALOR
Agregado

A Próxima Evolução do Marketing

Bob Gilbreath

M.BOOKS

M.Books do Brasil Editora Ltda.

Rua Jorge Americano, 61 - Alto da Lapa
05083-130 - São Paulo - SP - Telefones: (11) 3645-0409/(11) 3645-0410
Fax: (11) 3832-0335 - e-mail: vendas@mbooks.com.br
www.mbooks.com.br

Dados de Catalogação na Publicação

Gilbreath, Bob.

Marketing com Valor Agregado. A Próxima Evolução do Marketing/Bob Gilbreath.
2012 – São Paulo – M.Books do Brasil Editora Ltda.

1. Marketing   2. Vendas   3. Propaganda e Publicidade   4. Administração e Negócios

ISBN: 978-85-7680-124-5

Do original: The next evolution marketing: connect with your customers by marketing with meaning.

Publicado em inglês pela McGraw-Hill Companies.

©2010 Bridge Worldwide

©2012 M.Books do Brasil Editora Ltda.

Editor
MILTON MIRA DE ASSUMPÇÃO FILHO

Tradução
Monica Rosemberg

Produção Editorial
Lucimara Leal

Coordenação Gráfica
Silas Camargo

Editoração
Crontec

2012
M.Books do Brasil Editora Ltda.
Todos os direitos reservados.
Proibida a reprodução total ou parcial.
Os infratores serão punidos na forma da lei.

A TODOS OS FUNCIONÁRIOS E CLIENTES DA BRIDGE
WORLDWIDE QUE INSPIRARAM ESTA IDEIA E QUE
CRIAM MARKETING COM VALOR AGREGADO TODOS
OS DIAS.

AGRADECIMENTOS

Quando meus amigos e parceiros ouvem que estive trabalhando num livro, quase sempre se dizem surpresos por eu encontrar tempo e energia ao longo de mais de dois anos para que isso se concretizasse. Analisando, este foi o maior projeto que já assumi em minha vida – um tipo de maratona mental que consumiu anos de treinamento e um esforço enorme para escrever, enquanto trabalhava em período integral numa empresa que mudava e crescia em ritmo acelerado. Mas, como praticamente todo maratonista concordaria, foram meus amigos, minha família e as pessoas que conheci ao longo do caminho que me deram a força e o apoio para realizar este feito.

Primeiro, sou profundamente grato à minha "equipe editorial do livro", com quem trabalhei tão proximamente durante meses para criar com sucesso a obra que você tem em mãos. Comecei trabalhando com minha agente, Lisa Dimona, cerca de dois anos atrás e, desde nossa primeira conversa, achei que ela era uma guia maravilhosa da minha primeira jornada ao longo do processo de publicação. Lisa me estimulou a aperfeiçoar meu pensamento e gerenciou minhas expectativas e emoções maravilhosamente. Nosso membro da equipe mais recente, Donya Dickerson foi uma excelente adição ao processo e ao projeto. Ela demonstrou energia para este trabalho desde nossa primeira conversa, e tem sido uma parceira maravilhosa tanto no aspecto editorial quanto no empresarial do processo de publicação. Agradeço também aos membros da equipe editorial Mary Glenn, Heather Cooper, Jane Palmieri e Staci Shands. E Mark Fortier tem sido um guia excepcional no *front* das Relações Públicas.

Meu agradecimento muito especial para Laureen Rowland, minha editora e parceira que adotou o projeto com muita paixão, organização meticulosa e até com aconselhamento pessoal ao longo do processo. Lauren dedicou-se de coração ao trabalho e complementou meu estilo e perspectiva perfeitamente. Ela foi a maior fã do trabalho e trouxe o realismo necessário sobre como o mundo editorial funciona. Apesar das centenas de quilômetros de distância entre nós, e de nunca termos nos encontrado pessoalmente até que o livro estivesse concluído, eu realmente não o teria publicado sem Laureen. E é por isso que ela sempre ocupará um lugar especial no meu coração.

Outra pessoa que tornou este sonho realidade é meu melhor amigo desde os tempos de faculdade na Duke University, que por acaso é meu chefe na Bridge Worldwide: Jay Woffington. Por mais que eu acreditasse que este conceito fosse consistente e promissor, não tinha a confiança de levá-lo ao próximo nível até que Jay me encorajou a torná-lo algo grande. Ainda me lembro dele me cutucando e me desafiando a escrever um livro – algo que eu sempre sonhei fazer em algum momento da minha vida. Jay é alguém que acredita no fazer acontecer agora, em vez de adiar para um futuro obscuro. Ele não só me desafiou a fazer isso acontecer, como também me apoiou nos momentos quando o trabalho no livro me desviava de minhas obrigações diárias na empresa.

Além de Jay, agradeço muito aos demais membros de nossa equipe executiva na Bridge Worldwide: Peter Schwartz, Michael Graham e Steve Wolf que acreditaram na ideia logo de início e me ajudaram a refinar o pensamento ao longo do caminho. Eles, também, assumiram mais trabalho quando eu estava queimando as pestanas pesquisando ou escrevendo. Outros executivos da empresa que participaram deste esforço incluem Michael Wilson, apoiador e mentor intelectual; Jonathan Richman, que se ofereceu para promover voluntariamente o conceito de maneira incontável e meus braços direito e esquerdo em atendimento ao cliente Jodi Schmidtgoesling e Jason Ruebel, que não só gerenciaram como também melhoraram nosso nível de atendimento enquanto eu estava ocupado com outros afazeres.

Existem muitas outras pessoas na Bridge Worldwide que me ajudaram a lançar este livro e este conceito no mercado. Este foi verdadeiramente um projeto corporativo em que centenas de funcionários atuais e ex-funcionários da Bridge tiveram participação nos últimos dois anos. Alex Rolfes liderou uma equipe de pessoas por toda a empresa que dedicaram sua paixão para tornar este conceito um sucesso, incluindo, sem uma ordem específica, Shannon Lanner, Erik Shrewsberry, Caroel Amend, Taylor Cline, Marc Connor, Tiffany Bruning Tracey Dye, Ryan Kolbe, Brad Mahler, Sarah Medley, John Stichweh, Jason Van Cleave, Chris Zievrink, Debbie Effler, Don Huesman, James Marable, Jared Bauer, Ian "Trey" Dahlman, David Shepherd, Margaret Russo, Becky Gruebmeyer, Dennis Chacon, Gretchen Conner, Ray Seguin, Jessi Link, Nick Schultz, Brad Lark e Rebekah Kluesener. Devo agradecer também a duas funcionárias "extraoficiais" da Bridge, Carolyn Hennessy e Teresa Litzler, que ajudaram a transformar esta ideia no motor por trás de nossa empresa.

Além da família Bridge Worldwide, devo meus maiores agradecimentos a nossa controladora, WPP, e aos muitos irmãos, irmãs e primos que foram extremamente prestativos doando seu tempo e talento. Desde que nos juntamos à WPP, tenho me surpreendido com o quanto responsivos e atenciosos 100 mil funcionários ao redor do mundo podem ser. Acho que isso é mérito de nosso líder, Sir Martin Sorrell, que estabelece essa expectativa para seu pessoal – e dá um exemplo respondendo a todos os e-mails em questão de minutos!

Na WPP, agradeço especialmente a Tamara Ingram, líder da WPP's Team P&G. Tam apoiou nosso projeto abrindo portas e a bolsa. Agradeço muito pelo conselho que recebi de outras pessoas da WPP que escreveram livros de sucesso, incluindo Jon Steel (*Truth, Lies and Advertising e The Perfect Pitch*), Allen Adamson (*BrandSimple and BrandDigital*), Shane Atchinson (*Actionable Web Anaytics*), David Nicols (*Brands and Gaming*), Jim Taylor (*Space Race*), John Gerzema (*The Brand Bubble*) e Nigel Hollis (*The Global Brand*). Lee Aldrige me colocou sob sua asa e proporcionou uma orientação inestimável sobre marketing para nosso lançamento. Richard Westerndorf, sua equipe e Landor ajudaram na arte final da capa. Agradeço também ao tempo dedicado por Ryan Turner, Gilad Kat e Maria Mandel, que compartilharam exemplos de sua experiência em *Marketing com Valor Agregado*.

Existem vários outros amigos e parceiros que se dedicaram especialmente a este projeto. Kevin Doohan, ex-ConAgra e agora Red Bull, foi extremamente encorajador e deu grande apoio. Encontrei adeptos importantes na Procter & Gamble como Jim Stengel e Matt Carceri. Pete Blackshaw me desafiou a criar mudança enquanto estávamos juntos na P&G e tem sido um modelo à medida que me volto para o atendimento ao cliente. Sanjay Puligadda, da Universidade de Miami, tem sido um parceiro excepcional em nosso trabalho de pesquisa para embasar o conceito de Marketing com Valor *Agregado*. E sempre terei em grande estima o encorajamento que recebi de Jory Des Jardin, fundadora e presidente da BlogHer, que assistiu a minha apresentação deste conceito em Atenas, Grécia, em 2007. Foi a primeira vez que compartilhei a ideia numa conferência pública e, quando ela disse que era uma das melhores apresentações que já havia visto nos últimos tempos, senti que realmente tínhamos chance de dar certo.

Meu profundo agradecimento a minha família por seu apoio ao longo dos anos. Meu pai, Robert Gilbreath, foi uma inspiração para meu lado escritor e incutiu a paixão por livros na minha vida desde pequeno. Ainda criança, observei-o digitar os livros *Forward Thinking, Save Yourself* e *Escape From Management Hell*, num processador de texto Epson. Admirava seu esforço no escritório de casa e comemorava quando ele atingia o sucesso como autor. Enquanto eu tirava lições de escrita com meu pai, minha mãe, Linda Gilbreath, era a parte sempre encorajadora que incentivava meu trabalho criativo. Ela ainda se lembra de um conto que escrevi na terceira série sobre um menino que sobreviveu a um tornado – e certamente o tem guardado em algum lugar. Espero ter deixado ambos orgulhosos com este trabalho.

Agradeço também pelas inúmeras horas que devo a minha esposa, Stephanie, e a minhas filhas Grace e Ella. Durante finais de semana, noites e feriados, elas frequentemente viam apenas minhas costas enquanto produzia este texto em meu escritório. Deram-me muito apoio ao longo de todo o processo e espero ter feito justiça a seu sacrifício com esta obra. Prometo esperar alguns anos antes da próxima!

Por fim, quero agradecer a você, leitor, por reconhecer a necessidade de uma mudança e por gastar seu tempo valioso lendo este livro. Espero que encontre retorno em seu investimento na forma de melhores resultados para seu negócio além de uma carreira e de uma vida com mais significado. Se precisar de mais ajuda ao longo do caminho, não hesite em me contatar pelo *site* www.marketingwithmeaning.com.

Este livro foi selecionado, aprovado e recomendado pela ACADEMIA BRASILEIRA DE MARKETING.

A ACADEMIA BRASILEIRA DE MARKETING é uma iniciativa e propriedade intelectual do MADIAMUNDOMARKETING, idealizada no final dos anos 1990 e institucionalizada em março de 2004.

Tem como MISSÃO: identificar, selecionar e organizar as melhores práticas do MARKETING mundial e disseminá-las no ambiente empresarial brasileiro, garantindo o acesso às mesmas, muito especialmente das micros, pequenas e médias empresas, no sentido de contribuir, decisivamente, para seus sucessos e realizações na luta pela sobrevivência e crescimento.

Tem como VISÃO: tornar todas as empresas brasileiras extremamente competitivas pela adoção e implementação das melhores práticas do MARKETING, resultando, por decorrência, no desenvolvimento econômico e social do país.

Seu ENTENDIMENTO DO MARKETING: mais que uma caixa de ferramentas, é o de tratar-se de ideologia empresarial soberana e consagrada, presente nas empresas que buscam, de forma incansável e permanente, conquistar, desenvolver e preservar clientes, e crescer, sempre, e, preferencialmente, através dos próprios clientes.

Agostinho Gaspar
Alex Periscinoto
Álvaro Coelho da Fonseca
Amália Sina
Antonio Jacinto Matias
Armando Ferrentini
Carlos Augusto Montenegro
Chieko Aoki
Cristiana Arcangeli
Edson de Godoy Bueno
Eduardo Souza Aranha
Elcio Aníbal de Lucca
Francisco Alberto Madia de Souza
Francisco Gracioso
Gilmar Pinto Caldeira
Guilherme Paulus
Ivan F. Zurita

João De Simoni Soderini Ferracciù
José Bonifácio de Oliveira Sobrinho
José Estevão Cocco
José Victor Oliva
Lincoln Seragini
Luiz Antonio Cury Galebe
Luiz Carlos Burti
Marcelo Cherto
Marcos Henrique Nogueira Cobra
Miguel Krigsner
Milton Mira de Assumpção Filho
Nizan Guanaes
Pedro Cabral
Peter Rodenbeck
Régis Dubrule
Viviane Senna
Walter Zagari

SUMÁRIO

INTRODUÇÃO	19
Parte 1 — O QUE É MARKETING COM VALOR *AGREGADO*?	31

1. POR QUE O MARKETING NÃO AGREGA VALOR
   E POR QUE A EVOLUÇÃO É ESSENCIAL 33
   Está por Toda Parte e É Intrusivo..33
   É Irrelevante e Ofensivo..36
   Permissão + Tecnologia = Um Mundo Totalmente Novo 40
   O Povo *versus* Marketing sem Valor Agregado...............................43
   Por Que o Conteúdo É Rei...45
   Apenas Tornar-se Digital Não É Suficiente.......................................47

2. O QUE O MARKETING COM VALOR *AGREGADO* PODE FAZER POR VOCÊ....51
   Reinventar a Beleza Regenera o Resultado da Dove.........................55
   "Word of Foot" Dispara as Vendas na Nike......................................57
   Como o Burger King Incrementou as Vendas Sendo Mais
       Divertido...60
   Partnership for a Drug Free America (PDFA) 64
   Marketing com Valor *Agregado*: O Modelo.....................................66
   O Que os Profissionais de Marketing que Agregam Valor
       Sabem..70

3. SOLUÇÕES COM VALOR AGREGADO
   PROPORCIONANDO INFORMAÇÕES VALIOSAS, INCENTIVOS E SERVIÇOS 73
   "Proporcione Incentivos e Serviços Extras" 73
   "Dê-me o que Estou Procurando"..89

4. CONEXÕES COM VALOR *AGREGADO*
    CRIANDO EXPERIÊNCIAS DIVERTIDAS QUE AS PESSOAS PODEM
    COMPARTILHAR 109
    "Entretenha-me" 110
    "Crie Experiência" 123
    "Ofereça um Canal para Criatividade" 133
    "Ajude-me a Conectar-me Socialmente" 141

5. REALIZAÇÕES COM VALOR *AGREGADO*
    AJUDANDO AS PESSOAS A TORNAR MELHOR A SI, SUAS
    FAMÍLIAS E O MUNDO 149
    "Melhore a Mim Mesmo" 151
    "Melhore Minha Família" 156
    "Melhore Meu Mundo" 158
    Alcançando a Excelência 163
    Prepare-se para o Pior Quando Está Fazendo o Melhor 173

Parte 2 – COMO IMPLEMENTAR MARKETING COM VALOR
        AGREGADO EM SUA EMPRESA?   177

6. COMECE PELO FIM
    O QUE VOCÊ ESPERA ALCANÇAR? 181
    Não Desperdice seu Dinheiro Anunciando Anéis de Noivado
        para Homens Casados 181
    Como Objetivos de Curto Prazo Prometem Resultados
        de Longo Prazo 183
    Criando Objetivos de Marketing Fortes 187
    Foque na Construção de *Brand Equity* de Longo Prazo 192
    Vendendo Marketing com Valor *Agregado* para sua Organização 197

7. SIMPLESMENTE PERGUNTE
    DESCOBRINDO O QUE MANTÉM AS PESSOAS ACORDADAS À NOITE
    E AS TIRA DA CAMA DE MANHÃ 205
    O Que Ela Quer na Vida? (ou: "Amor Verdadeiro, Meias de
        Seda e Paz no Mundo") 207
    Como seu Consumidor-Alvo Reponde ao Marketing?
        (ou: Sinto Muito, Não Assisto a Seus Comerciais") 213

SUMÁRIO **17**

    Conduzindo a Pesquisa Certa 216
    Revelando o *Insight* para um Marketing com Valor *Agregado* 225

8.   IDEALIZE, AVALIE, LANCE..233
    Gerando Ideias com Valor *Agregado* 234
    Desenvolvendo Declarações de Conceito Comprováveis 242
    Pesquisar ou Não Pesquisar 244
    Execute com Excelência 245
    Conteúdo com Valor *Agregado* – Criar ou Licenciar? 249

9.   MEÇA, AJUSTE E CONTINUE CRESCENDO 261
    Medindo o Engajamento..263
    Medindo o o Valor Agregado..270
    Medindo os Resultados do Negócio 273
    Alavancando o Marketing com Valor *Agregado* para um Sucesso
      de Longo Prazo 276
    Juntando Tudo: Diabetes Control for Life 279

10. O FUTURO DO MARKETING COM VALOR *AGREGADO*...........................291
    O Padrão Vai Subir Para Todos 292
    Leapfrog Marketing: Nova Mídia..294
    Marketing para a Geração do Milênio...299
    Marketing nos Países em Desenvolvimento 302
    Planejamento de Mídia Baseado em Engajamento........................303
    Mais Conteúdo e Canais Desenvolvido pelo Anunciante 305
    Levando os Recursos da Internet para o Mundo Físico 306
    Ganhar Dinheiro Assistindo a Comerciais?..................................308
    Google Life...309

EPÍLOGO..317

BIBLIOGRAFIA 325

ÍNDICE REMISSIVO..331

SOBRE O AUTOR...343

INTRODUÇÃO
A BUSCA POR UM SIGNIFICADO

O que realmente precisamos é de uma mudança de mentalidade, uma mudança que nos torne relevantes para os consumidores de hoje, uma mudança da mentalidade de "comunicar e vender" para a de construir relacionamentos.

— Jim Stengel, *Diretor-executivo de Marketing Global, Procter & Gamble, fevereiro 2007*

Tenho uma confissão a fazer: levo uma vida dupla.

Sim, minha mulher sabe disso. Meus amigos também. Até minhas filhas, que têm 8 e 6 anos, sabem que durante o dia o papai faz marketing. E de noite, fora do trabalho, o papai faz de tudo para evitá-lo.

Como profissional de marketing – especificamente como estrategista-chefe de marketing da Bridge Worldwide, uma agência de publicidade de marketing interativo e de relacionamento em Cincinnati (EUA) que é parte do WPP, o maior grupo de agências de publicidade do mundo –, passo grande parte de meu tempo criando campanhas para convencer as pessoas a comprarem os produtos e serviços de meus clientes. Ao longo de meus 15 anos de carreira em negócios, fiz minha parcela considerável de comerciais irritantes e até mesmo aprovei alguns anúncios *pop-up*. Mas como consumidor, ignoro e evito ativamente o *interruption marketing* (ou marketing intrusivo ou interruptivo) o máximo possível. Fui um dos primeiros a adotar o TiVo e agora tenho três DVRs (gravador digital de vídeo) em casa. Inscrevi-me na listagem federal do "Não

Pertube" no dia em que foi oferecida. Inclusive paro no acostamento quando estou dirigindo para arrancar aqueles anúncios "Ganhe Dinheiro em Casa" colados nos postes de telefone.

Certamente não sou o único. Hoje o consumidor está retaliando o marketing tradicional com TiVo, Ipod e controle remoto. As pessoas estão lendo blogs em vez de jornais e jogando *Madden NFL 08* no Xbox em vez de assistir aos jogos da liga de futebol americano no *Monday Night Football.* Em vez de esperar pela previsão do tempo regional no noticiário da noite, as pessoas entram no AccuWeather.com e veem a imagem do satélite em tempo real.

Numa época em que criar e compartilhar conteúdo é barato – senão de graça – e o acesso à informação não tem fronteiras, as pessoas aprenderam, na melhor das hipóteses, a evitar o marketing e, na pior, a odiá-lo. E não é só porque elas são bombardeadas por anúncios virtualmente de todo lado, desde os mictórios até caixas de pizza.

É porque a propaganda tradicional não tem significado.

Quando eu, e mais 295 milhões de pessoas que não têm disfunção erétil, sou forçado a ficar assistindo a uma série de anúncios de Viagra durante um jogo de futebol no domingo, fico um tanto irritado – especialmente quando tenho de explicar o que é disfunção erétil para minhas filhas (história verdadeira).

Quando minha mulher contempla sobre a situação em Darfur ao ouvir as notícias no rádio, ela não está exatamente disposta a reavaliar sua escolha de margarina. Tampouco estou com cabeça para considerar novas ofertas de emprego no CareerBuilder quando checo os resultados dos jogos no ESPN.com.

Então o que nós, profissionais de marketing, devemos fazer quando os consumidores não só estão imunes a nossas mensagens, mas estão nos ignorando por completo?

Criar um Marketing com Valor *Agregado*.

O Que É Marketing com Valor *Agregado*?

Quando seu marketing tem valor agregado, as pessoas decidem se engajar com você numa troca que *elas* percebem como valiosa. Mas engajamento é apenas o começo. Qualquer que seja seu produto ou serviço, quando seu marketing tem significado, *o próprio marketing acrescenta valor à vida das pessoas, mesmo que elas não comprem o que você está vendendo.* Não confunda: Marketing com Valor *Agregado* não é um marketing *pro bono*, tampouco é um marketing de causa (embora uma causa certamente possa ter significado). Confirmando: vender produtos e ganhar dinheiro ainda são o objetivo e geralmente o resultado; se não forem, não é marketing.

Mas os números provam que, quanto mais significado seu marketing tem para as pessoas, mais dispostas elas estão a pagar pelo que vende e mais fiéis elas se tornam a sua marca. Elas investem emocionalmente em sua marca e ficam mais motivadas a escolher e a divulgá-la. Se você não acredita em mim, examine os resultados de empresas como a Coca-Cola, American Express, Dove, Nike, Kraft, General Mills, Intel, Monster.com e Dell, para citar algumas.

Assim como não sou a primeira pessoa a empunhar meu TiVo como uma arma, também não sou a primeira a reconhecer a necessidade de um novo modelo de marketing. Em fevereiro de 2007, Jim Stengel, diretor de Marketing Global de nada menos que a Procter & Gamble, a maior anunciante do mundo e verdadeira criadora do marketing de massa, praticamente implorou perante representantes de mais de 1200 organizações membros da Associação Americana de Agências de Publicidade por um novo modelo de marketing que "atendesse às necessidades de um novo consumidor". Clamando por uma mudança na abordagem "comunicar e vender", ele disse que falava como um "representante de todas as empresas" e que buscava "um modelo baseado em relacionamentos e valor agregado".

O *New York Times*, o *Wall Street Journal* e a *BusinessWeek* separadamente publicaram artigos sobre a ascensão do marketing digital e de outras formas "não tradicionais" de marketing, apresentando exemplos de empresas que estão mudando seu foco para que possam se relacionar melhor com clientes potenciais e agregar valor à vida deles. Todos os dias publicações do meio e blogs, tais como *Advertising Age*, *Brandweek*, *MarketingVOX* e *AdRants*, oferecem mais evidências de que a abordagem em massa, interruptiva da publicidade, está fracassando, e que novas abordagens com mais valor agregado estão obtendo sucesso conectando marcas mais diretamente com seu público-alvo.

22   MARKETING COM VALOR *AGREGADO*

Minha revelação divina aconteceu em 2003, depois de seis anos gastando meu tempo aperfeiçoando a arte de anúncios de 30 segundos. Na época, eu era gerente de marca do Mr. Clean da P&G e estávamos prestes a lançar um novo produto chamado Mr. Clean Magic Eraser [algo como borracha ou esponja mágica Mr. Clean].

> *O futuro do marketing não está numa tecnologia nova e empolgante; está no que dizemos, não onde é dito.*
>
> — TODD COPILEVITZ, DIRETOR DE ESTRATÉGIA DIGITAL, JWT/
> RMG CONNECT

Menos de um ano antes, nossa equipe de P&D (pesquisa e desenvolvimento) encontrou um produto singular durante uma viagem exploratória ao Japão. Era um cubo de espuma que, quando umedecido, "apagava" sujeira, manchas, riscos em diversas superfícies da casa. As vendas do produto no Japão foram apenas modestas, mas estávamos procurando alguma coisa, *qualquer coisa*, que ajudasse a reerguer uma marca que era a número três atrás do Lysol e do Pinho Sol na categoria em retração dos limpadores líquidos. Depois de adquirir os direitos dessa espuma, alguém da equipe teve a ideia de dar o nome "Borracha Mágica", e corremos para lançá-la no mercado em tempo recorde para impulsionar nossas vendas em queda.

Infelizmente, nossa rapidez de comercialização foi maior que nossa habilidade de produzir um comercial de TV adequado. Qualquer pessoa que tenha trabalhado num comercial recentemente sabe que pode levar de quatro a seis meses para um anúncio ir ao ar. Enquanto isso, eu sabia que precisávamos de algum tipo de atividade de marketing para estimular vendas suficientes e manter nosso produto nas prateleiras. Afinal, graças a um sofisticado sistema de dados e a modelos de previsão, redes de supermercados como Target e Walmart estão cada vez mais examinando o volume de vendas na primeira semana depois do lançamento como um indicador do eventual sucesso de um produto novo. Então precisávamos fazer *alguma coisa* acontecer, e rápido.

Ah, e por acaso mencionei que nosso orçamento era apertadíssimo?

Gostaria de poder dizer que nossos esforços foram deliberadamente brilhantes, estratégicos e bem executados, mas a verdade é que, por puro desespero, decidimos investir nossos primeiros poucos meses de marketing num programa on-line de distribuição de amostras, usando o punhado de produtos que saía de nossa linha de produção. Nossa esperança era que os consumidores que pediram as amostras on-line experimentariam o produto e contariam para os outros sobre ele. Primeiro, aproveitamos o Home Made Simple (www.homemadesimple.com), um programa de marketing de relacionamento on-line lançado quatro anos antes pela P&D para suas marcas de produtos para o lar. O Home Made Simple tinha 6 milhões de membros em seu banco de dados que aceitaram receber por e-mail uma *newsletter* mensal sobre temas como organização do lar, decoração, culinária e vida familiar. Juntamente com o conteúdo não relacionado à marca, o programa promovia ofertas de marcas como Mr. Clean, Dawn, Cascade, Febreze e Swiffer para um público receptivo.

Em agosto de 2003, lançamos a promoção Magic Eraser grátis no Home Made Simple.

Enquanto minha equipe e eu continuávamos a editar nosso comercial para a TV, a promoção on-line "peça uma amostra" superava nossas previsões. Em dois meses, consumimos nosso suprimento de 1 milhão de amostras do orçamento. No entanto, embora distribuir amostras fosse fácil, não tínhamos ideia se estas motivariam as pessoas a escolher o produto nas lojas. Com os dedos cruzados, chamamos nossos promotores e pedimos resultados de vendas – e eles nos disseram que estava dando certo. As vendas estavam superando tanto as nossas expectativas quanto as de nossos clientes no varejo. Os varejistas estavam pedindo mais produtos para continuar a promovê-los com ofertas ainda mais especiais e em pontas de gôndola. Enquanto isso, os consumidores assim como a mídia começaram a aparecer com relatos sobre como o Mr. Clean Magic Eraser havia funcionado praticamente com qualquer coisa que tentavam limpar.

Em dois meses, dobramos e depois triplicamos nossa capacidade produtiva. Mesmo com a fábrica funcionando ativamente, estivemos muito próximos de ter o produto esgotado para nossos clientes no varejo.

E nosso comercial para a TV? Finalmente foi ao ar quase três meses após o lançamento – e embora tivéssemos visto algum efeito, o avanço do Magic Eraser já ganhava impulso somente graças a campanha de amostras on-line.

No final de 2003, depois de estar nas prateleiras há apenas cinco meses e com muito pouca publicidade tradicional, uma pesquisa nacional mostrou que o Magic Eraser fazia parte de muitas listas de "Produto do Ano" e seu crescimento continuou graças ao boca a boca. Em parte devido ao sucesso desta campanha, tive a sorte de ser incluído na lista dos 50 melhores publicitários do ano da *Advertising Age*. O Mr. Clean passou de mais uma marca de limpador líquido para líder em inovação e favorito de nossos compradores no varejo.

Nesse momento, percebi que tínhamos um novo modelo de marketing na mão – um que quebrava praticamente todas as regras que aprendi nos livros dos melhores publicitários do mundo. Usar uma tática antiga de propaganda, oferecer amostras, combinada com uma abordagem moderna, marketing de relacionamento on-line, permitiu que um grande número de compradores muito interessados pedisse o produto, tivesse uma ótima experiência com ele, corresse para a loja e contasse para os amigos. Na época, essa campanha nasceu de uma necessidade e do senso comum, mas, analisando agora, poderia ser chamada de uma mudança estratégica brilhante para o alvorecer de um novo milênio do marketing. E se uma mera amostra grátis podia operar milagres, eu imaginei o que um marketing mais valioso ainda, de alto nível, poderia fazer.

Certamente não sou o primeiro a experimentar esta nova epifania do marketing. Na verdade, milhares de outros profissionais de marketing estão experimentando resultados semelhantes. E está se criando um consenso em torno da ideia de que o marketing deve fazer mais do que interromper, comunicar e (tentar) vender produtos e serviços em rajadas extensas e avassaladoras como tsunamis. Nitidamente, estamos evoluindo em direção a um novo tipo de marketing, algo com o que as pessoas querem se engajar, algo que oferece valor agregado em troca de sua atenção. No entanto, até agora nenhuma pessoa ou organização tomou a iniciativa de criar um modelo ou ideia que pudesse de fato mudar o marketing da forma como conhecemos.

Não Existem Ideias Novas na Propaganda (ou O Que É Velho É Novo)

Acho que foi um poeta chamado Audre Lord que disse pela primeira vez "Não existem ideias novas", mas como se encaixa bem, a maioria dos profissionais de marketing considera isso um antigo ditado da publicidade. De qualquer modo, isso é verdadeiro, então não deixa dúvida de que a ideia por trás do assim chamado novo modelo é, na realidade, bastante velha.

Quando saí da Procter & Gamble em 2004 para entrar numa agência de publicidade (Bridge Worldwide), passava as noites lendo os clássicos da propaganda para me preparar para este novo aspecto de minha carreira. Meu guia favorito era *Ogilvy on Advertising* do legendário publicitário David Ogilvy. Embora tenha sido escrito em 1983 sobre uma carreira construída na época de *"Mad Man"* nas décadas de 50 e 60, parece que Ogilvy praticava Marketing com Valor *Agregado* quando meu pai ainda usava fraldas.

> *O marketing, quando funciona, transcende qualquer discussão dos benefícios do produto ou do serviço.*
>
> — SETH GODIN, GURU DO MARKETING E AUTOR DE BEST-SELLERS

Em 1951, aos 39 anos, David Ogilvy criou um anúncio impresso para a cerveja Guinness Stout, seu primeiro trabalho como chefe de sua própria agência e, sendo assim, um trabalho extremamente importante. Num anúncio de página inteira, Ogilvy mostrou nove tipos de ostras – Cape Cods, Bluepoints, Delaware Bays, entre outras. Uma foto detalhada de cada uma vinha acompanhada de um parágrafo descrevendo a história e as características de sabor. No topo, o título era claro e objetivo: "Guia Guinness para Ostras". No canto inferior direito, uma foto pequena de uma garrafa de Guinness e um copo tinha ao lado uma única linha de texto afirmando "Ostras ganham mais sabor quando degustadas com Guinness". E o texto em letras miúdas oferecia inclusive o envio de graça de uma cópia do pôster a qualquer um que solicitasse.

Embora pareça modesto – e parte da questão aqui é que *é* modesto –, este anúncio não grita "Compre Guinness!". Mais um guia de referência do que uma mensagem de produto, o anúncio claramente tem a intenção de "sugerir Guinness", oferecendo inclusive ao leitor comum informações úteis – não sobre as virtudes da cerveja, mas sobre uma variedade de moluscos. Logo cedo, Ogilvy percebeu que a propaganda deve ser respeitosa ("A consumidora não é uma idiota; ela é sua mulher"), que deve de fato vender o produto ("Se não vender, não é criativa") e que nós publicitários devemos sonhar grande com nosso trabalho ("Lance a bola com força. Busque arremessar o mais longe possível. Busque estar na companhia dos imortais").

Passados mais de 50 anos de sua criação, o anúncio de Ogilvy para a Guinness oferece um exemplo simples e elegante de Marketing com Valor *Agregado* e aponta, historicamente, para muitos outros. Minha sogra tem uma cópia emoldurada do anúncio da cerveja Goetz da década de 50 que ressalta os pontos turísticos e as distâncias entre as cidades ao longo da Rota 36 nos Estados Unidos (de Hannibal, Missouri, até Denver, Colorado). As primeiras geladeiras e fornos elétricos vinham com livros de receitas para ajudar os consumidores a usarem seus novos eletrodomésticos. E na década de 20, na primeira campanha de fidelização de que se tem notícia, os produtos Betty Crocker traziam cupons que podiam ser acumulados e trocados por utensílios de cozinha.

Um dos exemplos mais históricos do Marketing com Valor *Agregado* que continua relevante até hoje é o Guia Michelin, que data da virada do século XX e início da revolução automobilística. A Michelin fabricava pneus – uma *commodity* inclusive naquela época – e sabia que precisava encontrar uma maneira de se destacar entre os diversos competidores idênticos no que era então um mercado dinâmico. Então, em 1900, André Michelin teve a ideia de produzir e distribuir o primeiro guia de viagens para os proprietários de carros na França, completo, com informações sobre manutenção de automóveis, alojamento, banheiros e restaurantes.[1] O guia incomparável e gratuito não só criou uma conscientização de marca para o produto Michelin e fidelidade entre seus clientes, como também estimulou novos motoristas, fornecendo o *know-how* para pegarem estradas com mais confiança e frequência – enquanto gastavam seus pneus!

A popularidade do Guia Michelin cresceu consistentemente ao longo do tempo e, em 1920, André Michelin começou a cobrar pelo guia para combater a percepção de que um guia gratuito não tinha valor. Nos anos seguintes, foi lançado o sistema de classificação de três estrelas para restaurantes e o guia passou a ser produzido em diferentes idiomas para diversos países. Hoje, a Michelin continua a capitalizar nessa brilhante peça de Marketing com Valor *Agregado* criada por seus fundadores há mais de 100 anos e passada de geração em geração. Além do "objetivo de vendas" original de ajudar a fazer os motoristas comprarem mais pneus, os guias construíram conscientização de marca e afinidade com o cliente, oferecendo um valor real e um serviço real, independentemente da compra, para clientes fiéis e potenciais da Michelin. E o sucesso deles não envolve contratar uma celebridade ou interromper um jogo de futebol.

> Acredito que, se estivesse vivo hoje, David Ogilvy concordaria que estamos no meio de uma mudança de maré no marketing, uma que ultrapassará o impacto da televisão no mínimo em 10 vezes – muito provavelmente para melhor.

A Jornada de Mil Profissionais de Marketing Pode Começar com Um Discurso

Gerações de profissionais de marketing chegaram ao topo do *hall* da fama usando medidas simples como alcance, frequência, intenção de compra, taxa de resgate de cupons e *recall* – e como todos sabemos dos princípios do marketing, mudar hábitos é difícil e geralmente leva muito tempo. As palavras de Jim Stengel naquela conferência de 2007 foram dirigidas a nada menos que 300 equipes de marca da P&G em 100 países, sem mencionar os milhares parceiros de mídia e agências de publicidade que lhes dão suporte. Seu apelo público muito oportuno por um novo modelo visava acender a chama da mudança.

Naquele mesmo texto que levava seu nome, David Ogilvy escreveu: "Quando abri meu escritório na Avenida Madison em 1949, pressupus que a propaganda sofreria várias mudanças antes de me aposentar. Até agora, houve apenas uma mudança importante – a televisão surgiu como o meio mais poderoso para vender produtos". Acredito que, se estivesse vivo hoje, David Ogilvy concordaria que estamos no meio de uma mudança de maré no marketing, uma que ultrapassará o impacto da televisão no mínimo em 10 vezes – muito provavelmente para melhor.

Algumas pessoas no mundo do marketing ressaltariam que os comerciais na TV ainda funcionam para muitas marcas, e me lembro de outro guru do setor que disse que precisamos apenas "esperar" até que a próxima geração do milênio conectada junte-se a nossas empresas e descubra a "coisa realmente nova" para nós. Mas nossas marcas e nossos empregos talvez deixem de existir se continuarmos presos a modelos antigos ou esperarmos até que o mundo entregue uma resposta em nossas portas. A hora de mudar é agora.

O avanço para o digital não é propriamente a mudança de maré que David Ogilvy identificaria hoje. Digital significa muitas coisas e está constantemente evoluindo. A tecnologia digital é um meio, um catalisador, um fogo de Prometeu que está impulsionando uma mudança maior em todo o nosso modelo de marketing. Está proporcionando aos consumidores a liberdade de evitar nossas mensagens por completo, e ao mesmo tempo oferecendo um nível sem precedentes de atendimento ao consumidor e um vínculo com as marcas. A tecnologia digital nos dá a capacidade de *medir* quantas pessoas estão de fato evitando nossas mensagens – e quantos estão declarando seu amor por nosso trabalho.

Aqueles de nós que "cresceram" no marketing digital descobriram cedo que a única maneira de fazer as pessoas visitarem nossos sites na Web, abrir nossos e-mails ou instalar nossos widgets era, na verdade, criando algo que agregasse valor a suas vidas. Aprendemos que o digital pode ser um meio poderoso para nosso verdadeiro fim (objetivo) de uma revolução no marketing.

Outra mudança promissora (e crescente) no mundo do marketing é um apelo para que empresas e marcas direcionem seu foco para um propósito central. Marcas baseadas em propósito existem para satisfazer necessidades de alto nível e, portanto, organizam todo seu negócio em torno dessas necessidades. Jim Stengel foi quem liderou esta causa em seus últimos anos na Procter & Gamble, ajudando a marca Pampers a passar de um foco em benefício "bebê sempre sequinho" para um propósito fundamental de "ajudar as mamães a criarem bebês saudáveis e felizes". Isso não é meramente uma mudança de linguagem: segundo o estudo anual BrandZ das marcas mais valiosas realizado pela Millward-Brown, a Pampers atualmente está avaliada em 19 bilhões de dólares – comparado aos 3,5 bilhões de três anos atrás.

Outra lenda do setor, Roy Spence, o presidente e CEO da GSD&M Idea City, alega que as únicas marcas que restarão após os desafios econômicos atuais serão aquelas que estão no "empreendimento de melhoria da vida". Caso em questão: a agência de Spence ajudou a Southwest Airlines a atingir seu propósito – "democratizar a viagem aérea".

Infelizmente, muitas marcas ainda acreditam que a melhor maneira de atingir seu propósito é com uma campanha publicitária de 30 segundos que anuncia esta "nova abordagem" ao *branding*. Mas só conversa não convence os consumidores impudentes e cautelosos de hoje. Como disse Emerson, "Sem ação, o pensamento jamais pode se transformar em verdade".

As ações falam mais alto do que a propaganda e o Marketing com Valor *Agregado* é o próximo passo natural para marcas que estão buscando oferecer um nível mais elevado. Propósito é o que descreve o novo *pensamento* que as marcas precisam; e Marketing com Valor *Agregado* é o que codifica o tipo de *ação* que elas devem empreender se querem oferecer algo.

* * *

O objetivo deste livro é traçar a realidade desta revolução de marketing, introduzir um modelo para desenvolver o marketing com valor agregado e ajudá-lo – seja você um profissional de marketing bem-sucedido, um gerente ou um empresário – a criar um novo caminho para o sucesso num mercado que está literalmente demandando isso. Começando com um breve obituário para o modelo tradicional de marketing interruptivo, a Parte I deste livro explora o conceito de Marketing com Valor *Agregado*, ilustrando, por meio de numerosos casos de estudo reais, o que ele pode fazer por seus clientes e seu resultado. Essa parte também apresenta o modelo que nós da Bridge Worldwide desenvolvemos – a Hierarquia do Marketing com Valor *Agregado* – que serve tanto como mapa da estrada para ajudá-lo a atender as necessidades de "alto nível" de seus clientes, como uma medida para você avaliar quanto valor seu marketing tem e pode ter.

A Parte II fornece um guia passo a passo para o Marketing com Valor *Agregado* – nosso processo de definir objetivos, conduzir pesquisas, criar e avaliar ideias e medir tanto o valor para o cliente como o sucesso de seu investimento de marketing. Em seguida, examinaremos as mudanças na tecnologia e a globalização, e como elas moldarão e serão moldadas por essa nova abordagem ao marketing: ela não só irá melhorar os resultados de sua empresa, como pode ter também um impacto positivo em sua cultura organizacional, ajudando você a se sentir mais engajado e motivado pelo trabalho que faz todos os dias.

Meu propósito na vida é fazer todo o possível para tornar o mundo um lugar melhor do que encontrei – ou como diz Steve Jobs "promover um avanço no universo". Assim como muitos leitores, senti-me atraído por uma carreira no marketing porque este me permitia usar minhas habilidades para entender as necessidades das pessoas e melhorar suas vidas em ampla escala. Tive a sorte de atingir o sucesso em minha carreira de marketing de consumo, lançando produtos e ações que tocaram positivamente a vida de milhões de pessoas ao redor do mundo. Minha esperança mais sincera é que este livro agregue valor a seu negócio, sua carreira e sua vida – e que o inspire, também, a promover um avanço no universo por intermédio do marketing que faz todos os dias.

Mas este livro é apenas um guia. Em última análise, o trabalho duro cabe a você – e é você que merecerá o crédito por seu sucesso. Boa sorte e boa leitura, e lembre-se de que mais ajuda minha e de uma comunidade de pioneiros está disponível on-line em www.marketingwithmeaning.com. Espero que se junte a nós.

PARTE 1

O QUE É MARKETING COM VALOR *AGREGADO*?

1

POR QUE O MARKETING NÃO AGREGA VALOR
E POR QUE A EVOLUÇÃO É ESSENCIAL

Está por Toda Parte e É Intrusivo

Seja nas bombas de gasolina, nas catracas dos estádios de futebol ou no torso das ovelhas pastando ao longo das estradas da Holanda, não causa surpresa saber que atualmente o consumidor é abordado por cerca de 3 mil anúncios por dia, a um custo para os anunciantes de mais de 244 bilhões de dólares.[1] A despeito de nossos melhores esforços para alcançar a saturação midiática como meio de impulsionar as vendas – ou, talvez mais precisamente, *devido* a esses esforços –, os consumidores aprenderam a ignorar a maioria de nossos esforços de marketing na melhor das hipóteses, e na pior a odiá-los.

Acha que estou exagerando? Os números não mentem. Uma pesquisa conduzida conjuntamente pela *AdWeek* e a agência de publicidade J. Walter Thompson em 2007 revelou que 84% das pessoas acreditam que "existe um sensacionalismo exagerado na maioria das propagandas". Outras 72% admitiram que já estão "fartas de gente tentando... vender coisas". Isso não é difícil de imaginar, dado aos esforços que algumas empresas estão empreendendo para se infiltrar até em nossos espaços mais sagrados com sua propaganda. Uma empresa chamada Mangia Media vende espaço publicitário em embalagens de pizza, conectando-se com os consumidores *"Em suas mãos. Em suas casas"* (o itálico *não é* meu).[2] Outra empresa está vendendo espaço em displays flutuantes ao longo de lagos e praias. Ah, a beleza da vida ao ar livre, oferecida a você pelo Principal Financial Group.[3]

Alguns setores vão tão longe quanto usar o que consideram propaganda "inovadora" para manter sua empresas em evidência. Veja as companhias aéreas. As companhias aéreas com problemas estão usando seu público cativo para gerar receita de publicidade com marcas como Hewllet-Packard, Microsoft, ING.[4] Na medida em que as companhias aéreas estão eliminando as bebidas e os salgadinhos grátis de nossas mesinhas, estão grudando anúncios nelas. E se o espaço vazio nos compartimentos de bagagem, guardanapos e sacos para enjoo já estiver ocupado, você agora pode comprar espaço do lado de *fora* da janela. Uma nova start-up chamada Ad-Air comprou ou fez leasing no valor de 10 milhões de dólares em imóveis próximos a pistas de aterrissagem e pretende vender espaço em um de seus 30 slots nos aeroportos a 100 mil dólares por mês.[5] Uma imobiliária de Dubai foi a primeira cliente, planejando instalar um anúncio de duas vezes o tamanho de um campo de futebol que quebrou o recorde do Guinness em tamanho de banners.[6] Até mesmo o TSA, o Departamento de Administração da Segurança nos Transportes dos Estados Unidos, está entrando no jogo anunciando nos cestos de plástico usados para examinar pertences dos passageiros na segurança.

> *Os anunciantes chamam a atenção dos usuários; os usuários ignoram os anunciantes. Os anunciantes chamam mais a atenção dos usuários; os usuários ignoram mais os anunciantes.*
>
> — SETH GOLDSTEIN, SOCIAL MEDIA NETWORKS

Outro setor enfrentando problemas, as redes de TV, não só está tirando vantagem de seu público cativo para anunciar produtos e serviços durante os intervalos comerciais (cada vez mais longos), mas está usando o espaço físico vago durante a programação para anúncios *pop--up*. "Snipes" é nome dado a esses anúncios que se movem lentamente por sua tela e invadem sua visão periférica enquanto você tenta apreciar o que está assistindo.[7] Lewis Black talvez seja quem melhor expressou a frustração do público com os *snipes* num discurso eloquente durante o Emmy em outubro de 2007:

> Sua função é contar histórias; não nos dizer no meio da história que programa virá a seguir ou qual vai estrear daqui a duas semanas! O que vocês querem que eu faça – pare, pegue um lápis e anote?[8]

Talvez em virtude da maior queda de audiência já registrada, a Fox foi um passo adiante quando transmitiu o jogo entre os Rockies e o Red Sox na World Series, as finais do campeonato, de 2007. Durante a transmissão do Segundo Jogo, no final da sétima entrada, um momento geralmente reservado para o ritual americano de se espreguiçar e cantar "Take Me Out to The Ballgame", o anunciante da Fox, Joe Buck, em vez disso direcionou os espectadores para a tela gigante em alta definição no dirigível da DirectTV para um trailer da nova temporada da série *24 Horas*.[9]

O esforço concentrado da abordagem interruptiva na publicidade tradicional também está se globalizando. A revista *BusinessWeek* recentemente publicou um artigo sobre a ascensão do empresário de 35 anos Jason Jiang, um novo magnata da propaganda na China que construiu uma empresa de US$ 6 bilhões em cinco anos instalando 190 mil telas de LCD para veiculação de anúncios em 90 cidades. Assim como muitas pessoas antes dele, Jiang descobriu que era possível ganhar dinheiro colocando anúncios em frente a um grande público cativo. Os negócios vão muito bem para Jiang, que agora tem um faturamento US$ 1,8 bilhão e que continua aumentando, à medida que marcas globais estão disputando espaço publicitário em sua rede de telas fazendo lances cada vez maiores e elevando os preços na esperança de conquistar a economia que mais cresce no mundo. "Sou muito ávido e ambicioso" diz Jiang, que quer instalar telas por toda parte. "Vejo uma era de ouro para a propaganda."[10] Suponho que esses 1 bilhão de consumidores chineses estejam se preparando para suas 3 trilhões de impressões de anúncio por dia. É mesmo esse o tipo de contribuição cultural que os Estados Unidos estão exportando?

É Irrelevante e Ofensivo

O problema não é só o fato de estarmos abordando as pessoas de incontáveis maneiras indesejadas; centenas de bilhões são desperdiçados a cada ano em marketing que ou erra seu alvo ou, pior, entrega uma mensagem inútil a alguém que de outra maneira se sentiria compelido a comprar. Quando uma mulher que tem gatos é interrompida por um comercial de comida para cachorro, ou quando um homem é forçado a olhar um outdoor de absorvente interno enquanto está parado no trânsito, são ambos um desperdício de dinheiro e de impressão.

E não é só por que nossos anúncios atingem as pessoas erradas; até mesmo os consumidores "certos", ou alvo, geralmente acham nossos anúncios irrelevantes por razões que não têm absolutamente nada a ver com a qualidade do trabalho criativo. Uma grande razão para isso é que a *interrupção em si é irrelevante*. Quando ocorre uma interrupção abrupta na continuidade de uma atividade em particular, estamos treinados a desconsiderar a interrupção e voltar ao que estávamos fazendo, pensando ou assistindo antes. Um estudo conduzido por Moshe Bar, diretor do Laboratório de Neurocognição Visual da Harvard Medical School, mostra que, quando forçamos os espectadores a assistir a comerciais, na verdade, acabamos prejudicando nossas vendas. Segundo Bar:

> Experimentos na psicologia cognitiva mostraram que, quando as pessoas têm que ignorar um estímulo rumo a alcançar outro objetivo, elas não ficam somente chateadas, elas acabam detestando a distração. E detestar é muito específico a este estímulo. Portanto, se estou interessado no jogo do Red Sox, mas sou forçado a assistir a um comercial de um novo merlot, é grande a chance de eu desenvolver uma aversão a esta marca de vinho, que vai criar o efeito oposto ao que o anunciante pretendia.[11]

Outra razão por que os anúncios tradicionais se tornaram irrelevantes é que a maioria de nós tem convicção no que tange ao padrão de compras. Já estamos bastante satisfeitos com os carros que dirigimos, com o desodorante que usamos e com a empresa de seguro de vida para a qual enviamos um cheque todo mês. Outros podem discordar de mim, mas constatei em minha experiência que não

> **Não há contar e vender que influencie a cabeça feita de um consumidor satisfeito até que, ou a menos que, ele tenha experimentado uma verdadeira razão para mudar.**

há contar e vender que influencie a cabeça feita de um consumidor satisfeito até que, ou a menos que, ele tenha experimentado uma verdadeira razão para mudar de banco, papel higiênico ou ração para cachorro. E mesmo assim, geralmente é necessário mais de uma situação de desapontamento para motivar uma pessoa a gastar tempo e energia (sim, até mesmo trocar de marca de ração de cachorro requer um pouco de contemplação) para fazer uma mudança.

Além da irrelevância, parece que muitas das assim chamadas inovações publicitárias criadas para vencer obstáculos da saturação do mercado foram um tiro pela culatra. Conseguindo apenas ofender exatamente aquelas pessoas que as empresas esperavam conquistar com seus esforços vencedores do prêmio Clio Awards. Confecções de roupas de inverno anunciando em tratores para remover neve das ruas e laboratórios farmacêuticos decorando o papel usado para forrar a mesa de exames nos consultórios médicos com seu logotipo podem parecer inofensivos, mas e o McDonald's bancando para as escolas o custo da impressão dos boletins em troca do direito de incluir cupons do McLanche Feliz na capa? Nem tanto. Mais de 2 mil ligações e protestos de pais aborrecidos no Condado de Seminole, na Flórida, levou a uma interrupção abrupta do programa do McDonald's, a despeito dos US$ 1.600 que a iniciativa acrescentou a um orçamento reconhecidamente apertado da escola.

Em Nova York, as pessoas protestaram contra um anúncio de um novo programa do canal A&E, *Paranormal State*, que usava um alto-falante hipersônico para literalmente irradiar mensagens direcionadas para a cabeça dos pedestres na esquina das ruas Prince e Mulberry do badalado bairro SoHo.[12] Os residentes de São Francisco reclamaram do aroma de cookies que emanava dos anúncios "Got Milk?" nos pontos de ônibus, alegando que o aroma poderia causar reações alérgicas ou crises de asma nas pessoas "sensíveis a perfumes". O Conselho de Processadores de Leite mandou retirar os anúncios no dia seguinte.[13] Em janeiro de 2007, uma campanha de marketing de guerrilha para o programa *Aqua Teen Hunger Force* do canal Cartoon Networks fez a cidade de Boston declarar um alerta contra um ataque terrorista depois que policiais identificaram por engano pequenos dispositivos eletrônicos (na verdade brinquedos LITE-BRITE) encontrados espalhados pela cidade como sendo artefatos explosivos improvisados. Em Boston, as pessoas que ficaram presas por horas em congestionamentos não apreciaram a astúcia da campanha. Segundo a Associated Press, a Turner Broadcasting, dona do canal, pagou uma multa de US$ 2 milhões para a procuradoria geral do Estado de Massachussets num acordo por potenciais processos civis ou criminais. O CEO da Cartoon Networks renunciou pouco depois da façanha. É isso que eu chamo de tiro pela culatra publicitário.

O fato é que a propaganda tradicional nos meios de comunicação muitas vezes acaba ofendendo as pessoas, até mesmo quando os profissionais de marketing não têm essa intenção. Toda raça, religião e orientação sexual já se sentiu ofendida por piadas de mau gosto e estereotipagem provenientes da propaganda, e agora parece que toda causa tem seu grupo de interesse especial pronto para saltar em sua defesa toda vez que a propaganda pisa em seu terreno sagrado. Quando trabalhei para a marca Tide da P&G, criamos um anúncio impresso para nosso novo produto em tabletes que proclamava: "As melhores tábuas* desde que Moisés voltou do Monte Sinai". Era uma referência clássica que supusemos fazer qualquer um sorrir. Mas estávamos enganados; dez pessoas ligaram reclamando sobre uma referência religiosa inadequada e decidimos tirar o anúncio de circulação.

Quando a GM mostrou um robô sonâmbulo saltando para a morte durante um intervalo comercial do Super Bowl de 2006, a Fundação

---

* A palavra *tablet* usada no anúncio significa tablete ou tábua, permitindo fazer em inglês o trocadilho com as Tábuas da Lei de Moisés. (N. T.)

POR QUE O MARKETING NÃO AGREGA VALOR **39**

Americana de Prevenção Contra Suicídios imediatamente ganhou uma plataforma para sua mensagem e sua angariação de fundos.[14] Num esforço para mudar a percepção de mercado de que era um laxante para a terceira idade, o Metamucil lançou uma campanha ressaltando os benefícios de uma terapia diária com fibras – com o respaldo de estudos médicos. O anúncio apresentava mulheres saudáveis na casa dos 30 anos com o título "Embeleze-se por Dentro", mas a marca foi imediatamente acusada de estimular e lucrar com distúrbios de perda de peso.

Até mesmo o último grupo de quem os anunciantes podiam fazer piadas tranquilamente está contestando. Um grupo chamado Fathers and Husbands protesta regularmente contra anúncios que ridicularizam homens brancos.

Surpreendentemente, os protestos agora surgem quando os profissionais de marketing fazem coisas tão simples como veicular um anúncio irritante com muita frequência. No outono de 2008, a Toyota divulgou seu financiamento sem taxa de juros com um anúncio que era uma adaptação pobre da música "Saved by Zero" da banda The Fixx da década de 80. Depois dezenas de inserções do anúncio durante o campeonato de futebol universitário, surgiu um grupo de protesto no Facebook que acabou reunindo 9 mil membros. Um número pequeno, com certeza, mas o grupo ganhou cobertura na mídia da revista *Time*, do *Wall Street Journal* e do blog popular de automóveis Jalopnik. Agora parece que você não pode nem mesmo atingir sua meta de Audiência Bruta Acumulada** sem correr o risco de ser uma má publicidade!

O resultado de tudo isso? Profissionais de marketing ultrassensibilizados, politicamente corretos, observados de perto por seus departamentos jurídico e de RP, estão produzindo anúncios insípidos que não atraem o interesse e tampouco viram *cases* de produto.

Mas nem mesmo isso é o verdadeiro problema.

O verdadeiro problema não é o fato de que as pessoas odeiam o marketing, ou de que grande parte do marketing tradicional atual é onipresente, ineficiente, irritante ou maçante. Não é também o fato de

---

** Audiência Bruta Acumulada (Gross Rating Point) é um método de mensuração na publicidade que indica em pontos a somatória da audiência das inserções de uma programação, por exemplo: IBOPE. (N. T.)

estarmos gastando 50% ou mais de nosso orçamento em propaganda de massa não direcionada que não convence ninguém e irrita a todos. Você poderia argumentar que a propaganda sempre fez isso; figuras históricas gastaram muita tinta zombando de nossa profissão – de Mark Twain ("Muitas coisas pequenas tornaram-se grandes pelo tipo certo de propaganda") ao garoto propaganda do Pudding Pop, Bill Cosby ("A principal lei da propaganda é evitar a promessa concreta e cultivar o deliciosamente vago").

Ainda assim, apesar do desdém, a propaganda "tradicional" tem funcionado, considerando-se que uma pequena porcentagem de pessoas que vê ou ouve os anúncios acaba comprando uma quantidade suficiente de produto para bancar mais anúncios.

Mas nada dura para sempre. O verdadeiro problema é que os consumidores mudaram – tanto em termos de como esperam ser abordados pelo marketing, como em termos das ferramentas que usam para evitá-lo. Agora eles têm o poder de controlar o que permitem chegar a seus olhos e ouvidos – e a maior parte dessas 3 mil mensagens que enviamos a cada dia não se qualificam.

Permissão + Tecnologia = Um Mundo Totalmente Novo

Segundo a Forrest Research, atualmente 48% dos consumidores acreditam que têm o direito de decidir se querem ou não receber propaganda. E esta mudança de poder do consumidor como um receptor passivo de mensagens de marketing para um controlador ativo destas pode ser atribuído em grande parte a difusão do marketing de permissão.

Marketing de permissão, um termo cunhado no final da década de 90 pelo guru do marketing e autor renomado Seth Godin, é uma abordagem do marketing segundo a qual as empresas devem tratam clientes potenciais com respeito, buscando seu consentimento via e-mail ou telefone, antes de abordá-los com marketing, proporcionando incentivos para que contemplem receber esse marketing. O toma lá, dá cá do diálogo resultante é customizado, custo-eficiente e relevante para os profissionais de marketing e para os consumidores. Além de estimular o crescimento do marketing eletrônico, que agora é uma indústria global de US$ 5 bilhões, o marketing de permissão mudou literalmente a maneira como as pessoas exigem que os profissionais de marketing se comportem. Agora esperam ter que considerar ações de marketing *somente* se forem solicitados e concordarem em conceder permissão para tanto. Isso, por sua vez, estimulou a atitude de que os consumidores têm o poder de recusar a propaganda como um todo e estão em seu pleno direito.

> *Continuamos a gastar tanto tempo tentando descobrir como se intrometer na vida das pessoas, que não pensamos sobre o que fazer para que sejamos convidados.*
>
> — DAVID POLINCHOCK, BRAND EXPERIENCE LAB

Agora some a isso a tecnologia, que permite que as pessoas digam não com um clique, e os profissionais de marketing se deparam agora com toda uma nova espécie de consumidor – um consumidor que tem o poder, os equipamentos e, frequentemente, a vontade de evitar ativamente as mensagens de propaganda como um todo.

E não estamos falando sobre um punhado de fanáticos anticonsumo que podemos talvez ignorar. A IDC Research, a empresa global de inteligência de mercado, mostra que dois terços dos donos de DVRs (gravadores de vídeo digitais) pulam os comerciais *sempre ou em grande parte do tempo*. Este número chega a 80% entre espectadores com 30 anos ou menos. A Nielsen Media Research relata que "praticamente um quinto da audiência dos programas mais populares da TV está pulando os comerciais". Isso não é 20% dos donos de DVRs; isso é 20% de *todos* os telespectadores.[15] E o que é pior, a maior parte desses 20% são consumidores de alta renda, com alto grau de instrução que costumam comprar grandes quantidades de produtos e serviços. Mais de 50% dos domicílios com renda acima de US$ 100 mil tem um DVR. Portanto, independentemente de seu empenho para atingir essa população, a possibilidade de que seus membros alguma vez assistam ao seu elaborado, multimilionário, anúncio de TV está desaparecendo rapidamente.

MARKETING COM VALOR *AGREGADO*

A tecnologia digital também está dando poder a potenciais consumidores-alvos para bloquear os esforços do marketing on-line. Isso mesmo, a última grande esperança de atrair o olhar do consumidor já está perdendo força enquanto acabamos de descobrir que as pessoas passam horas na frente das telas de seus computadores. Segundo a Forrester Research, 81% dos usuários de banda larga instalam filtros anti-spam e bloqueadores de pop-ups. Cerca de 40% dos usuários da Internet deletam regularmente "cookies" de seu computador,[16] uma tecnologia de que anunciantes da Web dependem para publicar banners no site dos visitantes. Uma ferramenta colaborativa chamada BugMeNot fornece aos visitantes uma combinação de nome de usuário e senha falsos para que eles possam acessar sites que requerem o registro obrigatório do usuário (selecionados para propaganda e promoções por e-mail, naturalmente).

O mais recente ataque à propaganda na Internet vem na forma de um plug-in gratuito chamado Adblock Plus. Configurado para fazer par com o popular browser Firefox, após um processo de instalação de um ou dois minutos, o Adblock Plus literalmente apaga todos os banners de anúncio em qualquer site da Web que você visite a partir daí em diante. Lançado em 2007 (e classificado como "melhor produto" pela revista *PC World*), já atraiu mais de 4 milhões de usuários e está ganhando de 300 mil a 400 mil usuários *por mês*, talvez em parte por causa do endosso do *New York Times*, segundo o qual a experiência do consumidor melhora drasticamente quando não existe uma legião de banners pedindo sua atenção:

> O que acontece quando os anúncios são varridos de um site da Web? Há uma sensação de contentamento semelhante a que você tem quando assiste a um programa de meia hora da TV gravado no DVD em 22 minutos.[17]

E quanto às tentativas dos profissionais de marketing e dos anunciantes de combater o Adblock Plus? O serviço fornece atualizações rápidas do software, deixando alguns webmasters tão frustrados que estão negando a todos os usuários do Firefox acesso a seus sites, o que chega a 20% de todos os consumidores nos Estados Unidos e 30% na Europa.[18] Uma tática autodestrutiva, talvez, mas o que um profissional de marketing pode fazer?

Agora que a tecnologia libertou os consumidores da tirania das redes e dos anunciantes que as suportam, eles estão se vingando exercendo sua liberdade. E, assim como em qualquer sociedade democrática nova, não há volta para a maneira antiga de fazer as coisas.

O Povo *versus* Marketing sem Valor Agregado

Muitos profissionais de marketing adorariam imaginar um futuro semelhante ao idealizado no filme *Minority Report – A Nova Lei*. (Steven Spielberg de fato contratou um grupo de especialistas futuristas do MIT para ajudá-lo a criar uma visão de como seria a propaganda em 2054.[19]) O resultado foi um mundo em que um outdoor da Aquafina espirra água holográfica em você, um anúncio no metrô comenta "Ei, Bob, parece que você quer uma Guinness" (ouviu isso? É a voz de David Ogilvy se revirando no túmulo) e um anúncio do American Express observa "Parece que você precisa de umas férias e a Blue pode levar você". Mas este futuro nunca existirá, porque as pessoas não vão deixar. As pessoas hoje estão combatendo o marketing sem valor agregado, interruptivo, com sua própria "campanha" estratégica por intermédio do poder da democracia.

Considere o que aconteceu com o telemarketing que era, até 2003, quando os Estados Unidos aprovaram a Lei de Implementação da lista Não Pertube, um negócio de US$ 80,3 bilhões. Se por acaso você estiver em casa lendo este livro depois das 7 horas da noite, pare um minuto e ouça. Você escuta seu telefone tocando? Provavelmente não, porque talvez esteja entre as 76% das pessoas que se dispuseram a registrar mais de 150 milhões de números de telefone na lista "Não Perturbe", o que proporcionou a essas pessoas liberdade e paz de espírito ao se recusarem a receber ligações de telemarketing indesejadas.[20] O que mais impressionou foi a disseminação deste programa: não houve uma grande campanha de conscientização nem estardalhaço na mídia, apenas dezenas de milhões de consumidores furiosos, que ansiavam por menos confrontações irritantes com vendedores e menos interrupções durante o jantar.

Os cidadãos norte-americanos agora estão começando a usar a ajuda financeira do governo federal como outra razão para exigir menos marketing; tanto membros do Congresso como grupos organizados de

MARKETING COM VALOR *AGREGADO*

contribuintes pediram que o Citigroup voltasse atrás em seu contrato de US$ 400 milhões pelo direito de dar seu nome ao novo estádio do New York Mets. Como o Citi aceitou uma ajuda financeira de US$ 45 bilhões do governo americano e dos cidadãos que ele representa, gastos gigantescos com marketing como este agora fazem parte do debate público. A General Motors, um patrocinador regular da NFL e anunciante do Super Bowl, decidiu não anunciar ou participar do grande jogo em 2009, em parte por causa da pressão pública resultante da ajuda financeira recebida dos contribuintes.

Nós, profissionais de marketing, devíamos ter mais medo do sinal que o sucesso da lista Não Pertube mandou para nossas autoridades eleitas: que restringir a propaganda é uma maneira fácil de estimular o apoio entre eleitores, visto que são poucos ou nenhum os defensores fiéis dela. Ou assim como ocorre com leis que aumentam a pena mínima de prisão, limitam as bonificações dos executivos ou reduzem o nível mínimo de álcool no sangue dos motoristas, autoridades do governo adoram a oportunidade de mostrar que estão fazendo algo importante sobre um assunto com que a população em geral se importa – e sobre uma prática que poucos vão defender. Dá para imaginar por que leis contra propaganda em outdoors, via e-mail e on-line estão ganhando força por meio de entidades locais, estaduais e federais?

> *Atuo nesta área há 29 anos e nunca vi o mercado tão competitivo. O setor mudou mais nos últimos 2 anos do que nos 25 anteriores.*
>
> — WALLY SNYDER, PRESIDENTE EMÉRITO,
> FEDERAÇÃO AMERICANA DE PUBLICIDADE

As pessoas estão usando a tecnologia digital não só para desfrutar do conteúdo que querem (sem os anúncios que não querem) na privacidade de seus lares mas também como uma ferramenta para depreciar nossas marcas e boicotar nossos produtos em fórum público. Por quê? Considere isso uma vingança pelo ataque violento de todo o marketing sem valor a que foram submetidos durante anos. Lembra-se da corrida para tomar as URLs "sucks.com" que podiam ser anexadas ao nome de uma empresa, marca ou produto e usadas contra estes? Uma rápida pesquisa no Google apresenta 164 mil links para sites com "sucks.com" ("Disney--sucks.com", "AllstateInsuranceSucks.com" e "PayPalSucks.com" são alguns exemplos). A menos que haja uma mudança radical na abordagem do marketing tradicional, será impossível impedir consumidores motivados, descontentes, de construir sites de protesto contra marcas, que também tendem a ganhar evidência em resultados de busca on-line. (O Home Depot, por exemplo, tentou processar o grupo ambiental que dirige o HomeDepotSucks.com e fracassou. Então um consumidor que usa o Google para achar o site oficial do Home Depot também é exposto a um site que divulga a mensagem "Home Depot Sucks vende madeira de reservas florestais".)

Vários grupos de interesse, numerosos demais para mencionar, estão se unindo e atacando todos os tipos de marketing. O Adbusters, por exemplo, é uma "rede global anticonsumo, sem fins lucrativos, formada por artistas, ativistas, escritores, humoristas, estudantes, educadores e empresários que querem levar adiante o novo movimento ativista social da era da informação".[21] Seus mais de 100 mil membros dedicam--se a campanhas internacionais de marketing, tais como "Dia Mundial Sem Consumo" e "Semana da TV Desligada". Outra campanha recente para o "Ambientalismo Mental" visa recuperar o espaço público ocupado por propaganda indesejada (especialmente outdoors). E o grupo vende por US$ 25 um dispositivo chamado TV-B-Gone que emite múltiplos sinais de infravermelho para desligar qualquer televisor próximo que esteja passando comerciais. Outros grupos incluem Campanha para uma Infância Sem Comerciais, que está lutando contra comerciais na programação de rádio dos ônibus escolares, e o Alerta Comercial, um grupo formado por Ralph Nader que está pressionando por uma legislação que obrigaria as salas de cinema a publicarem o horário verdadeiro em que o filme começa – isso é quando os anúncios (ou trailers) finalmente terminam.[22]

Por Que o Conteúdo É Rei

A tecnologia digital está fazendo mais do que ajudar as pessoas a bloquearem ativamente nossos anúncios; também as está munindo com

MARKETING COM VALOR *AGREGADO*

ferramentas para desfrutar de conteúdo que não tem o suporte da propaganda. Isso, por sua vez, está influenciando significativamente quanto tempo as pessoas passam assistindo a TV, lendo revistas e jornais e ouvindo rádio em geral. O relatório de uma pesquisa conduzida pela Veronis Suhler Stevenson (VSS) de Nova York mostrou que, de 2001 a 2006, os consumidores norte-americanos gastaram 6,3% menos tempo com mídia suportada por anúncios. Segundo a VSS, isso é resultado da "mudança de comportamento dos consumidores e da eficiência da mídia digital", que, por sua vez, está ajudando as pessoas a gerenciarem melhor seu tempo cada vez mais valioso:

> A queda no uso da mídia de consumo foi impulsionada pela migração dos consumidores para alternativas digitais para notícias, informações e entretenimento, o que requer menos investimento de tempo do que os meios tradicionais. Por exemplo, os consumidores geralmente assistem a sessões de ao menos 30 minutos na TV aberta ou por assinatura ao passo que levam de 5 a 7 minutos assistindo a vídeos on-line criados por consumidores.[23]

Esta análise está em total sintonia com um comentário frequente dos donos de TiVo: "Eu não assisto mais a TV. Eu assisto a uma TV *melhor*". Como o conteúdo digital está prontamente disponível, os consumidores podem procurar, assistir, ouvir quando e como desejam – sem ter de esperar as palavras de seus patrocinadores.

Esses anúncios de patrocínio não os estão convencendo a comprar de modo nenhum. Informações e críticas sobre produtos e comentários das pessoas – sejam eles de familiares, amigos ou de um completo estranho – estão igualmente disponíveis na Web, instantaneamente, e obviamente com mais credibilidade do que os *copy points* (atributos especiais) voltados para benefícios, cuidadosamente descritos pelos redatores das agências, que ganham seu sustento elaborando-os. Esses comentários e críticas são fáceis de criar com blogs, fóruns e avaliações on-line de consumidores; eles são fáceis de encontrar, visto que os algoritmos dos buscadores dão peso maior a conteúdos gerados pelo consumidor e são simples de verificar e comparar, através de avaliações de críticos individuais e recursos como o "Top Reviewers".

Apenas "Tornar-se Digital" Não É Suficiente

Acho que a pergunta mais importante a ser feita é: Como tornar a propaganda algo que as pessoas estejam dispostas não simplesmente a tolerar, mas tenham de fato vontade de receber?

— BRUCE OWEN, ECONOMISTA DE MÍDIA, STANFORD[24]

Historicamente, os profissionais de marketing sempre viram as revoluções na mídia e no marketing como um meio de prever para onde os olhos e a atenção dos consumidores vão se voltar a seguir. Quando uma massa crítica de pessoas começou a ouvir rádio, os profissionais de marketing acompanharam, estabelecendo um conjunto universal de ferramentas de publicidade, como patrocínios e intervalos comerciais. Quando as pessoas fizeram o *upgrade* para a televisão, esses profissionais acompanharam novamente, refinando o modelo para incluir a imagem, o som e o movimento do comercial moderno. Portanto, conforme a atenção dos consumidores passou para a mídia digital, tais como vídeos on-line e sites de rede social, nosso instinto é, mais uma vez, caminhar na mesma direção e seguir os mesmos passos. Mas simplesmente "tornar-se digital" não está funcionando.

O primeiro instinto dos profissionais de marketing tradicionais quando se trata de tornar-se digital é tentar anúncios em banners. Bilhões de dólares foram repassados da propaganda impressa, TV e rádio para os banners, que são os equivalentes on-line dos outdoors. Os profissionais de marketing esperavam que seus consumidores vissem esses anúncios com os mais diversos tamanhos e formatos e dessem um "clique aqui" para abrir incontáveis visitas a sites, mas, infelizmente para nós, as pessoas têm coisa melhor para fazer na vida e a porcentagem delas que clica nesses anúncios é de menos de 1% e continua caindo.

Sites de redes sociais famosas, como MySpace e Facebook, deveriam resolver o problema dos banners garimpando perfis de usuário e provendo anúncios relevantes. O valor desses sites imediatamente disparou para bilhões, com o Google e a Microsoft assinando acordos

> *A Internet não está substituindo a propaganda, está despedaçando-a; e nem mesmo todos os cavalos do rei, todos os homens do rei e todos os talentos criativos da avenida Madisson conseguirão juntar os pedaços de novo.*
>
> — ERIC CLEMONS, PROFESSOR DE GESTÃO DE OPERAÇÕES E INFORMAÇÕES, WHARTON SCHOOL OF BUSINESS

massivos pelo direito de prover anúncios neles. Mas conforme os anúncios aparecem, os membros parecem estar abandonando esta "grande novidade". Em 31 de janeiro de 2008, o Google admitiu que, assim como sua aquisição do YouTube pelo valor de US$ 1,65 bilhão, os US$ 900 milhões que comprometeu para prover anúncios no MySpace não estavam compensando. Segundo o cofundador do Google, Sergey Brin, "Acho que não temos... a melhor maneira de anunciar e monetizar as redes sociais ainda". Até mesmo a Vice-presidente de Operações do Facebook, Sheryl Sandberg, admitiu que os banners de anúncios tradicionais não funcionarão para seus usuários ou anunciantes.[25]

Na verdade, seria possível argumentar que a propaganda está matando as redes sociais. Em 2007, a publicidade nessas mídias cresceu 155%, saltando para US$ 1,2 bilhão, e estimava-se que cresceria outros 75%, indo para US$ 2,1 bilhões em 2008. Mas, aproximadamente, neste mesmo período – de outubro de 2007 a janeiro de 2008 – o interesse do consumidor nesses sites diminuiu 14%, e a quantidade de membros do MySpace caiu de sua alta histórica. À medida que os membros diminuem, pioram ainda mais as perspectivas da publicidade. Em vez do crescimento de 75% projetado para 2008, o verdadeiro número foi 33%, e o eMarketer agora espera uma média de crescimento de um único dígito por ano até 2013.[26]

Os números provam que não importa quais ferramentas e tecnologias novas nós, profissionais de marketing, utilizemos para ganhar a atenção dos consumidores, pois eles estão cada vez mais imunes – e hostis – a nossas mensagens. Marcas veteranas cujos nomes você conhece bem jamais admitirão isso publicamente, mas elas, pela primeira vez em décadas, não estão conseguindo atingir seus alvos (e isso ocorreu antes da última crise econômica).

O marketing na forma como conhecemos há décadas não é mais sustentável hoje. A sociedade aprendeu que não pode mais continuar seu ritmo atual de consumo de recursos e impacto ambiental. A publicidade interruptiva é cada vez mais vista como mais uma fonte de poluição indesejada. Enquanto no passado podíamos contar com uma torrente contínua de vendas baseadas num fluxo de dólares de propaganda, a publicidade na forma como é praticada hoje é vista como uma exterioridade negativa barulhenta imposta às pessoas as quais deveríamos servir. E nossos resultados de vendas, valor de marca e perspectivas de carreira estão sofrendo.

Diretores-executivos de marketing atualmente permanecem em média 24,8 meses em seus cargos até saírem para "passar mais tempo com suas famílias" e um novo *superstar* esperançoso ser escolhido para a posição. A rotatividade de clientes nas agências de publicidade é de menos de quatro anos, enquanto, na época de David Ogilvy, o relacionamento com o cliente era para sempre. Todos estão ansiosos e todos concordam que algo precisa mudar. Mas quase ninguém sabe o que fazer ou como fazer.

Conheci e trabalhei com algumas das maiores empresas de marketing do mundo, incluindo Johnson & Johnson, General Mills, Anheuser-Bush, Visa e Ford – e coloquei-me no lugar delas como gerente de marketing da Procter & Gamble. As pessoas que trabalham nessas e em outras empresas grandes são inteligentes, bem treinadas e capazes de gerir habilmente milhares de dólares de marketing para marcas multibilionárias. Uma das qualidades que elas têm em comum é respaldar-se em dados, modelos de sucesso e pesquisas. Essas pessoas são espertas o bastante para limitar seus riscos e maximizar seus resultados, consultando livros sobre estratégia e modelos de ROI retrospectivo. Mas o que acontece quando os modelos antigos não funcionam mais?

Na ausência de um modelo novo, a tendência é continuar a seguir a fórmula histórica, mesmo quando esta deixa de fornecer os mesmos resultados. Como gestores de empresas multibilionárias, esses profissionais de marketing consideram o risco simplesmente muito alto para seguir os apelos dos gurus de marketing para "saltar o abismo" ou "quebrar as regras". Uma verdadeira mudança organizacional requer mais do que um discurso inaugural e um punhado de estudos de casos; ela demanda um novo conjunto de ferramentas e um novo processo tão estruturado, comprovado e mensurável quanto o antigo. O objetivo deste livro, e o foco de cada página a seguir, é apresentar tal modelo. Acredito que os profissionais de marketing de empresas grandes e pequenas, locais ou globais em vendas e voltadas para o consumidor individual ou corporativo, possam usar este modelo para mudar do mundo decadente da publicidade interruptiva para o novo mundo do marketing com valor. E, como você verá nas próximas páginas e nos exemplos a seguir, a qualidade do marketing – e os números resultantes – comprovam esta crença.

Então, o que você está esperando? Vire a página para revelar o que o Marketing com Valor *Agregado* pode fazer por seus clientes, sua empresa, seu resultado e seu mundo.

O QUE O MARKETING COM VALOR *AGREGADO* PODE FAZER POR VOCÊ

E se começássemos tudo do zero? E se jogássemos fora todos os livros didáticos e os fluxogramas e deixássemos para trás o *jingle* contagiante, a sedução das celebridades, o apelo vazio e a abordagem dos anúncios? E se tentássemos parar (e falhássemos) de ser tudo para todos e, em vez disso, criássemos algo com valor agregado? E se parássemos de interromper as pessoas para dizer como são excelentes nossos produtos e de fato *fizéssemos* algo para provar nossa excelência?

Acredito que num mundo onde os consumidores podem escolher ativamente evitar o marketing, a única maneira de vencer é criar um marketing ao qual eles escolham ativamente se engajar. Semelhante à mudança significativa no setor promovida pelo marketing direto na década de 50 e pelo marketing de permissão na década de 90, o Marketing com Valor *Agregado* é o próximo passo lógico num processo evolutivo. Se o marketing direto dizia respeito a abordar estranhos individualmente, e o marketing de permissão a transformar estranhos em amigos e amigos em clientes, o Marketing com Valor *Agregado* diz respeito a melhorar a vida dos clientes por meio do *próprio marketing*.

Marketing Direto	Marketing de Permissão	Marketing com Valor Agregado
Abordar o consumidor diretamente, usando informação dirigida.	Buscar a aprovação e opinião do consumidor antes da abordagem.	Criar marketing que convida o consumidor a participar.
"A propaganda chega a minha casa quer eu goste ou não."	"Posso escolher entre receber ou não propaganda relevante."	"O marketing em si melhora minha vida, portanto prestarei atenção e farei negócios com você."
Monólogo "Contar e vender".	Diálogo "dar e receber"	Benefício com "valor agregado".
Interrupção.	Autorização.	Serviço.
Foco no meio.	Foco na mensagem.	Foco no significado.

O marketing direto foi amplamente adotado na década de 50 graças a descontos na tarifa de postagem para grandes quantidades, a materiais de mala direta mais baratos e a utilização dos primeiros computadores disponíveis para as empresas. O conceito oferecia vários benefícios singulares comparados à mídia de alcance generalizado, como a impressa e o rádio: as empresas poderiam atingir os consumidores que mais especificamente as interessavam, podiam incluir muito mais informações pelo correio e também podiam começar a medir a receptividade a ofertas individuais, um avanço para avaliar o retorno sobre o investimento em marketing. Para os consumidores, o marketing direto por correio ou telefone trouxe algum valor agregado – ele proporcionava mensagens e ofertas mais relevantes, juntamente com uma certa liberdade de poder ignorar por completo as promoções de vendas. Mas o setor abusou do telefone e da caixa de correio das pessoas precocemente. Não surpreende que o termo *junk mail* tenha sido usado pela primeira vez em 1954.

O marketing de permissão, conforme mencionado no Capítulo 1, é criação do dissidente Seth Godin, e obteve sucesso em pender tanto o jogo da propaganda quanto o relacionamento entre profissionais de marketing e consumidores para o lado das pessoas. O marketing de permissão criou (e continua a impulsionar) a expectativa de que nós não devemos, não podemos e simplesmente não iremos interromper as pessoas com marketing via e-mail ou telefone antes de primeiro pedir e obter a permissão delas para isso. O marketing de permissão representa um aprimoramento diferencial na abordagem "contar e vender" do marketing tradicional, mas de muitas formas ele estimulou o desejo e a motivação dos consumidores de recusar o marketing em geral.

> **O Marketing com Valor *Agregado* é o antídoto da recusa: ele agrega valor à vida das pessoas independentemente da compra... É o marketing que frequentemente tem muito mais significado do que o produto que pretende vender.**

O Marketing com Valor *Agregado* é o antídoto da recusa: ele agrega valor à vida das pessoas independentemente da compra – o que, como se constata, tem muito mais probabilidade de conquistar o consumidor. É o marketing que frequentemente tem muito mais significado do que o produto que pretende vender. É a Samsung oferecendo não apenas uma, mas *50* estações de recarga para celular e laptop no aeroporto internacional de Los Angeles (LAX) e no de Nova York (JFK), com os aeroportos Dallas-Forth Worth, LaGuardia e Orlando na sequência. É o Charmin subsidiando banheiros públicos na Times Square, proporcionando, digamos, um serviço de grande necessidade em troca da oportunidade de estar na mente das pessoas. É um fabricante de fósforos – uma *commodity*, certamente – que em parceria com um fabricante de churrasqueiras patrocina um programa de segurança em incêndios em escolas primárias, criando marketing que tem muito mais valor agregado do que a chama do fósforo.

O que o marketing com valor pode fazer por você e por sua empresa? Nossa pesquisa na Bridge Worldwide com dezenas de projetos bem-sucedidos para nossos clientes mostra que, quanto mais valor as pessoas acharem que seu marketing tem, mais dispostas elas estarão a pagar por seu produto, maior será o investimento emocional delas e mais motivadas elas ficarão para contar para os outros. Isso significa que você estará melhorando a vida das pessoas, seu resultado e o mundo em geral.

MARKETING COM VALOR *AGREGADO*

O que as pessoas consideram significativo é muito pessoal, e este capítulo vai demonstrar, em especial, como o marketing de sua marca pode ser valioso de diversas maneiras, em vários graus. É claro, isto sugere que esse valor pode variar de pessoa para pessoa, o que é parte da questão – sua marca provavelmente tem um mercado-alvo específico que é diferente do meu. Um adolescente acha um vídeo viral sexy e engraçado mais divertido, enquanto o resto do mundo torce o nariz. Uma pessoa com diabetes se envolve profundamente com artigos sobre como lidar com sua doença, enquanto o resto do mundo não tem a menor ideia – nem qualquer interesse – sobre o que é A1C. Embora o valor possa variar conforme a marca e o alvo, constatei em nosso trabalho com os clientes que o verdadeiro marketing com valor tem dois atributos consistentes:

1. *É o marketing com o qual as pessoas escolhem se engajar.* Ele envolve criar algo que as pessoas consideram merecedor de seu tempo e atenção, em vez de continuar procurando maneiras inteligentes (ou nem tanto) de interrompê-las.

2. *É o marketing que em si melhora a vida das pessoas.* Muitos profissionais de marketing vão dormir orgulhosos por promover produtos que agregam valor. De fato, eles podem remover manchas difíceis, estampar um sorriso no rosto, ou permitir compras que "não têm preço", mas quase sempre utilizamos a abordagem da interrupção para apresentar esses produtos e serviços para nossos clientes. Em vez disso, devemos criar uma publicidade que de fato agregue valor – sem necessariamente forçar uma venda.

Um receio inicial é de que a ideia de "valor" assume um nível muito elevado e está muito distante dos dólares e centavos com os quais as pessoas estão mais preocupadas, sobretudo durante períodos de dificuldade econômica. As marcas se sentem pressionadas a voltar aos comerciais de TV tradicionais com mensagens do tipo custo-benefício do produto para se conectar com compradores sensíveis a preço. Mas praticar marketing com valor é fundamentalmente entender as necessidades do consumidor e entregar valor por meio do marketing em si.

Como você lerá nos capítulos a seguir, amostras grátis e ofertas são fortes exemplos de marketing com valor, mas na conjuntura econômica atual as pessoas continuam respondendo a campanhas relacionadas a causa e mensagens de sustentabilidade. No fim das contas, os consumidores esperam mais de suas marcas em vários níveis – e este modelo vai ajudar sua empresa a incluir o marketing em si na equação de valor.

A melhor maneira de ilustrar a importância do marketing com valor é examinar a fundo as marcas pioneiras que estão traçando um curso singular, mas consistente. Dove, Nike, Burger King e Partnership for a Drug-Free America são quatro exemplos de grandes marcas que estão executando esta nova abordagem de maneiras verdadeiramente significativas. Elas abandonaram a interrupção, criaram um marketing com o qual as pessoas escolhem se engajar, conectaram-se com elas numa variedade de fóruns inovadores e lançaram com sucesso campanhas de marketing com valor que afetaram positivamente tanto seus resultados quanto a qualidade de vida das pessoas que têm como alvo.

Reinventar a Beleza Regenera o Resultado da Dove

Em 2002, frente a um crescimento lento, a uma redução da fatia de mercado e a uma pesquisa reveladora segundo a qual mais de 50% das mulheres se disseram insatisfeitas com seu corpo, a Dove parou de falar sobre sabonete para seu próprio bem, deixou de perpetuar um mito de beleza que era potencialmente danoso para adolescentes e mulheres e iniciou um movimento para ajudar a melhorar a autoestima.

Em vez das modelos "tamanho único" que se tornaram o padrão esperado – e o ignorado – na propaganda, a campanha original "Real Beleza" da Dove apresentava mulheres comuns de todas as idades e etnias em anúncios impressos, banners on-line e outdoors na Times Square. Seu marketing mostrava pessoas tal como uma mulher de 90 anos com um texto que perguntava "Enrugada ou Espetacular?". No que mais tarde se tornou a campanha pela "Real Beleza", a Dove arruinou os estereótipos dos anúncios de produtos de beleza para sempre, criando um debate na-

> **"Evolução"... o vídeo chegou a mais de 500 milhões de exibições – e continua aumentando. Isso custou à Dove... meros US$ 50 mil.**

cional entre as mulheres sobre o que é e o que significa beleza. O sucesso inicial da campanha estimulou a marca a avançar para o domínio digital, criando um painel de discussão para Web, e a criar um aplicativo para celular pelo qual as consumidoras podiam continuar a trocar ideias e fazer download de ferramentas para ajudar mães e mentores a conversar com as adolescentes sobre se aceitarem e se valorizarem. Com isso, a Dove tornou a campanha viral.

Em 2006, sua agência no Canadá, a Ogilvy Toronto, criou um vídeo em ritmo acelerado mostrando o processo usado pelos anunciantes de produtos de beleza para transformar uma mulher comum numa modelo retocada por Photoshop, que terminava com: "Não surpreende que sua percepção de beleza esteja distorcida. Toda mulher merece se sentir bonita exatamente como é". Em 6 de outubro de 2006, a agência lançou o vídeo chamado "Evolução" no YouTube, sem qualquer outro suporte ou alarde. O tráfego começou a crescer e, uma semana mais tarde, o programa *Good Morning America* passou o vídeo. As exibições no YouTube e a cobertura da imprensa livre continuaram imbatíveis por meses. Segundo Maria Mandel, diretora-executiva de inovação digital da Ogilvy, o vídeo chegou a mais de 500 milhões de exibições – e continua aumentando.

Isso custou à Dove um pouco mais do que o preço da produção do vídeo, meros US$ 50 mil, comparados a US$ 1,3 milhão para veicular um único anúncio de 30 segundos durante a final da temporada do *American Idols*. Sem mencionar o fato de que um consumidor que escolhe se engajar em tal campanha está obviamente mais aberto a uma mensagem do que alguém que tende a ir ao banheiro, ou tomar um lanche ou usar o TiVo durante o intervalo comercial.

No verão de 2007, até mesmo a velha guarda da publicidade mostrou reconhecimento pela campanha com sua maior honraria, o Grand Prix de Cannes. Mas a campanha publicitária "Real Beleza" da Dove fez mais do que ganhar atenção e prêmios de criatividade: impulsionou os negócios da empresa, resultando num crescimento de dois dígitos nas vendas para esta marca de 54 anos, em 2005 e 2006. E causou um impacto na sociedade desencadeando um debate sobre como nossa cultura define beleza, com um foco voltado para como a confiança e o bem-estar de nossas filhas, esposas e irmãs são afetados pela maneira como a mídia retrata a beleza. Isso fez as mulheres de verdade se sentirem melhor consigo mesmas e com seu corpo. E o Fundo Dove para Autoestima agora trabalha para melhorar a vida de 5 milhões de meninas e adolescentes criando artigos e vídeos para elas, suas mães e mentores, além de workshops gratuitos (com um guia de debates e um DVD) que as escolas e outras organizações podem usar. Além de os produtos Dove serem bons, o marketing que a empresa criou está fazendo nada menos do que melhorar o mundo.

"Word of Foot" Dispara as Vendas na Nike

Diferentemente da Dove, a Nike nunca foi considerada secundária em seu mercado. Pelo contrário, a empresa praticamente inventou a categoria de calçado esportivo *premium* na década de 60 quando os fundadores Phil Knight e Bill Bowerman formaram uma parceria e mais tarde começaram a usar moldes do tipo *waffle* para criar solados de alta performance para as estrelas da corrida e do atletismo. Em 1980, a empresa detinha 50% do mercado de calçados esportivos nos Estados Unidos, principalmente graças ao anúncio "Word of Foot". Sua primeira campanha na TV só foi veiculada em 1982, mas o meio parecia feito sob encomenda para a Nike, com seus comerciais engenhosos, estilosos e recheados de celebridades. Nas duas décadas seguintes, as vendas dispararam e ameaças periódicas de competidores como Adidas, Reebok e L.A. Gear foram facilmente eliminadas com milhões gastos em publicidade e a criação de produtos inovadores.

Em 2005, a Nike Inc. atingiu um lucro de US$ 1,2 bilhão numa receita de US$ 13,7 bilhões. Mas a empresa enfrentou pressões como jamais antes: a Adidas comprou a Reebok, criando um conglomerado competidor de US$ 16 bilhões, e a marca iniciante Under Armour, com seu foco em alta tecnologia para atletas de alta performance, surgiu do nada para alcançar US$ 607 milhões em receita. Muitas pessoas tanto no setor de publicidade quanto no de calçados esperavam que a Nike combatesse com uma frota de publicidade tradicional dispendiosa. E provavelmente um retorno ao Super Bowl, do qual estava ausente desde 1998. Mas a Nike fez algo mais inteligente, barato e significativo.

Em vez de ressuscitar a abordagem de marketing usada na década de 80, ela voltou ainda mais no tempo, para suas raízes e para a geração do "Word of Foot", restabelecendo os laços com seu público fundamental de atletas dedicados. "Nosso negócio não é manter vivas as empresas de mídia", disse Trevor Edwards, vice-presidente corporativo para gestão da marca global e da categoria. "Nosso negócio é ter conexão com os consumidores".

A mudança de foco da Nike para a comunidade e o uso massivo da palavra *serviço* sugere que sua nova abordagem é o resultado natural do lançamento do Nike+ em 2006. Numa parceria simbiótica do marketing com a tecnologia, a Nike se uniu à Apple para lançar um sistema que combinava um chip num calçado com um software de sincronização num iPod. Isso oferecia uma experiência diferenciada para praticantes sérios de corrida, muitos dos quais dependem da música para se manterem motivados. A cada milha, uma voz se sobrepõe à música fornecendo informações atualizadas sobre o ritmo e a distância percorrida e oferecendo palavras de encorajamento. Conectando-se o iPod a seu suporte é possível fazer o download da performance do corredor para o aplicativo de acompanhamento no site nike.com, permitindo que os corredores comparem corridas, acompanhem seu progresso em relação a metas estabelecidas e observem sua melhora ao longo do tempo. E embora isso possa parecer entediante para a maioria das pessoas, a Nike sabia que corredores dedicados já faziam isso há décadas usando diários de papel e caneta e que oferecer uma tecnologia, que tornasse esta tarefa mais fácil, rápida e divertida, teria grande impacto em seu público-alvo.

O Nike+ vai ainda além ajudando as pessoas a se conectarem pessoalmente ao que é essencialmente o maior clube de corrida do mundo. O serviço interliga corredores ao arredor do mundo em mais de 13 mercados – permitindo que amigos, grupos e até mesmo nações inteiras compartilhem cursos de corrida e desafiem uns aos outros.

A lógica do negócio do Nike+ é melhor descrita por Michael Tchao, gerente geral do Nike Techlab:

> O Nike+ obteve sucesso porque ofereceu aos consumidores ao redor do mundo todas as ferramentas de que precisavam para se tornarem atletas melhores. Para muitos usuários, ele se tornou um serviço indispensável, proporcionando uma conexão contínua e profunda com nossa marca.

Depois de seis meses de vendas, em dezembro de 2006, o CEO da Nike Mark Parker reportou aos analistas: "O Nike+ está se tornando imenso... Claramente, nossa crença neste conceito está se provando correta". Ele creditou o crescimento de 8,1% no lucro da empresa no segundo trimestre a esta linha de tênis de corrida.

Além de impulsionar o lucro, não há dúvida de que o Nike+ melhorou significativamente a experiência de corrida para milhões de atletas de todos os níveis de performance. Stefan Olander, diretor global para conexões de marca, relata que 30% dos usuários do Nike+ visitam o site três vezes por semana ou mais após 35 minutos de corrida em média – e muitos deles ficaram tão apaixonados por seus sensores do Nike+ que preferem correr sempre com eles "porque querem receber o crédito por suas proezas".

Ao trazer informação e entretenimento para uma atividade relativamente monótona como a corrida, a Nike estimulou novos corredores, trouxe corredores desistentes de volta à prática e conquistou algumas milhas a mais e sorrisos daqueles que nunca pararam. Talvez não haja um lugar para o Nike+ em Cannes, contudo, é um marketing brilhante.

Se pudermos fazer algo para beneficiar nossos clientes e atender às necessidades dos atletas para melhorar sua performance, eles voltarão para nossa marca.

— STEFAN OLANDER, DIRETOR GLOBAL PARA CONEXÕES DE MARCA, NIKE

A Nike está estendendo este conceito de Marketing com Valor *Agregado* para outros esportes também, publicando on-line, em vez de na TV, um vídeo de tirar o fôlego com 2 minutos e 46 segundos do astro do futebol brasileiro Ronaldinho que resultou em mais de 17 milhões de exibições somente no YouTube. Para os jogadores de basquete, a Nike criou a Jordan Brand Breakfast Club, uma ferramenta interativa de treinamento on-line que apresenta exercícios personalizados do treinador profissional Tim Grover que podem ser baixados para iPod. Mais de 120 mil pessoas se registraram no site e passam em média seis minutos conectadas.

Corredores e jogadores de bola adoram a nova abordagem de marketing, e os acionistas da Nike também. As vendas globais da empresa saltaram de US$ 10 bilhões para US$ 16 bilhões nos últimos quatro anos e, em fevereiro de 2007, o CEO Mark Parker prometeu a Wall Street que fará o negócio crescer outros US$ 8 bilhões nos próximos cinco anos. Sua confiança, em parte, vem do fato de que a empresa parece ter decifrado o código de um novo modelo de marketing, enquanto seu arquicompetidor, a Adidas, está ocupada gastando milhões pelo privilégio de estampar seu logo nos uniformes do Super Bowl e das Olimpíadas.

Como o Burger King Incrementou as Vendas Sendo Mais Divertido

Em 2002, o histórico perdedor do *fast-food*, Burger King, enfrentava a combinação potencialmente fatal de vendas insípidas e uma nova controladora. Fundado em 1954 por James McLamore e David Edgerton, que haviam visitado o restaurante original do McDonald´s em San Bernardino, Califórnia,[1] e viram uma oportunidade de ganhar dinheiro com o modelo de franquia de *fast-food*, a principal meta do Burger King em quase 50 anos foi sugar alguns poucos pontos de participação do líder do mercado. Infelizmente, isso deixou a empresa com uma parca base de vendas, o que a tornou uma perdedora para os investidores também.[2]

Felizmente, seu novo dono – a empresa de capital privado TPG Capital – estava mais interessado em reconstruir a marca como estimulante e divertida do que em liquidar a rede. A TGP reconheceu que uma campanha com valor agregado poderia reposicionar o Burger

King como uma marca para se conhecer e amar. Em janeiro de 2003, a empresa contratou a agência Crispin Porter + Bogusky, de Miami, que ajudou a identificar e priorizar jovens do sexo masculino entre 18 e 24 anos, uma base massiva de consumidores de *fast-food* que também ajuda a definir tendências para o resto da população,[3] como seu principal público-alvo. Depois que alguém na Crispin comprou no eBay uma reprodução superdimensionada da cabeça do rei do Burger King, o ícone da rede na década de 70, como uma fonte de inspiração para *brainstorming*, a agência tomou a corajosa decisão de apresentar o personagem agora retrô "Rei Assustador" (que havia sido posto de lado desde os anos 80) tanto nos restaurantes quanto nas ações de marketing de guerrilha. Num espaço de meses, o Rei voltou à cena da cultura pop, desta vez usando uma máscara, aparecendo em festas de Halloween e em vídeos virais de pegadinhas.

Paralelo a isso, como parte de sua missão, o time da Crispin estava especificamente encarregado de ajudar a aumentar as vendas dos sanduíches de frango do Burger King, uma tarefa ainda mais difícil devido ao foco histórico da marca nos hambúrgueres. Enquanto a maioria das agências provavelmente teria utilizado a abordagem tradicional e criado algo direto e previsível – digamos, um anúncio de 30 segundos mostrando clientes (ou talvez uma celebridade!) esfomeados criando seu sanduíche de frango perfeito no balcão do restaurante –, a Crispin investiu na reputação de décadas do Burger King de ser o restaurante que convidava seus clientes a fazerem "do seu jeito", chamando as pessoas para fazerem pedidos personalizados para... um frango.

Em 8 de abril de 2004, foi lançado o www.subservientchicken.com, resultando num sucesso viral instantâneo e no primeiro grande avanço da marca. Diante de uma webcam, uma pessoa fantasiada de frango respondia a mais de 300 comandos digitados numa caixa de texto, que vão de "cisque o chão" a "ande como um egípcio". Joseph Jaffe, autor de *O Declínio da Mídia de Massa – Por que os Comerciais de TV de 30 Segundos Estão com os Dias Contados* (M.Books, 2008) –, relata que mais de 14 milhões de pessoas visitaram o subservientchicken.com no primeiro ano, cada qual passando em média mais de sete minutos no site. Mais importante, a campanha impulsionou as vendas. As vendas do sanduíche de frango subiram 9% nas semanas imediatamente após o lançamento da campanha, e no relatório do resultado apurado em outubro de 2004, após nove meses consecutivos de crescimento, o Burger King anunciou que as vendas na mesma base de lojas cresceram 6,4% e as vendas na rede como um todo cresceram 12,3%.

Além do crescimento nas vendas, o Subservient Chicken garantiu ao Burger King um lugar nos anais da cultura pop. As pessoas começaram a ver a marca como peculiar, divertida e distinta por mérito próprio, em vez de um eterno competidor de padrão inferior do McDonald´s. Mais de quatro anos depois, o subservientchicken.com continua a atrair tráfego e gerou dezenas de paródias.

Assim como aconteceu com a Dove, a nova abordagem de marketing do Burger King deu permissão a seus clientes para se divertirem de novo. No final de 2004, o Burger King fez uma parceria com a desenvolvedora de games Blitz Games para revolucionar o negócio de videogames, tornando-se o maior distribuidor de videogames relacionados a publicidade ("advergames"). Seus três games para Xbox – *Pocketbike Racer* (um jogo de corrida de minimotocicletas), *Big Bumpin* (um jogo de carros de batida com armadilhas como buracos sem fundo e trechos escorregadios de gelo) e *Sneak King* (em que os jogadores se tornam o Rei e andam pelas ruas surpreendendo as pessoas com sanduíches) – venderam inacreditáveis 3,2 milhões de cópias (a US$ 3,99 cada) em apenas três meses, ficando entre os 10 videogames mais vendidos no ano. Mais importante, esses games ajudaram a aumentar os lucros do Burger King em 40% no intervalo de um ano.

Como diz Russ Klein, presidente de marketing global do Burger King, "Interagir com nossos personagens nos games é na realidade mais envolvente do que ficar sentado numa cadeira assistindo a um comercial do Super Bowl". Tem mais significado também. Quando somos capazes de convencer as pessoas a querer interagir com nosso marketing – ou, neste caso, literalmente brincar com nossa marca –, estamos envolvidos em algo grande, novo e diferente.

O Burger King continua a traçar um novo caminho na publicidade, incluindo um game para celular estrelando o Rei, e, em fevereiro de 2008, uma promoção que celebrou os 50 anos do Whooper.

Chamada de Whooper Freak-Out", a campanha apresentou comerciais na TV e vídeos on-line com a filmagem da reação das pessoas ao anúncio (uma completa invenção) de que o Whooper foi descontinuado. As visitas ao *whooperfreakout.com* chegaram a 250 mil na primeira semana. Melhor ainda, as vendas na mesma base de lojas aumentaram 4,2%, as vendas do Whooper dobraram,[4] e o preço da ação da empresa subiu 5,8% graças a esta campanha.[5]

> **Quando somos capazes de convencer as pessoas a querer interagir com nosso marketing – ou, neste caso, literalmente brincar com nossa marca – estamos envolvidos em algo grande, novo e diferente.**

Em dezembro de 2008, a marca lançou um perfume masculino chamado Flame (chama), que tem "um aroma sedutor com um toque de carne grelhada na chama" – uma lembrancinha de Natal perfeita por US$ 3,99. Em janeiro de 2009, o Rei chegou ao Facebook com uma promoção para dar suporte a seu novo sanduíche condimentado "Angry Whooper". O Burger King ofereceu aos membros do Facebook um cupom com um Whooper grátis se eles cortassem os laços com 10 amigos no site. Em menos de uma semana, mais de 200 mil conexões foram rompidas em nome de um sanduíche de US$ 3.

O Burger King prova que um marketing engajador, divertido e com valor agregado pode levar a uma reviravolta completa numa marca. Além de um IPO* bem-sucedido em 2006, o Burger King desfrutou de 20 trimestres consecutivos de crescimento nas vendas da mesma base de lojas e um aumento de 32% no preço de suas ações em 2007. Claramente, seu marketing tem sido valioso tanto para os consumidores quanto para os investidores.

---

* IPO, ou Oferta Pública Inicial, do inglês *Initial Public Offering*, é o evento que marca a primeira venda de ações de uma empresa no mercado de ações. Seu principal propósito para empresas novas ou pequenas é levantar capital pela sociedade para utilizar como investimento para expansão da empresa. (N. T.)

Partnership for a Drug Free America (PDFA)

Ao contrário da Dove e da Nike, a Partnership for a Drug Free America (PDFA) [Parceria para uma América Livre de Drogas] não é uma marca proeminente. Talvez, você se recorde do famoso anúncio do ovo na frigideira – "Este é seu cérebro quando você consome drogas" –, recentemente classificado pelo *USA Today* como o décimo primeiro anúncio mais lembrado nos últimos 25 anos. Mas "lembrado", como você provavelmente sabe, nem sempre significa resultados, e em sua empreitada voltada para um marketing com valor, até mesmo a PDFA decidiu parar de apavorar os pais via anúncios de 30 segundos na TV e começar a oferecer recursos educacionais valiosos em seu site na Web.

Nos últimos 20 anos, a estratégia da PDFA foi usar *meios de comunicação no valor de um milhão de dólares por dia* para expor pais e filhos a mensagens antidrogas via televisão e anúncios impressos. Mas após anos criando anúncios memoráveis premiados, a PDFA decidiu mudar de rumo por duas razões: sua campanha publicitária em massa na TV estava se desviando do alvo, e seu site www.drugfree.org estava acumulando um volume de tráfego surpreendente (cerca de um milhão de visitantes novos por mês).

O novo caminho que a PDFA está tomando é exemplificado por seu trabalho mais recente, uma iniciativa chamada "Time to Talk" (www.timetotalk.org). Em contraste a uma tática interruptiva aterradora, Time to Talk é um "recurso para pais que buscam entender com seus filhos o consumo de drogas e álcool". Os pais de hoje, da Geração X, cresceram com aquela dose diária do "cérebro fritado" das mensagens antidrogas, e viram os resultados (ou a falta deles) nas ruas, em seus amigos e neles mesmos. Agora, como pais, eles buscam proativamente soluções de verdade, e estão abertos a se engajar com uma entidade como a PDFA se ela oferecer serviços genuinamente de valor (o que parece acontecer em recursos como o Parent Talk Kit: "Top 10 Ways Teens Trick Their Parents", How to Tell if Your Teen is Drinking or Using Drugs" e "Answering the Question: 'Did You Do Drugs?'").**

** Em tradução literal – Kit Conversa de Pais: "As dez principais maneiras como os jovens enganam seus pais", "Como saber se seu filho adolescente está bebendo ou usando drogas" e "Respondendo a pergunta: 'Você usou drogas?'". (N. T.)

A PDFA também fez uma parceria com o Yahoo! Answers para criar um chat onde pais podem conversar diretamente e ajudar uns aos outros a lidar com questões difíceis. Uma campanha por e-mail mantém a conversa ativa, com colunas regulares como "Teachable Moments" e Q&A (perguntas e respostas) apresentada pela celebridade da TV Dr. Drew. Uma página no Facebook apresenta uma campanha

> **Eu prefiro atingir 100 mil pais, da maneira que eles querem ser atingidos do que [tentar] atingir 10 milhões com uma mensagem genérica.**
> **— Steve Pasierb**

com a causa. Existe inclusive um blog feito por pais, chamado "The Decoder" (decoder.drugfree.org), que trata sobre "entender a mentalidade dos adolescentes, o abuso de drogas e álcool e a criação dos filhos". Embora a maioria dos gerentes de marca não tenha lido um blog ou criado uma página no Facebook pessoalmente, pais de adolescentes tiveram de aprender essas novas tecnologia rapidamente para poder acompanhar o que os filhos estavam fazendo. E agora os pais estão usando essas ferramentas para se instruírem mais e ajudarem uns aos outros.

A PDFA também está fazendo mais para atingir comunidades individuais. Seu programa de mobilização da comunidade Meth360 treina profissionais, que lidam com tratamento de dependentes químicos, e policiais para dar palestras em escolas e prefeituras e para grupos de pais e outras organizações civis. Em 2008, este programa atingiu 12 mil pessoas e, segundo sua recente ferramenta de angariação de fundos, "Este poderoso programa foi tão significativo que mesmo depois de seis meses, mais de 86% dos participantes continuaram atuando e apresentando o programa para amigos e familiares".

Embora esta transformação na abordagem de marketing ainda tenha um longo caminho pela frente, a mudança no que a PDFA está gastando com marketing sugere que está funcionando; o gasto com meio digital saiu de praticamente zero para 10% do orçamento de mídia em 2007, e espera-se chegar a 31% em breve. Seus programas básicos pessoais alcançaram 75 mil pais e adolescentes. A PDFA continua veiculando anúncios na TV graças a seu posicionamento na mídia, mas apenas metade (US$ 175 milhões dos US$ 365 milhões). Segundo Steeve

Pasierb, presidente e CEO, "Nosso gasto diminuiu, mas nosso alcance efetivo aumentou. Eu prefiro atingir 100 mil pais, da maneira que eles querem ser atingidos do que [tentar] atingir 10 milhões com uma mensagem genérica".

Ao engajar-se ativamente com seu público-alvo, a PDFA está fazendo mais do que nos ajudar a manter nossos filhos longe das drogas; está servindo de modelo de referência para ajudar a nós, profissionais de marketing, a acabar com o hábito do marketing destrutivo.

Marketing com Valor *Agregado*: O Modelo

Para criar Marketing com Valor *Agregado*, primeiro você precisa determinar o que faz as pessoas se comportarem e pensarem de uma determinada maneira – o que é verdadeiramente importante para elas e o que elas anseiam. Especificamente, você precisa descobrir quais necessidades delas não foram atendidas – não apenas na lavanderia ou no mercado, mas num âmbito mais amplo da vida. São necessidades chamadas de "alto nível". Honestamente, todos sabemos que os detergentes e desodorantes que compramos hoje nos atendem a contento. Então o que as pessoas realmente querem? Experiências mais enriquecedoras e vínculos sociais mais profundos – maneiras de se tornarem melhores e causar um impacto positivo no mundo.

As pessoas se dispõem a gastar US$ 5 para desfrutar uma experiência na Starbucks, US$ 20 para personalizar uma garrafa de catchup Heinz e centenas de dólares por créditos de emissão de carbono para pessoa física. Um bom serviço de internet banking pode instilar confiança nas escolhas financeiras de uma pessoa, mesmo se os termos e condições da conta e as taxas de juros forem exatamente as mesmas que as do banco do outro lado da rua. Carros híbridos oferecem uma melhora relativamente pequena no consumo de combustível e levam décadas para recuperar seu custo adicional – mesmo assim, a venda de híbridos só no ano passado aumentou 500% porque as pessoas os *percebem* como melhores para o meio ambiente. Esses são os tipos de benefícios de alto nível que muitas marcas aspiram proporcionar, mas só podem fazer isso entendendo a fundo não só como seus produtos e serviços, mas também seu marketing, atendem às necessidades não satisfeitas de seus clientes potenciais e se encaixam nas experiências de vida deles como um todo.

Como um mapa da estrada para ajudar os profissionais de marketing a satisfazer essas necessidades de alto nível, criei um novo modelo de marketing, a hierarquia do Marketing com Valor *Agregado*, que é resultado de mais de dois anos de pesquisa e de minhas quase duas décadas de experiência tanto como gerente de marca na Procter & Gamble quanto estrategista-chefe de marketing na Bridge Worldwide.

A hierarquia apresenta três níveis (camadas) – *Soluções, Conexão* e *Realização* – como ferramentas que ajudarão a identificar com precisão as necessidades de seus clientes e a começar a pensar sobre como seu marketing pode satisfazer essas necessidades nos níveis correspondentes:

- Necessidades de sobrevivência (alimentação, moradia, segurança e vestimenta) = Soluções com valor agregado.

- Necessidades de vínculo (amor, pertencimento, amizade, família) = Conexões com valor agregado.

- Necessidades de estima (confiança, criatividade, resolução de problemas, respeito) = Realizações com valor agregado.

A hierarquia do Marketing com Valor *Agregado* alinha e combina de maneira única a hierarquia das necessidades de Abraham Maslow, um brilhante retrato sociológico das necessidades de alto nível dos consumidores com a hierarquia de *brand equity* (valor de marca), uma ferramenta conhecida e utilizada diariamente pelos profissionais de marketing para determinar como suas marcas se posicionam no coração e na mente dos consumidores.

Caso não se lembre da teoria de Marlow, na década de 40, esse psicólogo americano dedicou-se ao estudo da parcela mais saudável da população universitária assim como de figuras notáveis, como Albert Einstein, Jane Adams e Frederick Douglass. Ele descobriu duas coisas importantes. Primeiro, que as pessoas estão programadas para criar novas necessidades continuamente e lutam para satisfazê-las. Essa programação é o que nos faz querer continuar ativos mesmo depois de ganhar um Prêmio Nobel ou um milhão de dólares, e é responsável por grande parte do progresso extraordinário no mundo. Segundo, ele descobriu que existe uma progressão comum e previsível dessas necessidades entre todas as pessoas, começando pela sobrevivência e segurança e avançando para necessidades de alto nível, como social, estima e realização, à medida que as necessidades mais básicas são atendidas.

Nos princípios fundamentais do marketing, aprendemos que marcas fortes representam algo mais do que características e benefícios do produto. Marcas como Coca-Cola e BMW valem muito mais do que as fábricas que as produzem e as matérias-primas usadas para produzi-las; o valor real está no que elas representam no coração e na mente dos consumidores. Assim como o modelo de Marlow, a hierarquia de valor de marca começa com uma base de benefícios e atributos que descrevem o que é o produto e o problema que ele soluciona. Ele passa gradualmente para níveis mais elevados de significado para incluir valores, caráter e a declaração singular e poderosa de *equity* (valor adicional). O formato de pirâmide de ambos os modelos ajuda a conectar as necessidades básicas com os benefícios, e assim por diante (veja a Figura 2.1).

Figura 2.1 **Tanto as marcas quanto as pessoas buscam um valor mais elevado.**

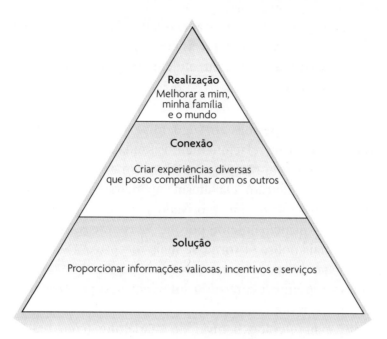

Figura 2.2 **Hierarquia do Marketing com Valor** *Agregado*.

A hierarquia do Marketing com Valor *Agregado* (veja a Figura 2.2) casa as necessidades de alto nível dos consumidores com as características de marca correspondentes, resultando nos níveis de marketing que são cada vez mais valiosos para os consumidores:

- *Marketing de solução*. Assim como os níveis mais baixos da hierarquia de necessidades de Marlow, o marketing de solução abrange necessidades básicas comuns a todos, por exemplo, ofertas úteis, economias e recompensas concretas pela compra.

- *Marketing de conexão*. Representa um passo significativo visando à construção de uma relação mais forte entre pessoas e marcas. Ela corresponde estreitamente à categoria amor/pertencimento de Marlow, proporcionando benefícios além da informação básica e da relevância para incluir algo de importância mais profunda na mente do consumidor, como ambientes sociais e expressão criativa.

- *Marketing de realização.* A autorrealização corresponde ao ápice de Marlow, permitindo que as pessoas de fato melhorem suas vidas, realizem um sonho ou mudem positivamente sua comunidade e seu mundo.

Uma vez que as pessoas conseguem se alimentar e se vestir, podem focar em construir relacionamentos saudáveis e, então, em mudar o mundo, porque não estão preocupadas com aspectos como de onde virá sua próxima refeição. Da mesma maneira, quando você, como consumidor, não se sente tão motivado por um cupom de desconto de 50 centavos – principalmente porque 50 centavos não irão deixá-lo mais rico ou mais pobre –, torna-se mais receptivo ao marketing que se alinha com sua meta de se conectar com pessoas que pensam assim, expressando-se criativamente e/ou influenciando positivamente a comunidade ao seu redor.

Quanto mais elevado o nível do marketing (com realização no topo), maior é a necessidade que ele satisfaz (sendo estima a maior) e, reciprocamente, quanto maior a necessidade, maior é o nível de marketing que ela requer. Isso não quer dizer que profissionais de marketing de bens e serviços básicos estão isentos de criar marketing com valor. Para eles, as oportunidades de criar marketing cujo significado transcende o que estão vendendo é ilimitado.

A descrição de cada um dos três níveis exemplifica as maneiras como cada uma dessas necessidades tendem a se manifestar nas pessoas e são o foco dos próximos três capítulos, cada qual contendo dezenas de casos de estudo reais sobre nomes de marcas que deram grandes passos em suas jornadas rumo ao Marketing com Valor *Agregado* – com frequência para um aumento significativo nas vendas e na satisfação dos acionistas.

O Que os Profissionais de Marketing Que Agregam Valor Sabem

Eles nunca pressionam, e sim *convidam* clientes potenciais criando um marketing que apela para as necessidades mais elevadas não atendidas em suas vidas como um todo.

Eles sabem que a maior parte de nossas necessidades básicas já são satisfeitas pelos produtos e serviços que compramos atualmente. Mas isso não quer dizer que os profissionais de marketing desses produtos básicos estão isentos de criar marketing com valor – pelo contrário. Se você vende uma *commodity*, a necessidade e as oportunidades de criar um marketing cujo valor transcende seu produto são ilimitadas.

O marketing propriamente dito deve melhorar a vida dos consumidores e realizar algo de valor intrínseco, independentemente do produto ou serviço que pretende vender, e se as pessoas irão ou não adquiri-lo.

Mais valor = mais dinheiro. (A equação completa é: mais valor = mais lealdade = preços mais altos = aumento nas vendas. No entanto, o resultado líquido é o mesmo.)

SOLUÇÕES COM VALOR AGREGADO
PROPORCIONANDO INFORMAÇÕES VALIOSAS, INCENTIVOS E SERVIÇOS

Na base da hierarquia do Marketing com Valor *Agregado* está seu alicerce – *Solução*. Simplificando, o marketing de solução é relevante, aparecendo onde e quando as pessoas estão receptivas para recebê-lo. E é útil – auxiliando, em vez de interrompendo, a alcançar as metas desejadas. Soluções com valor agregado atendem às "necessidades de sobrevivência" – alimentação, moradia, segurança e vestimenta – com benefícios diretos e informações como ofertas úteis, economias e recompensas "concretas", tais como amostras grátis e recompensas pela compra.

"Proporcione Incentivos e Serviços Extras"

Nem toda promoção de preço e cupom representa uma solução com valor agregado. Descontos não são marketing – são, na verdade, estratégias de preço, e eles não são permanentes nem particularmente significativos. Qualquer marca pode conquistar fatia de mercado no curto prazo ou resultados de vendas cortando preços, mas já foi provado re-

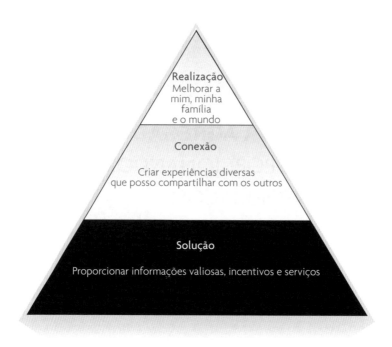

petidamente em inúmeros setores, de computadores a carros, que não há vencedor na guerra de preços – além de seus competidores poderem baixar continuamente "um a mais" que você, a redução de preço vai matar tanto a percepção de valor como a avaliação de *equity* de sua marca quando feita com muita frequência ou muito casualmente.

Em contraste, incentivos valiosos são soluções que os profissionais de marketing podem oferecer para permitir que os clientes testem um novo produto, permaneçam fiéis a um produto antigo e falem sobre um deles (ou ambos) para os amigos. Podem assumir a forma da boa e velha amostra grátis e/ou de programas de fidelidade. E ao contrário do que parece ser uma situação lamentável no mundo da propaganda tradicional, existem dezenas de empresas e marcas inteligentes e visionárias que estão praticando esta forma de "Marketing com Valor *Agregado*" todos os dias, incluindo Maytag, General Mills, McDonald´s e banda de rock britânica Radiohead.

Amostras Grátis: Deixe que o Produto e o Serviço se Vendam

Costuma-se dizer que "Não há almoço grátis", mas numa promoção de um dia, em 15 de maio de 2008, o McDonald's contradisse esse ditado,

SOLUÇÕES COM VALOR *AGREGADO* **75**

dando a 8 milhões de norte-americanos esfomeados em 14 mil restaurantes por todo o país a chance de experimentar tanto seu novo sanduíche de frango no estilo sulista (no almoço) como seu pãozinho de frango (no café da manhã) na compra de qualquer bebida média ou grande. Foi o segundo evento deste tipo no ano, que se seguiu a uma promoção de dois dias de 3 milhões de McSkillet Burritos, resultando em um aumento de 8% nas vendas da mesma base de lojas. O McDonald's é uma das mais recentes grandes empresas a descobrir a mágica da amostra grátis.

Segundo uma pesquisa conduzida em fevereiro de 2007 pela Promotion Marketing Association, 9 de cada 10 consumidores afirmaram que comprariam um produto ou serviço se os experimentassem e se sentissem satisfeitos. Seis de cada dez disseram: "Se uma marca quisesse me convencer a comprar seu produto ou serviço, experimentar antes seria a maneira mais eficiente de me fazer comprar".[1] De certo modo, uma interação de maior qualidade/mais significativa com uma marca ou produto permite praticamente que eles se vendam para o consumidor.

Muitas marcas fazem produtos excelentes que se vendem sozinhos quando as pessoas têm a oportunidade de experimentá-los. Seth Goldman, cofundador da Honest Tea (da qual 40% pertencem agora à Coca-Cola) concorda: "É a qualidade das impressões [que é importante], se você fosse examinar a conversão para consumidores. Eu trocaria 100 impressões na mídia por uma impressão de amostra grátis."[2]

A amostra grátis se torna ainda mais útil – e atrativa – em situações de arrocho econômico. As pessoas de modo geral são cautelosas em gastar seu dinheiro conquistado a duras custas em produtos novos que não foram testados e comprovados, mas ficam naturalmente mais sensíveis ainda a fazer isso durante um revés do mercado ou pessoal. As amostras podem eliminar o risco, e receber algo de graça pode deixar as pessoas ainda mais abertas a experimentar novos produtos em tempos difíceis. E embora os cupons não sejam amostras em si, a edição de 19 de novembro de 2008 do *Wall Street Journal* reporta que as "buscas pela palavra 'cupom' aumentaram 50% somente nos últimos 12 meses".

A rede de restaurantes Denny's levou isso a sério quando ofereceu de graça o café da manhã Grand Slam (regularmente a US$ 5,99) o dia inteiro em 3 de fevereiro de 2009. A marca usou um comercial do Su-

> **A amostra grátis se torna ainda mais útil – e atrativa – em situações de arrocho econômico.**

per Bowl na semana anterior para anunciar a promoção e recrutou atendentes e cozinheiros extras para atender a alta demanda. O CEO da Denny's, Nelson Marchioli, aprovou a iniciativa audaciosa para levar a marca de volta ao radar da relevância depois de concluir uma melhoria em sua comida e serviço. Segundo Marchioli, "Eu prefiro dar uma coisa do que fazer um desconto. Se eu tenho algo que acho maravilhoso, quero que esteja na boca dos consumidores".

A promoção do Grand Slam foi um grande sucesso para a Denny's. A um custo de apenas US$ 5 milhões, a marca atraiu 2 milhões de visitantes e gerou o equivalente a US$ 50 milhões de cobertura de RP. Marchioli acredita que o programa se pagou em menos de um mês, graças ao aumento no tráfego de clientes, impulsionado pelo evento Grand Slam.

Mas a campanha também criou uma conexão pessoal com os clientes do Denny's, chegando num momento em que muitos lutavam contra os efeitos de uma economia afundada. Segundo Mark Chmiel, diretor-executivo de marketing e inovação, a empresa recebeu milhares de ligações e e-mails de agradecimento. Um homem mandou um cheque de US$ 300 e uma nota dizendo: "Obrigado pelo que vocês fizeram pela América". Uma funcionária da rede que depois de seu turno foi ao mercado usando o uniforme foi parada por sete pessoas que quiseram lhe agradecer pessoalmente. Essas histórias sugerem que um único dia de refeições grátis também constrói uma fidelidade de marca duradoura.

Além de ganhar a atenção dos consumidores e ajudá-los a experimentar um excelente produto ou serviço, as amostras proporcionam vários benefícios adicionais. Primeiro, é totalmente pago por performance – se as pessoas não pedem uma amostra, você não paga por ela. Isso é completamente diferente de comprar espaço na mídia tradicional, que custa o mesmo quer as pessoas assistam ou não. Segundo, as amostras frequentemente geram sua própria atenção na mídia na forma de boca a boca entre amigos e familiares. As pessoas estão prontas a compartilhar um bom negócio quando se deparam com ele, e hoje elas usam a

Internet para compartilhar novas ofertas com as dezenas de caçadores de amostras grátis on-line. Por fim, as amostras frequentemente oferecem a oportunidade que construir um banco de dados para um futuro marketing direto. As pessoas que participam de uma promoção geralmente estão dispostas a ouvir sobre a próxima.

Amostras podem funcionar para praticamente qualquer produto ou serviço a qualquer momento, mas podem ser especialmente poderosas quando associadas a uma situação em que as pessoas são particularmente receptivas. Por exemplo, o Tylenol PM ofereceu a um milhão de consumidores em férias uma oportunidade grátis de uma boa noite de sono. A marca sabe que as pessoas geralmente ficam debilitadas pelo estresse da viagem e precisam de uma boa noite de sono para aproveitar ao máximo seus dias de férias. As amostras foram colocadas na cama dos hóspedes pelo serviço de quarto à noite acompanhadas por uma nota dizendo: "Sabemos o quanto você esperou por essas férias e sabemos o quanto você quer recuperar as horas de sono. Aproveite".

Em 21 de maio de 2008, a rede Baskin-Robbins teve uma ideia inteligente para atrair consumidores específicos para suas lojas de uma maneira especial – transformou um dia convencional "enfadonho" (quarta-feira) em um dia "empolgante", oferecendo às grávidas uma casquinha ou um copinho de sorvete de graça. Para divulgar que seu produto 1/3 Less Fat Soft Cream Cheese é tão rico e cremoso quanto a versão original, a Philadelphia lançou a promoção "Café da Manhã Celestial" em janeiro de 2008, oferecendo de graça pães com *cream cheese* a 500 passageiros dos voos matutinos da JetBlue, com 50 mil acessos a seu site e cobertura na Fox News e na NPR.

Distribuir amostras pode funcionar até para produtos e serviços que você não pensou. Você não pode experimentar uma amostra de um item caro, como um eletrodoméstico, em sua casa, e frequentemente os consumidores acabam mais confusos quando saem de um *showroom* do que quando entraram. Em 2004, o pessoal inteligente da Maytag criou uma loja conceito para apresentar suas marcas e para que seu público-alvo predominantemente feminino pudesse "experimentar antes de comprar". Nas lojas por todo o país, os consumidores podem testar os eletrodomésticos de última geração – lavar uma cesta de roupas, assar

> **Um benefício adicional de oferecer amostras é que isso atrai "adeptos precoces" que amam experimentar produtos novos e contar aos amigos sobre eles... Isso permite uma comunicação direta com o público mais motivado e... influenciador.**

uma bandeja de cookies, ou ouvir uma lava-louça trabalhando para saber se é realmente silenciosa – antes de comprar.

Da mesma maneira, a Nintendo deu a seu público-alvo a oportunidade de experimentar seu novo console Wii usando uma abordagem inovadora, direcionada para famílias que se interessam por games, mas não se sentem atraídas por jogos violentos ou os sistemas complexos do Xbox e do Playstation. Percebendo que era preciso primeiro conquistar as mamães para ganhar a adoção disseminada como sistema de game da família, a Nintendo lançou uma série de eventos de games "Alpha Moms" realizados à noite em residências conectadas socialmente em diversas cidades grandes. Elas se divertiram muito, compraram um sistema para si e compartilharam suas experiências em blogs e fóruns, ajudando o Wii ultrapassar sua meta anual em menos de seis meses e a assumir a liderança de vendas entre os sistemas de games.

Marcas de carros também estão se dando conta de que o modelo tradicional de amostras – o *test drive* – pode ir além. No Reino Unido, a Renault fez uma parceria com a Avis para oferecer um *test drive* de seu novo Mégane por um fim de semana inteiro. Como dizia a promoção: "Achamos que você gostará tanto... da experiência que não vai querer devolver o carro".

Até mesmo as marcas de entretenimento estão desfrutando o sucesso das amostras, especialmente desde que a mídia digital permitiu baixar conteúdo em segundos. Para alguém como eu (e talvez você) que cresceu na era do vinil e do gravador de fita cassete, ter uma cópia de música significava gravar algo do seu rádio numa fita. Mas o download digital flexibilizou todos os tipos de compra e compartilhamento de música e, em outubro de 2007, a inovadora (e popular) banda de rock Radiohead revolucionou o marketing da música, optando não só por lançar seu novo CD, *In Rainbows*, on-line além de na lojas, mas também oferecendo aos fãs a oportunidade de dizer o quanto *eles* queriam pagar (de US$ 5 a US$ 8 dólares, variando globalmente) em vez de simplesmente cobrar US$ 15,99·de todos.

Do ponto de vista do significado, este assim chamado exercício de amostra funcionou brilhantemente de várias maneiras. Primeiro, serviu como um presente para os fãs verdadeiros, ajudando a garantir a lealdade e a venda de músicas, merchandising e lugares nos shows futuramente. Segundo, esta estratégia deu a novos ouvintes a oportunidade de conhecer a música do Radiohead a um baixo custo e risco (eu mesmo fiz isso a US$ 5). Por fim, a novidade da iniciativa "diga seu próprio preço" para amostras levou a um tremendo boca a boca e à cobertura da mídia ao redor do mundo.

Do ponto de vista de resultados, a estratégia quebrou recordes: o *In Rainbows* ganhou mais dinheiro antes de seu lançamento físico (em janeiro de 2008) do que os CDs anteriores da banda *no total*. Além disso, o CD físico ficou em primeiro lugar nos mais vendidos tanto nos Estados Unido como no Reino Unido quando chegou às lojas, apesar de estar disponível on-line desde outubro de 2007, comprovando o grande valor positivo do boca a boca. O *In Rainbows* também foi o primeiro CD da história da música a ser amplamente aclamado como "álbum do ano" antes de seu verdadeiro lançamento físico: a versão digital ficou no topo da lista do fim do ano da NPR e em várias publicações influentes como a revista *New York*, o *New York Times*, *Entertainment Weekly*, *Time*, *People*, *Rolling Stones* e outras, antes mesmo de o CD estar disponível nas lojas. Um benefício adicional de oferecer amostras é que isso atrai "adeptos precoces" que amam experimentar produtos novos e contar aos amigos sobre eles. Quando a General Mills lançou seu serviço de amostras de novos produtos, pssst.generalmills.com, mais de 100 mil pessoas encontraram o programa sozinhas – totalmente independente da mídia – e se registraram para participar no primeiro mês.

Esta faceta das amostras também é útil para os profissionais de marketing no sentido de que permitem uma comunicação direta com o público mais motivado e potencialmente influenciador, o que ajuda a impulsionar as vendas iniciais, desencadear o boca a boca e ganhar *insight* e a opinião de pessoas fora do cenário artificial da pesquisa, como os grupos de foco.

Como Lealdade Gera Lealdade

Em 1929, no início da Grande Depressão, muitas empresas lutaram para reter seus clientes. Entre elas, a General Mills viu suas vendas despencarem e percebeu que precisava fazer algo para manter as vendas de sua farinha de trigo Betty Crocker. Em vez de conduzir o equivalente histórico a uma blitz de mídia em massa, a marca deu início ao primeiro programa de fidelidade moderno. Ela incluiu selos no pacotes da farinha que as donas de casa podiam juntar para trocar por peças de louça (pratos ou travessas) individuais. Em 1932, o programa já havia se tornado tão popular que a General Mills o incrementou oferecendo o conjunto completo das louças como prêmio pela compra. E, em 1937, a empresa estendeu o programa para além da louça oferecendo um catálogo completo de "acessórios refinados para a cozinha e para o lar" nos quais os selos podiam ser usados como desconto.

Embora a farinha não seja mais considerada uma categoria importante no segmento doméstico para marcas, tanto a General Mills quanto os programas de fidelidade continuam a crescer. Atualmente, existem mais de 1,9 bilhão de associados a programas de fidelidade nos Estados Unidos – isso representa uma média 6 por pessoa e 14 por domicílio, segundo a Colloquy/U.S. Census. A adesão a programas de fidelidade cresceu 24% nos últimos dois anos. Mas apenas 39% das pessoas são participantes ativos desses programas – o que significa que alguns deles funcionam, mas muitos não.

A esperança e o objetivo de um programa de fidelidade significativo são impedir os clientes de desertar para os competidores, ganhar uma maior participação na *wallet-share* (a "carteira" do cliente) e estimular um aumento nas compras. Uma vez que os clientes se associam ao programa, ficam mais dispostos a ouvir e a se engajar com você e sua mensagem. Quando bem feitos, programas de fidelidade podem proporcionar aos profissionais de marketing dados valiosos e uma plataforma para o marketing *one-to-one* que pode estimular consideravelmente os lucros no curto prazo e reforçar a devoção no longo prazo. Veja como algumas empresas, como Nieman Marcus, Coca-Cola e Kroger, usaram programas de fidelidade com mais significado e eficiência.

SOLUÇÕES COM VALOR *AGREGADO*   **81**

Se você é um fã do Dallas Cowboys, talvez queira desembolsar US$ 500 mil para alugar os 485 metros quadradas que formam uma das *end zones** no Texas Stadium – especialmente quando a compra inclui a festa de final de temporada cujas anfitriãs são as animadoras de torcida do time. Mas antes de passar a mão no talão de cheques, você deve se certificar de que é membro do programa de fidelidade Neiman Marcus In-Circle.

Lançado em 1984, o programa Neiman Marcus InCircle funciona como muitos outros, mas seus benefícios são lendariamente exclusivos. Embora os membros possam ganhar um ponto por cada dólar gasto no cartão de crédito da loja, não são convidados a participar do programa até gastarem um mínimo de US$ 5 mil. Clientes que atingem 10 mil pontos ganham o status Platinum, em que cada ponto acumulado vale o dobro. E aqueles poucos sortudos que atingem 1,5 milhão de pontos entram no ilustre Chairman's Circle, em que os prêmios incluem um cruzeiro, uma orquídea do mês e, é claro, o armazenamento gratuito de casacos de pele.

O que torna um programa como esse da Neiman Marcus algo com significado? Certamente, são os prêmios grandes (e não apenas o cruzeiro!) oferecidos por marcas como Sony e Canyon Ranch. Mas são as pequenas coisas que fazem os membros se sentiram paparicados, incluindo embrulho para presente e cafezinho de graça, o dobro de pontos no dia de seu aniversário e prioridade em restaurantes e shows com ingressos esgotados.

Do ponto de vista do marketing, um programa como este incentiva os clientes a concentrarem seus gastos e gastarem mais para atingir níveis mais altos no programa de fidelidade, resultando em mais de US$ 500 milhões em vendas anuais no meimanmarcus.com. Como os membros podem levar amigos a eventos e podem enviar prêmios resgatados de presente para outras pessoas, existe um efeito propagador no boca a boca positivo do programa, sem mencionar o RP gratuito que cerca as ofertas do exclusivo e extravagante catálogo anual da em-

---

*   *End zone* é um termo usado no futebol americano e que corresponde à área entre a *end line* e a *goal line* delimitada pela linha lateral. (N. T.)

> **Programas de fidelização podem fornecer aos profissionais de marketing dados valiosos e uma plataforma de marketing one-to-one, [para não mencionar] o aumento na percepção de valor de uma marca.**

presa: embora um autorretrato de Lego em tamanho natural no valor de US$ 60 mil ou uma edição limitada da BMW Série 7 mais férias na Riviera Francesa (US$ 130 mil) não sejam acessíveis a todos, isso permite que muitos clientes da Neiman Marcus se sintam ricamente recompensados por seu status exclusivo e legendário no programa.[4]

Programas de fidelidade também oferecem incentivos aumentando o valor percebido da marca. No início de 2006, a Coca-Cola lançou uma campanha de marketing chamada "My Coke Rewards", algo como Meus Prêmios da Coca. Os clientes digitavam códigos marcados nas embalagens de produtos da Coca-Cola num site; os códigos eram convertidos em pontos que podiam ser resgatados em vários prêmios, como entradas de cinema, roupas e música. Prêmios populares variavam de um saco de pipoca no cinema na compra de uma Coca-Cola (25 pontos) e 30 dias grátis do serviço de TV por assinatura Vongo (250 pontos). De fevereiro de 2006 até agosto de 2007, a Coca-Cola viu mais de 60 milhões de códigos serem digitados e 100 milhões de pontos resgatados. Segundo Carol Kruse, chefe de interatividade global, o programa ostenta 7 milhões de membros e continua crescendo.[5]

Do ponto de vista do significado, este programa permite que a Coca-Cola use os dados selecionados para conduzir um marketing one-to-one com mais eficiência – observar que você responde consistentemente a ofertas de música, por exemplo, permite que a empresa lhe ofereça promoções mais relevantes (isto é, voltadas para música). Na verdade, a empresa aprendeu que, quanto mais personalizado for seu alcance, mais engajados seus membros se tornam. E os dados mostram ainda que, quanto mais engajadas as pessoas estão, mais bebidas da Coca-Cola elas compram.

Com sede em Cincinnati, Ohio, a gigante de supermercados, Kroger, oferece aos clientes leais incentivos com valor agregado via seu cartão de compras Kroger Plus. Simplesmente registrando um número de telefone num caixa, o cliente recebe descontos todos os dias nos produtos Kroger, assim como solicitações de mala direta especificamente personalizadas para os produtos que eles compram com frequência ou que tenham mostrado interesse. Para a Kroger, os benefícios são muitos: não só os dados coletados permitem um marketing mais customizado, mas os dados de relevância dos hábitos de compra permitem de fato que a empresa faça uma previsão após uma semana de vendas se um produto terá sucesso ou não.

Distinguir os programas de fidelidade com significado daqueles sem significado não é algo complexo se você se concentrar em algumas poucas regras práticas:

O que Fazer

- Concentre seus gastos nos 20% dos clientes que impulsionam 80% do lucro.

- Use dados individuais do consumidor para guiar seus esforços.

- Crie programas fáceis de entrar, entender e se engajar.

- Inclua itens que dão visibilidade ao status (ex. Identificadores de bagagem da categoria Platinum do programa de milhagens) para estimular compras maiores e boca a boca.

O que Não Fazer

- Premiar os desleais.

- Premiar volume em vez de lucratividade.

- Prometer mais do que pode oferecer.

- Encerrar o programa sem notificação intensa ou oportunidade de resgatar prêmios.

* * *

A esta altura, espero que você já esteja convencido de que a interrupção além de grosseira é ineficiente e desnecessária... Sendo assim, permita-

-me apresentar o conceito de interrupção inteligente, um componente-chave para oferecer às pessoas soluções com significado baseadas na relevância. Assim como a tecnologia está armando os consumidores de hoje com o poder e a munição para evitar o marketing interruptivo tradicional, a tecnologia também está permitindo que os profissionais de marketing ofereçam soluções com significado de uma maneira menos intrusiva. A chave? Atingir as pessoas onde e quando estão receptivas para sua mensagem, e conhecê-las o bastante para assegurar que sua oferta será, de fato, genuinamente significativa para elas. Nigel Hollis, vice-presidente executivo e analista-chefe global da empresa de pesquisa Millward Brown, disse: "A relevância pessoal prevalece à relevância do contexto. Atinja as pessoas com um anúncio que seja relevante para as circunstâncias delas, e elas responderão positivamente independentemente do contexto". John Stichweh, um dos nossos líderes de atendimento ao cliente na Bridge, que veio de cargos de liderança no segmento digital na P&G e na Coca-Cola, resumiu bem o desafio: "Posso dizer que pescar onde os peixes estão é necessário mas *não* suficiente. É preciso também pescar onde os peixes estão mordendo".

Sendo um fã do game Rock Band para o Xbox, posso confirmar a validade dos dois comentários. Por que jogo com frequência, o Xbox sabe quantas (e quais) músicas já baixei. Então, quando faço o *login*, recebo um anúncio de uma música nova que está disponível para compra. Em vez de me ressentir com a interrupção, eu na verdade gosto que o Xbox me avise da disponibilidade daquela música – e sinceramente, ficaria desapontado em não saber disso. Nove em cada dez vezes, eu baixo e pago pela sugestão do Xbox minutos depois do *login* e logo estou dedilhando a guitarra enquanto minha filha canta. Da mesma maneira, a 1-800-Flowers constrói perfis usando informações sobre as preferências de seus clientes, muitos dos quais gostam de receber e-mails uma vez por mês para serem lembrados da proximidade de ocasiões comemorativas. Ao permitir que os clientes registrem datas específicas no 1800flowers. com, o site oferece um serviço relevante gratuito que aumenta a lealdade do cliente. Desde que começou a oferecer esses perfis pessoais on-line, a empresa relata que a retenção de clientes aumentou mais de 15%. O acesso prévio a essas informações também diminui o tempo que os operadores passam ao telefone, tanto recebendo quanto solicitando pedidos.

SOLUÇÕES COM VALOR *AGREGADO* **85**

Outro exemplo interessante de interrupção inteligente é a Alaska Airlines, uma pequena empresa aérea que atende principalmente o Alaska e as cidades do noroeste do Pacífico. Em virtude de seu alcance restrito e clientela limitada, o desafio da AA é direcionar seu marketing especificamente para as pessoas que de fato possam voar para essas áreas. Sua estratégia? Oferecer preços diferentes para pessoas diferentes com base em sua "sensibilidade a preços", informação que é adquirida a partir de dados pessoais como, localização geográfica da pessoa, histórico com a companhia e se a pessoa visita e quanto tempo passa no site da AA. Uma viagem de Setattle a Portland pode custar para um visitante US$ 99 e para outro US$ 109. Inteligente, sim, mas legal? Pode apostar. Companhias aéreas mais renomadas fazem isso o tempo todo – considere as passagens de última hora que chegam a custar US$ 1300 se compradas no dia anterior da viagem, mas que podem baixar para US$ 380 se forem comparadas 15 dias antes. A diferença é que as companhias aéreas maiores não estão utilizando dados dos consumidores potenciais para fazer uma promoção proativa dos preços, embora pudessem (devessem) fazê-lo.

Segundo o Yahoo!, as pessoas que veem os anúncios da AA clicam neles com uma frequência duas ou três vezes maior do que em anúncios genéricos. Quando questionado sobre outros profissionais de marketing que continuam praticando formas de marketing mais tradicionais, Marston Gould, diretor de relacionamento com o cliente e marketing on-line da Alaska Airlines, comentou, "Acho que eles têm muito medo de obter os dados. Ou serão estarrecedores, ou dirão algo diferente do que eles realmente acreditam."[7] O que está detendo sua organização?

Ao contrário da abordagem unilateral – contar e vender – dos anúncios tradicionais, a interrupção inteligente também é considerada mais significativa pela oportunidade dada às pessoas para proporcionarem um *feedback* e de personalizar as mensagens que compartilhamos com elas. Na Bridge Worldwide, constatamos que as pessoas geralmente se mostram dispostas a gastar um tempo fornecendo *feedback* se acreditam que isso irá melhorar sua experiência. Por exemplo, em nossos programas de e-mail, oferecemos opções para as pessoas atualizarem seus perfis ou responderem a pesquisas sucintas com uma ou duas perguntas, para poder servi-los melhor.

> *Os consumidores hoje esperam que as marcas proporcionem evidências tangíveis de que os querem como clientes.*
>
> — JOHN GERZEMA, CHIEF INSIGHTS OFFICER, Y&R

O site da popular rede social Facebook está desesperado para atrair anunciantes, mas teme alienar seus usuários, fazendo que eles desertem para outras redes sociais em crescimento. Para resolver isso, a empresa está testando um sistema pelo qual cada anúncio postado apresenta um link de *feedback* que permite aos visitantes comentar por que gostam ou não do anúncio; também dá aos membros a opção de bloquear anúncios que consideram irrelevantes ou ofensivos. Esta tecnologia não só engaja os visitantes numa troca mais significativa com os anunciantes, como também oferece um *feedback* semelhante ao reunido e analisado pela Alaska Airlines.

O Hulu.com, um serviço de vídeo on-line, é outro excelente exemplo de como os consumidores estão assumindo o controle e fornecendo um *feedback* valioso para os profissionais de marketing por meio da interrupção inteligente. Fundado em março de 2007 pelas redes de TV tradicionais NBC e Fox, o Hulu.com oferece shows, filmes e clipes – do atual *Colbert Report* a *Alf* da década de 1980 – de graça, a qualquer momento. O modelo peculiar de patrocínio de comerciais do Hulu é revolucionário comparado àquele das redes de TV tradicionais. Primeiro, exibe 2 minutos de comerciais para cada 30 minutos de programação – isso é 75% menos do que os 8 minutos da TV aberta. Segundo, o Hulu oferece alternativas de comerciais para os expectadores. Frequentemente oferece aos visitantes a opção de assistir aos comerciais no início ou aceitar um intervalo comercial na metade do programa. E quando essas interrupções comerciais ocorrem, um botão com polegar para cima e para baixo ajuda o site a ter um *feedback* sobre o que é mais relevante mostrar para você na sua próxima visita. O Hulu.com é apenas um primeiro passo rumo a deixar para trás o mundo antigo e tradicional da propaganda, mas mostra que a única maneira de ter sucesso é caminhar em direção ao desejo do consumidor por menos interrupções e mais relevância.

Encontre Novas Maneiras de Satisfazer as Necessidades das Pessoas

"Serviços patrocinados com significado" pode ser uma expressão sem sentido que nós profissionais de marketing estamos usando para descrever uma das novas maneiras de satisfazer as necessidades das pessoas, mas será que se trata de mais uma contradição? Não no mundo do Marketing com Valor *Agregado*. Existem de fato outras situações em que as pessoas se sentem felizes em ver anúncios – como quando um taxi vermelho e branco do Checker, de 1980, com um logo do HSBC na porta para na sua frente num dia chuvoso em Nova York e um motorista sorridente lhe oferece uma corrida de graça. O HSBC BankCab, uma criação da agência Renegade de Nova York, é um exemplo do que seu fundador, Drew Neisser, chama de "marketing como um serviço". Este tipo de marketing com valor acontece quando uma marca obtém sucesso em atrair sua atenção resolvendo problemas e frustrações do dia a dia – como o que vem oferecendo corridas grátis e inestimável RP para residentes sortudos de Nova York e clientes do HSBC há mais de sete anos.

A missão original da Renegade era, segundo seu site, "aumentar a lealdade do cliente... numa época em que bancos regionais agressivos e mais filiais dos líderes consolidados estavam pipocando por toda Nova York". Um dos programas de marketing mais bem-sucedido e eficiente da história do HSBC, a campanha não só ganhou prêmios, mas, mais importante, aumentou a lealdade entre os clientes existentes, atraiu novos prospectos e até deu mais orgulho aos funcionários do HSBC.[8]

Os banheiros do Charmin na Times Square são outro excelente exemplo de uma marca gerando um enorme boca a boca para um produto que, convenhamos, não é um assunto comum das conversas. Quantas vezes você entrou de fininho num restaurante ou café numa metrópole como Nova York para usar o banheiro – só para descobrir que estava trancado ou não existia? Durante três anos consecutivos, os banheiros ofereceram o que o Charmin chama de seu "presente de Natal para Nova York". Abertos diariamente, esses toaletes de luxo são a antítese dos tradicionais banheiros públicos – limpos por serventes a cada uso, ainda oferecem lugar para deixar carrinhos de bebê, amplas áreas de estar e um espaço adicional para famílias. Ao proporcionar uma experiência suprema de amostra, os banheiros são uma maneira singular de ajudar a resolver um problema universal e frequente para os habitantes e turistas na época mais movimentada do ano na cidade. Em 2007, mais de 428 mil pessoas utilizaram os banheiros, quase o dobro da meta original de 250 mil do Charmin.[9] E a marca acumulou mais de 465 milhões de impressões de mídia, 232% acima do previsto.[10] A despeito do compromisso da marca de agregar valor à vida dos clientes independentemente da compra, as vendas aumentaram juntamente com o tráfego aos banheiros Charmin; a participação de mercado da marca cresceu consistentemente desde o lançamento do programa.

Com suas estações de recarga para laptops e celulares nos aeroportos em mais de 50 cidades, o fabricante de eletrônicos Samsung também está proporcionando um serviço valioso em troca da oportunidade lucrativa de atingir viajantes executivos – um segmento de alta renda que compra muitos eletrônicos de consumo tanto para uso pessoal quanto profissional – de uma maneira que tenha significado. Impossibilitada de despender o mesmo que as rivais como a Sony em comerciais tradicionais de TV, os *lounges* sossegados da Samsung com pontos para recarga e acesso Wi-Fi grátis posicionam a marca como "salvadora de vidas" em vez de " interruptiva" – gerando lealdade incondicional no longo prazo.

Essas são algumas das dezenas de marcas visionárias que estão proporcionando mensagens relevantes para os clientes todos os dias. E, como Bloomjonah, editor da *Advertising Age*, refletiu em sua coluna de 26 de maio de 2008 sobre a proliferação do significado no marketing hoje, existem inúmeras oportunidades para as empresas ajudarem as pessoas a resolverem suas frustrações diárias de uma maneira que tenha significado: "AT&T, que tal reservar alguns poucos milhões do bilhão que você gasta enfiando suas barras (de sinal) na minha cara e ajudar a MTA (companhia de trens metropolitanos) a consertar os interfones nas estações do metrô?" (Embora isso imponha um grande desafio, também é uma demonstração notável de sua transparência!) "Ou, Citi, que tal pegar alguns dólares das centenas de milhões que gasta por ano nos dizendo o quanto amigáveis vocês são para construir uma rede sem fio para Nova York?". "BP, você quer mesmo nos convencer de que é 'verde', então que tal montar um sistema de aluguel de bicicletas em algumas cidades americanas como aqueles de Paris, Berlim e Munique?"

> **A Internet oferece aos profissionais de marketing a oportunidade de ajudar as pessoas a descobrirem qualquer coisa que queiram saber.**

"Dê-me a Informação que Estou Procurando"

As pessoas gastam uma quantidade tremenda de tempo pesquisando compras e eventos grandes e pequenos, proporcionando aos profissionais de marketing inteligentes a oportunidade de ajudá-las a encontrar o que estão procurando, enquanto agregam valor a favor de nossas marcas. Mas para ter significado, as informações que as marcas fornecem devem ir além do produto ou serviço da empresa apenas.

David Ogilvy estimou que, em média, informações úteis são lidas por 75% mais pessoas do que textos que tratam apenas do produto.[11] Em *Ogilvy on Advertising*, ele cita um exemplo bastante atraente. Em 1949, o saudoso Louis Engel, que publicou dezenas de livros sobre ganhar dinheiro na bolsa (um deles em 1994), escreveu um anúncio informativo com 6.450 palavras para a Merrill Lynch intitulado: "O que todos deveriam saber... sobre o mercado de ações e títulos". Escondido no final no anúncio havia a oferta de um livreto que oferecia mais informações. Com isso, obteve 10 mil respostas.

Embora o uso do marketing como meio para oferecer informações úteis certamente não é algo novo, tecnologias com informações instantâneas como a Internet oferecem aos profissionais de marketing a oportunidade de ajudar as pessoas a descobrirem qualquer coisa que queiram saber, sempre que quiserem saber: respondendo perguntas importantes, seja sobre compras, saúde ou hobbies; satisfazendo o que parece ser um desejo insaciável por especificações sobre produtos e serviços disponíveis; maximizando o prazer das pessoas com suas compras e resolvendo o problema do cliente, *mesmo* que às custas de sua venda. (Confie em mim; vou falar mais sobre isso.)

Oferecendo Respostas para Perguntas Importantes

Quando um consumidor tem uma pergunta – seja ela sobre uma lavadora de roupas, um diagnóstico médico recente ou uma paixão recém--descoberta – quem melhor do que uma empresa que vive e respira o assunto para respondê-la? Empresas que oferecem respostas para nossa interminável necessidade de informações têm grande probabilidade de conquistar um fluxo contínuo de consumidores interessados. Graças ao Google, em particular, que continua a direcionar buscas para as melhores soluções, aquele que oferece as melhores informações vence.

Talvez você não saiba que 70% das mulheres usa o tamanho de sutiã errado, mas a Playtex sabe. Capitalizando no fato de que isso é um assunto que as mulheres não gostam de falar com as amigas nem com vendedoras, a Playtex criou o playtexfits.com, um site dedicado a ajudar as mulheres a encontrar o tamanho certo na privacidade de suas casas. Orientadas por Roz, o especialista on-line em tamanho de sutiãs, as mulheres inserem suas medidas e preferências ou problemas, visto que não existe um "tamanho único confortável" nesta categoria de vestuário, e a Playtex usa esses critérios para ajudar a concentrar as opções e identificar o produto mais satisfatório para aquela cliente dentro de sua linha de modelos. Do ponto de vista do significado, isso também ajuda a posicionar a marca como diferente de competidores como a Vitória's Secret, que parece enfatizar estilo em vez de conforto, e cujas supermodelos perfeitamente proporcionais podem ser irritantes ou desconcertantes para as meramente mortais, que tendem a responder mais favoravelmente às mulheres reais que a Playtex usa como modelos.

É claro, faz sentido que, quanto maior o valor envolvido, mais tempo as pessoas passam pesquisando suas compras. Fabricantes de bens de consumo duráveis e eletrônicos dirão que, em média, qualquer transação acima de US$ 50 requer a aprovação do cônjuge na compra. Portanto, sua informação deve falar para todos os membros da casa – incluindo cada vez mais as crianças.

Tempo Médio Gasto com Pesquisa (em horas)

- Uma casa nova: 39
- Melhorias importantes na casa: 10
- Carro: 8
- Férias: 5
- Hipoteca: 5
- Computador: 4
- Televisão: 2

Fonte: www.reuters.com

Uma exceção importante à regra da aprovação do cônjuge é a compra de joias e diamantes, e o pessoal da Blue Nile aproveitou essa oportunidade para ajudar os rapazes a vencer a barreira fundamental do "o que é certo comprar?". Banners no site apresentam a mensagem principal "Aprenda sobre Diamantes". Clicando na seção Educação e Orientação do blueline.com, os consumidores podem aprender não só sobre transparência, corte e quilate, mas também sobre como comprar joias adequadas ao estilo e ao gosto de uma mulher. "Ouro fica bonito num tom de pele mais escuro. Platina e prata ficam bem em peles mais claras." Este tipo de informação proporciona um serviço importante para homens que ou não têm um senso próprio de estilo ou não se sentem confiantes em perguntar a suas parceiras, resultando num sentimento de gratidão e alívio que se traduz em confiança (para fazer a compra) e lealdade (para voltar para mais ajuda e compras adicionais no futuro). Do ponto de vista de um serviço customizado, a disponibilidade desta informação também ajuda a diferenciar a Blue Nile das dezenas de outras pequenas ou grandes joalherias on-line competindo pelos centavos do comprador.

Além de itens de alto valor como os diamantes, perguntas sobre saúde e assistência médica estão entre as prioritárias na lista de temas sobre os quais as pessoas buscam informações. As marcas certamente têm o direito de vencer aqui também. Todos nós sentimos a necessidade de tomar nas mãos nossa saúde, e a de nossos familiares, à medida que o aumento dos custos e a complexidade de nosso sistema de assistência médica nos pressionam cada vez mais a permanecermos bem informados, e novas ferramentas on-line permitem que as pessoas pesquisem sintomas rápida e minuciosamente, "diagnostiquem-se" e obtenham segundas opiniões de amigos e estranhos. Segundo a Forrester, em 2006, cerca de 60% dos consumidores on-line, e mais de 10 milhões de adultos nos Estados Unidos pesquisam informações sobre saúde na Internet a cada dia,[12] oferecendo às marcas de assistência médica uma oportunidade diferenciada de prover as necessidades de informação desse segmento extremamente motivado – e engajado – da população.

E embora algumas indústrias farmacêuticas e empresas de assistência médica *ainda* insistam em interromper nossos jogos de futebol e noticiários com promoções irrelevantes de seus produtos, outras, como a Johnson & Johnson e a Anthem Blue Cross and Blue Shield –, estão gastando o equivalente a uma fração de um orçamento de peso para a TV para proporcionar informações valiosas para as pessoas quando e onde elas necessitem.

A Ethicon Endo-Surgery é uma divisão da Johnson & Johnson que produz instrumentos cirúrgicos, incluindo aqueles usados no campo, em pleno crescimento, da cirurgia bariátrica (às vezes chamada de cirurgia de redução de estomago), uma solução eficiente para pessoas com obesidade mórbida, que não conseguem emagrecer com dietas e exercícios, e que sofrem de problemas de saúde relacionados à obesidade, incluindo diabetes, apneia e degeneração do joelho. Os resultados da cirurgia usualmente são dramáticos – um estudo clínico durante cinco anos mostrou que 50% a 70% dos pacientes experimentam uma perda de 50% do peso corporal. No entanto, apenas uma fração das pessoas elegíveis para a cirurgia optam por submeter-se a ela. A Bridge Worldwide foi incumbida da tarefa de expandir esse mercado.

Sabíamos que a melhor maneira de abordar este desafio com significado era proporcionar informação e suporte para ambos – cirurgiões (os principais clientes da J&J) e pacientes (que consideravam se submeter a uma cirurgia bariátrica) através de um *website* e de publicidade não-tradicional. Mas o que não sabíamos – até gastar meses pesquisando e conversando com vários pacientes candidatos e submetidos à cirurgia e examinando cuidadosamente questionários exaustivos – era que pacientes que sofriam de obesidade mórbida precisavam de muito mais do que fotos de antes e depois da cirurgia. Eles já estavam bem informados sobre o assunto e até certo ponto convencidos do processo, depois de terem passado horas a fio pesquisando sobre opções de cirurgia. O que precisavam era de um *feedback* direto das pessoas que passaram pelo procedimento, que podiam falar com franqueza tanto dos aspectos positivos quanto dos negativos da cirurgia, assim como sobre a vida depois dela.

Como resultado, criamos uma campanha publicitária com significado que incluía inserções na TV de respostas diretas, anúncios impressos/banners dirigidos e um marketing para busca na Internet que direcionava pacientes prospectos para o www.bariatricedge.com, um site que apresentava informações sobre as principais barreiras para a cirurgia usando vídeos de pacientes reais e profissionais de saúde que falavam sobre o procedimento por meio de suas próprias palavras. O site também incluía informações sobre riscos, um guia de discussão do cirurgião, um calculador de IMC e um glossário de termos médicos.

Medimos o sucesso monitorando o número de pedidos em um Localizador de Cirurgiões que podia levar a uma consulta pessoal com um cirurgião bariátrico, e apenas alguns meses após o lançamento do programa, pudemos dizer que foi um grande sucesso. Mais de um milhão de pessoas visitou o site no primeiro ano, e ficaram mais tempo, retornaram com mais frequência e procuraram mais cirurgiões do que esperávamos. Nossos clientes – cirurgiões, clínicos e hospitais – começaram a relatar um aumento nas consultas. Mas talvez o mais significativo, o resultado das pesquisas de acompanhamento e os e-mails recebidos dos pacientes mostraram que nosso marketing em si estava melhorando a vida das pessoas. Mesmo antes de se submeter à cirurgia, os pacientes diziam que entendiam mais e se sentiam melhor sobre seu processo de tomada de decisão. Foi uma grande satisfação para nós ter criado um marketing que realmente proporcionou respostas para esta decisão de saúde tão importante.

Sediada em Indianápolis, a Anthem Blue Cross and Blue Shield, também deu passos com significado em relação a seu programa de gestão de saúde, visto que a maioria das companhias de seguro saúde tem uma imagem negativa por glosar contas e limitar o acesso a médicos e tratamentos. A asma é uma das sete doenças crônicas – entre as outras estão diabetes, hipertensão e problemas coronarianos – coberta pelo programa da Anthem que oferece um especialista de plantão 24 horas por dia e malas diretas periódicas destacando as ferramentas e informações para lidar melhor com essas doenças. Do ponto de vista de um marketing com valor, tanto as famílias quanto a Anthem se beneficiam com um monitoramento melhor dessas doenças, o que ajuda todos a evitar visitas desagradáveis ao hospital e uma conta enorme. Essa qualidade de serviço pode ser poderosa quando os funcionários decidem que plano escolher a cada ano.

Por fim, os profissionais de marketing podem adicionar valor por meio de informações relativas às paixões pessoais dos consumidores. Praticamente todo mundo tem algum esporte, jogo, coleção ou hobby em que é aficionado. Seja música de Jimi Hendrix, triatlo ou tricô, definimo-nos por esses interesses e temos uma necessidade insaciável por mais. Aqui também as marcas têm a chance de agregar valor por intermédio da informação. E ao dar suporte e estimular essas paixões, você pode ganhar facilmente a atenção do consumidor e ancorar-se neste lugar especial do coração dele.

> *A coisa mais importante – e que as marcas de maior sucesso têm – é o toque humano, a habilidade de enriquecer a vida das pessoas de uma maneira positiva.*
>
> — MARK TUSSEL, DIRETOR EXECUTIVO DE CRIAÇÃO
> LEO BRUNETT WORLDWIDE

O fantasy footbal (futebol americano) é um fenômeno global, que estimula as paixões e a imaginação de mais de 20 milhões de amigos e colegas de trabalho no mundo inteiro. Caso você ainda não tenha experimentado este fenômeno, o fantasy footbal (que já se espalhou para o rugby, NASCAR e qualquer outro esporte que você possa imaginar) é um game em que os jogadores "escalam" um time imaginário formado por atletas verdadeiros e ganham pontos com base nas estatísticas reais desses atletas (por exemplo, *touchdowns* marcados) durante uma semana de jogos. Sites como o ESPN.com e o CBSportsline.com competem para atrair grupos de jogadores do fantasy football, que pagam uma taxa (US$ 100 ou mais por time) para que seus times sejam gerenciados nos servidores da empresa. Todos esses serviços fazem basicamente o mesmo – ajudar os times a monitorar suas pontuações, os vencedores e os perdedores. Então, como a ESPN, por exemplo, pode se diferenciar de seus competidores quando está oferecendo essencialmente uma *commodity* básica?

A ESPN sabia que os jogadores estão constantemente procurando ajuda para definir a estratégia e escalar seu time semanal. Então ela criou o Fantasy Cristal Ball que oferece uma avaliação das opções de time de um jogador e faz recomendações. Está disponível a todos e é de graça. Este serviço mostra aos usuários de serviços competidores que a ESPN oferece mais. Ela oferece um serviço diferenciado para clientes fiéis, proporciona uma maneira única de instruir novos jogadores e também garante contas recorrentes e lealdade por muitas temporadas.

Não se Esqueça das Informações do Produto!

Embora seja ótimo ajudar as pessoas em suas pesquisas de compras ou paixões, um dos tópicos mais relevantes que as pessoas constantemente procuram conhecer é sua marca! Mesmo os produtos e serviços mais básicos recebem um volume enorme de tráfego de buscas na Internet. Estudos mostram que 70% dos consumidores fazem pesquisas na Internet sobre "artigos comuns de supermercado". Se você não abraçar aqueles que querem conhecer seus produtos ou serviços, pode perdê-los para sempre.

Randy Peterson, gerente de inovação digital da P&G, acrescenta que buscar informações on-line "começou no mundo técnico e passou para os livros, DVDs e viagens. Agora as pessoas estão percebendo que podem procurar informações on-line até sobre café e sabão em pó. A busca on-line tornou-se um meio natural que as pessoas usam para obter informações de todos os tipos". E as pessoas que chegam a uma marca via pesquisa na Internet são em última análise os prospectos mais rentáveis. Peterson observa que "Pesquisadores que foram a sites de bens de consumo embalados (packaged goods) compravam 20% mais do que não-pesquisadores".

Os dados mostram que até mesmo um envolvimento mínimo com sites de bens de consumo pode ter um impacto poderoso no resultado da empresa. Um estudo conduzido em dezembro de 2008 pela ForeSee Results constatou que visitantes dos sites altamente satisfeitos tinham 59% mais chance de recomendar o produto e 73% de comprá-lo.

Ajude-os a Fazer a Compra Certa

Então não importa muito se o seu produto é hidratante ou automóvel – como profissional de marketing, você tem uma oportunidade cada vez maior, senão a responsabilidade, de ajudar as pessoas a escolher o produto certo. Barry Schwartz, autor de *Paradox of Choice*, sugere que as pessoas ficam estressadas quando têm muitas opções entre as quais escolher, tanto na hora de tomar a decisão, como depois, preocupadas se tomaram a decisão certa. Num mundo em que 25 mil bens de consumo foram lançados só em 2007,[13] o sucesso depende cada vez mais de assegurar que as pessoas certas possam se conectar ao produto certo. Os profissionais de marketing comprometidos em ajudar os consumidores a escolher o produto certo, fornecendo informações essenciais, têm uma chance melhor de fazer a venda e de manter esses consumidores felizes e leais a suas marcas.

Como praticamente qualquer mulher pode afirmar, o cuidado com a pele é uma experiência muito pessoal e em constante mudança. As necessidades das mulheres mudam com a época do ano e com a passagem do tempo. E as mulheres estão sempre a procura do próximo ingrediente fantástico ou inovação que pode ajudá-las a manter uma pele saudável e de aparência jovem. Elas também tendem a gastar muito dinheiro com esses produtos, o que significa que são cautelosas em experimentar coisas novas sem pesquisar. A marca Olay da Procter & Gamble, que lançou dezenas de produtos nos últimos anos, notou esta necessidade e a atendeu com uma ferramenta on-line de recomendação de produtos chamada Olay for You. Segundo um porta-voz da marca,

"A ideia era basicamente ajudar a Olay e as consumidoras a lidar com um fator prejudicial ao sucesso da marca ao longo dos últimos oito anos: a proliferação da quantidade e da variedade de produtos tornou mais difícil, particularmente para aquelas que entravam em contato pela primeira vez com a marca ou com a categoria, saber o que deveriam comprar e até mesmo por onde deveriam começar para tomar uma decisão".

Desde janeiro de 2008, o programa Olay for You atraiu mais de um milhão de visitantes, 80% dos quais concluiu um processo envolvente de perguntas e respostas e passou em média oito minutos no site. Após seu sucesso on-line, a Olay levou a recomendação de seu produto ainda mais adiante, montando quiosques dentro das lojas para que pudesse estar onde as decisões são mais difíceis – e as vendas têm maior chance de ocorrer.

Outra marca que usou quiosques nas lojas com sucesso foi a Dr. Scholl's, para seu Custom Fit Orthotics. O processo é simples (e um tanto divertido) – você tira os sapatos, sobe numa superfície acolchoada do equipamento e a Tecnologia de Mapeamento do Pé "identifica as áreas do pé em que você coloca mais pressão e então recomenda a palmilha mais adequada para seus pés. O resultado é uma alternativa de alta qualidade, individualizada, mais barata que as palmilhas sob medida encomendadas no consultório do ortopedista.

A acessibilidade dos quiosques atrai novos clientes que talvez não tivessem considerado a necessidade de um conforto adicional e suporte para os pés até subirem no equipamento, e isso assegura uma lealdade futura daquelas pessoas que encontraram o produto perfeito na primeira vez. Esta ferramenta dá aos consumidores potenciais a confiança de que estão fazendo a melhor compra possível e proporciona à Dr. Scholl's informações valiosas sobre as necessidades de seus clientes.

Críticas do Consumidor: A Opinião do Novo Especialista

Sites de críticas do consumidor são uma outra ferramenta cada vez mais popular que as pessoas estão usando para pesquisar produtos e serviços antes de comprar – eles são fáceis de encontrar, já que conteúdos gerados pelo consumidor sempre estão entre os primeiros resultados de pesquisas

> **Noventa e nove por cento das pessoas afirmam que críticas on-line geradas pelo consumidor têm "muita ou bastante credibilidade".**

na Internet; são abundantes, uma vez que praticamente toda loja on-line pede uma avaliação e são formadores de hábitos: as pessoas estão começando a usá-los para compras grandes, como carros ou eletrodomésticos e, sem que se deem conta, acabam buscando *feedback* de seus pares sobre um novo cereal matinal.

Um estudo conduzido em outubro de 2007 pelo Deloitte Consumer Business Group constatou que 62% dos consumidores leram críticas on-line sobre produtos escritas por outros consumidores, mais de 80% disseram que suas decisões de compra são diretamente influenciadas por essas críticas e mais de 70% as compartilham com amigos, familiares ou colegas, portanto, amplificando seu impacto.

Como essas críticas não são geradas pela empresa ou por uma agência, elas têm um impacto tanto negativo quanto positivo sobre as marcas: embora os profissionais de marketing tenham pouco ou praticamente nenhum controle sobre o que está sendo dito sobre seus produtos ou serviços, uma crítica positiva é vista pelos consumidores como tendo maior impacto e credibilidade do que um anúncio, considerando-se que vem de uma fonte assumidamente objetiva. (Uma pesquisa conduzida pela eMarketer mostrou que 99% das pessoas afirmam que críticas on-line geradas pelo consumidor têm "muita ou bastante credibilidade".) Sob a perspectiva do consumidor, as notícias no geral são boas: um estudo da Baazarvoice indica que 70% dos críticos querem ajudar as empresas a melhorar os produtos que fabricam e vendem, 79% querem recompensar uma empresa pelo bom trabalho e 87% das críticas têm um tom positivo – o que torna as negativas muito mais significativas.[14]

Melhor de tudo: críticas positivas ajudam a fechar vendas. O MarketingExperiments, um laboratório de pesquisa dedicado a analisar o que realmente funciona em comunicação de marketing, constatou que depois de um mesmo produto apresentar sua classificação cinco estrelas, as vendas praticamente dobraram.[15] É isso o que motiva as empresas a incluir críticas em seus sites e até mesmo em lojas físicas. No site da

PETCO, os compradores que navegaram na página "Melhores Produtos" mostraram uma taxa de conversão 49% maior do que a média do site e gastaram 63% mais por pedido do que outros compradores do site.[16] A Burpee Seeds provou que até mesmo produtos com baixa classificação vendem bem graças às avaliações. Num teste, a empresa constatou que mesmo produtos com avaliação de duas estrelas (de cinco) venderam mais do que o mesmo produto apresentado sem nenhuma crítica.

Existe um componente ainda mais significativo para as críticas do consumidor do que você pode imaginar – Sarah Welch, presidente do TripAdvisor, uma empresa que faz nada mais do que hospedar críticas sobre viagens, diz que as pessoas que usam este site para pesquisar férias, voltam com frequência para postar críticas em agradecimento às informações que obtiveram. Este "retorno" para incluir uma crítica pessoal depois da viagem ou usar um produto é mais uma oportunidade de se engajar com os consumidores.

O que virá a seguir nesta modalidade de influência? Preste atenção em marcas que começam a apresentar críticas em banners de anúncio e consumidores que começam a criar vídeos de críticas em sites como ExpoTV.com. O vídeo é muito mais engajador que as críticas em texto, e o impacto de ver uma pessoa de verdade usando um produto de verdade tende a ser muito maior.

A Necessidade de "Monitorar" É Ilimitada

Parece que não é suficiente oferecer para as pessoas múltiplas fontes de informação sobre os benefícios e atributos de seus produtos e serviços – uma vez que forem convencidas a comprar, elas gostarão de saber tanto quanto você sabe. As pessoas se acostumaram a monitorar compras on-line e enviados por FedEx ou UPS, e adoram usar a internet para descobrir onde suas frutas ou verduras foram cultivadas, onde seus ovos foram embalados e onde fica seu delivery de pizza. Os profissionais de marketing espertos estão atraindo e retendo aficionados em informações com ferramentas inteligentes como essas.

Aprimorando seu esforço pioneiro de fornecer às pessoas e empresas as informações de que precisam para monitorar o progresso de suas encomendas on-line, a UPS lançou recentemente um "dispositivo" que atualiza constantemente o status da remessa, eliminando a necessidade de acessar um site e digitar um número de acompanhamento. Proporcionando uma maior facilidade e conveniência para as pessoas que frequentemente enviam e recebem encomendas, o dispositivo representa mais uma maneira de a UPS agradar seus clientes leais, criando uma vantagem competitiva diferenciada em relação aos concorrentes, que oferecem serviços de remessa semelhantes. E embora não doa assumir os custos de um dispositivo que funciona essencialmente como uma bugiganga publicitária num computador, o verdadeiro objetivo é oferecer valor agregado – um serviço conveniente – para os clientes mais valiosos da UPS.

Pode ser comum imaginar monitorar um recebimento ou envio de carburadores, ou agasalhos esportivos ou o que quer que você venda, mas de bananas? Numa resposta aos movimentos "Compre Localmente" e "Você sabe de onde vem sua comida?" que estão tomando conta dos Estados Unidos, a Dole Organic está oferecendo aos consumidores a oportunidade de retraçar os passos de cada fruta que a empresa produz. Você pode acessar o site da Dole e – digitando o código "farm code" de três dígitos apresentado na etiqueta – ver as fotos do país em que a banana foi cultivada e colhida e saber mais sobre seu povo. Da mesma maneira, por um código exclusivo impresso na casca dos ovos, o site chamado MyFreshEgg.com pode dizer onde e quando os ovos que você comprou no Giant ou no BJ's foram embalados.

Mas o sistema de acompanhamento de produto que bate todos os outros, na minha opinião, é o do Domino's. Lançado como uma promoção do Super Bowl, ele permite que o cliente saiba – com uma precisão de 40 segundos – exatamente onde a pizza dele está no ciclo "forno-entrega". Acrescentando um nível a mais de transparência e responsabilidade a esta transação, a Domino's fornece até mesmo o nome do funcionário que anotou o pedido e do que entregou a pizza, convidando o cliente a avaliá-los.

Dirigido para os clientes com menos de 30 anos que são aficionados tanto por dados quanto por pizza, o Pizza Tracker é ao mesmo tempo uma proposta de valor para os consumidores e uma economia de tempo para a Domino's, cujos funcionários tradicionalmente gastavam muito tempo atendendo o telefone e respondendo a pergunta "Onde está minha pizza?!" e, claramente, está funcionando. Um mês após seu lançamento, a Domino's chegou a seu milionésimo usuário – e em junho de 2008, já estava disponível para todos os 3.600 pontos de venda em todo o país.

> *Pare de criar publicidade e comece a criar ações. Não é mais difícil que criar anúncios e é mais gratificante.*
>
> — Tom Bernardin, CEO, Leo Brunett Worldwide

Cumpra o Que Prometer

Com os incontáveis desafios que os profissionais de marketing enfrentam atualmente, é fácil esquecer que marketing significa muito mais do que anunciar seu produto e garantir a venda. Entregar o que o produto promete é tão importante quanto convencer as pessoas a comprá-lo. Na Procter & Gamble, chamamos isso de "segunda hora da verdade" (sendo a primeira a decisão de compra na loja) e qualquer pessoa que já comprou e montou um móvel barato e acabou com parafusos faltando ou sobrando conhece a frustração de ter comprado gato por lebre.

O Align, um suplemento dietético da P&G, e cliente da Bridge Worldwide, é um ingressante na crescente categoria dos probióticos (suplementos que introduzem organismos vivos no sistema digestivos com efeitos benéficos para o organismo), que está ganhando grande aceitação em virtude de uma ampla gama de benefícios à saúde. A promessa do produto é ajudar a promover e manter a saúde e o equilíbrio do sistema digestivo, o que é particularmente importante para pessoas que sofrem de constipação, diarreia, gases e inchaço ocasionais.

Um professor de marketing certa vez me advertiu, no primeiro dia de aula: "A mudança de hábitos é realmente difícil". Convencer as pessoas a adotar o Align não foi exceção. O Align precisava vencer dois desafios importantes: primeiro, é um comprimido e precisa ser tomado diariamente, e pode levar um mês até que todos os benefícios sejam percebidos. Segundo, não é coberto pelo seguro saúde e custa cerca de

US$ 1 por dia. As pessoas que experimentam o Align precisam desesperadamente dele e querem que funcione, mas precisam de suporte para garantir que colham os resultados desejados.

Com base em nossos anos de trabalho com assistência à saúde, sabíamos que dicas e conselhos on-line podiam ajudar significativamente as pessoas a iniciar um novo hábito de ingestão do medicamento e uma mudança de vida importante. Então convidamos as pessoas a participarem do programa "Meu Consultor Align" no momento de sua primeira compra. Ele oferece uma ferramenta de acompanhamento digestivo para medir os resultados e inclui e-mails semanais para explicar o que as pessoas podem esperar sentir em cada estágio do processo. Também acrescentamos o recurso "Conte Sua História" que permite às pessoas a catarse de compartilhar suas próprias experiências, ao mesmo tempo que oferecem informações úteis aos outros (e um poderoso boca a boca para a marca).

Depois de apenas alguns meses, o teste do programa Meu Consultor Align mostrou resultados concretos: a maior parte dos usuários concordou que o programa "agregou valor ao Align" e que "o Align permitiu que eles aproveitassem a vida novamente", convencendo assim a P&G a distribuir o Align não apenas on-line, mas num teste no varejo.

O programa Meu Consultor Align foi um sucesso não só para este medicamento de venda livre, mas serve como modelo de Marketing com Valor *Agregado* que funcionaria em qualquer situação na qual fosse necessário criar um hábito frequente. Talvez a Scotts pudesse ajudar as pessoas a plantarem um jardim saudável no início da estação, ou a Toyota poderia auxiliar os compradores do Prius em sua adaptação de dirigir carros híbridos. No final das contas, a mudança de hábito *é* difícil, mas o marketing que ajuda as pessoas a adotarem hábitos mais facilmente pode ser de extremo significado tanto para consumidores quanto para empresas.

Desculpar-se Pode Resultar em Vendas

Às vezes, a única maneira de se certificar de que as pessoas sabem que você está trabalhando para garantir a satisfação delas é pedir desculpas quando estão insatisfeitas com seu produto ou serviço. Por mais que tentemos, não podemos ter controle absoluto sobre tudo, portanto, quando as pessoas têm uma experiência desapontadora – e isso inevitavelmente acontece – o modo como você lida com elas faz toda a diferença. Pete Blackshaw, presidente executivo da Nielsen Online Digital Strategic Services e autor de *Satisfied Costumers Tell Three Friends, Angry Costumers Tell 3,000* [*Clientes Satisfeitos Contam para 3 Amigos, Clientes Insatisfeitos Contam para 3 Mil*], diz que "O Serviço ao Cliente é o novo departamento de marketing". Para agregar valor por meio de seu marketing, você deve ver o suporte ao cliente no pós-venda não apenas como um centro de custo mas como a chave para garantir uma satisfação e lealdade de longo prazo. Blackshaw nos lembra de que cada interação entre uma marca e um consumidor é uma "hora da verdade" do marketing. Portanto, vale o esforço de tornar essa impressão de marketing algo significativo.

> **Cada interação entre uma marca e um consumidor é uma "hora da verdade" do marketing.**
> **— Pete Blackshaw**

Uma nova pesquisa sugere que o serviço ao cliente é a principal razão pela qual as pessoas trocam de marca em praticamente todos os setores. Uma pesquisa conduzida pela Accenture em novembro de 2008 com mais de 4 mil pessoas em oito países, em cinco continentes, constatou que 67% dos entrevistados relataram que mudaram para outras empresas por causa de um atendimento ineficiente. Mesmo em momentos de arrocho econômico, quando a competição de preços é acirrada, o serviço ao consumidor superou o preço como fator de lealdade. Nos Estados Unidos, 73% das pessoas mudaram de empresa em virtude do atendimento ineficiente, enquanto apenas 47% mudou devido ao preço. E as expectativas só aumentam – 31% dos entrevistados disseram que suas expectativas são maiores do que eram no ano passado, e 52% disseram que são maiores do que cinco anos atrás. Entre os fatores-chave da satisfação estão representantes educados e simpáticos, a solução eficiente de problemas, se os atendentes do serviço ao cliente assumiram a responsabilidade por resolver os problemas e a conveniência de ter disponíveis os representantes do serviço ao cliente.

Coisas ruins acontecem para marcas boas, mas a hora da verdade no serviço se resume em como você lida com as pessoas que ligam, escrevem, ou enviam uma mensagem sobre um problema. A retenção do cliente vem de transformar uma insatisfação em uma solução satisfatória e justa. Então, como deve ser um bom pedido de desculpas? Eis aqui minhas dicas resultantes de ter de lidar com pessoas zangadas na qualidade de gerente de marca, chefe de serviço ao cliente de agência e marido há 13 anos:

- Reconheça o desapontamento da pessoa.
- Concorde que a situação ou deixa a desejar ou é inaceitável.
- Prometa que você aprendeu com isso e que vai se empenhar para que não aconteça novamente.
- Ofereça algum tipo de recompensa.

A Delta Airlines recentemente me surpreendeu com sua atenção. Numa viagem de Nova York a Cincinnati, fui notificado a caminho do aeroporto pelo celular de que meu voo havia sido cancelado. A mensagem então confirmou que fui automaticamente transferido para um voo na manhã seguinte e recebi um e-mail com a informação. Fiquei desapontado? Com certeza. Mas senti-me grato pela Delta ter se dado ao trabalho de pedir o número de meu celular em algum momento ao longo de nosso relacionamento para que, em vez de ficar sentado no aeroporto, eu pudesse voltar para o escritório.

Meu voo na manhã seguinte foi bom, mas de certa forma desconfortável, já que fiquei preso no assento do meio devido ao cancelamento do dia anterior. Entretanto, no dia seguinte, recebi uma mensagem da Delta em minha caixa de entrada. Era dirigida pessoalmente a mim e pedia desculpas pelo fato de um Cliente Especial como eu ter de ser enfiado no assento do meio e pelo aborrecimento. A mensagem continuava dizendo que seriam creditadas 500 SkyMiles em minha conta pelo desconforto.

Não consigo lembrar da última vez que um programa de fidelidade esteve tão ciente dos detalhes de minha situação e tão ávido em me deixar feliz. Estou acostumado a esperar tão pouco – especialmente de companhias aéreas que detêm um controle do tipo monopólio de minha viagem – que essa iniciativa, mesmo que automatizada, fez o meu dia.

A Delta parece estar dando outros passos admiráveis também em direção ao Marketing com Valor *Agregado*: está se conectando com as pessoas por uma conta no Twitter muito ativa, e tem um blog que põe os "leitores sob suas asas" para anunciar vendas e promoções e para "compartilhar histórias sobre ideias, mudanças e seu pessoal". Até mesmo o vídeo de instruções de segurança da Delta lançado no YouTube está chamando atenção com sua tripulação de bordo peculiar.

Não está claro por que a Delta demorou tanto para utilizar melhor seu programa de fidelidade SkyMiles ou de dar um ar pessoal a sua marca, mas só o fato de estar fazendo isso, num momento que a satisfação do cliente com as companhias aéreas é a pior já registrada, é tanto significativo quanto revolucionário. Talvez seja resultado do aumento do custo do combustível e do fato de que a Delta precisa competir cada vez mais por passageiros. Pode ser também resultado de um software aprimorado ou de uma gestão mais eficiente. Qualquer que seja o motivo, a Delta está obtendo sucesso nesse programa de fidelidade. Quando eu tiver escolha, será sempre Delta, e quando algo der errado serei um pouco mais condescendente com a companhia.

No caso específico do "assento do meio", só foi realmente preciso alguém acrescentar uma regra ao banco de dados de marketing que a Delta tem há décadas. Só foi preciso alguém prestar atenção e se preocupar, que é o que todos realmente queremos como seres humanos. Isso nos faz sentir melhor sobre a marca, o que estimula mais o boca a boca positivo. No final, todos saem ganhando.

Resolva o Problema do Cliente, Mesmo que às Custas de Suas Vendas

Conforme mencionado anteriormente, existem dois testes-chave do Marketing com Valor *Agregado*. O primeiro é que deve ser um marketing ao qual os consumidores escolham se engajar. O segundo é que o marketing em si deve melhorar a vida dos consumidores. Isso significa que o consumidor pode se beneficiar de sua marca sem obrigatoriamente recompensá-lo com uma compra. Eu realmente estou certo de que isso

MARKETING COM VALOR *AGREGADO*

> **Que tal usar o marketing para melhorar a vida dos consumidores mesmo que isso, na verdade, possa *diminuir* as vendas?**

pode representar um grande salto mental para os profissionais de marketing e suas agências. Pronto para ainda mais?

Antes de você presumir que eu enlouqueci, considere a campanha publicitária recente do Tylenol "Sinta-se Bem" veiculada na TV, on-line, impressa e em outdoors. Embora talvez você já tenha visto os anúncios desta campanha dezenas de vezes, é mais provável que se lembre deles pelas mensagens revolucionárias, que ensinam como evitar a dor de cabeça – e, portanto, como evitar tomar Tylenol. Exemplos incluem: "Não tome o café da manhã. E você certamente terá uma dor de cabeça" e "Não fazer uma das refeições pode causar dor de cabeça". Uma visita ao Tylenol.com remete a artigos sobre outros fatores que desencadeiam dor de cabeça, como barulho excessivo, iluminação intensa e determinados alimentos. Outros produtos da linha Tylenol seguiram a mesma fórmula, como o Tylenol Cold advertindo que "picolés podem aliviar a dor de garganta", e o Tylenol Arthritis Pain sugerindo que "articulações com artrite precisam de músculos fortes para protegê-las". Em face a esta campanha revolucionária, também é importante notar que o Tylenol terceiriza sua produção para a mesma empresa que fabrica grande parte das versões genéricas do produto, jogando ainda mais luz na necessidade do Tylenol de adotar um Marketing com Valor *Agregado*.

Outra marca que está praticando isso é o Bank of America, por meio de uma campanha que ensina os clientes como evitar tarifas ou encargos bancários. Banners aconselham aos clientes "verifique seu extrato e a atividade de sua conta para evitar tarifas"; a página inicial (aquela que aparece quando um cliente clica num anúncio ou num link de resultado de pesquisa) apresenta uma discussão aberta sobre como evitar tarifas. Isso pode ser visto como uma anuência menor, contraditória para os consumidores, mas o fato é que o Bank of America sabe que tarifas são uma fonte importante de insatisfação para as pessoas. Como o banco está tratando o assunto de maneira honesta e transparente, os consumidores sentem que o Bank of America está fazendo a coisa certa, mesmo que às próprias custas dele (historicamente, metade da receita do banco vem das tarifas).

Não é uma estratégia totalmente altruísta – o Bank of America sabe que no final das contas pode ganhar mais dinheiro, digamos, arregimentando clientes ao conceder proteção do que cobrando tarifas para concessão de crédito. Ambos Tylenol e Bank of America sabem que é muito melhor cuidar do cliente primeiro, e fazer isso de maneira clara que cria confiança, resultando em maior lealdade e satisfação do cliente. Bruce Hammonds, presidente dos serviços de cartão do Bank of America, diz: "Nossa pesquisa mostra que equipando os clientes com essas informações sobre a conta, eles se tornam mais capazes de gerenciar suas finanças e mais satisfeitos com o que vivenciam no banco". Ron Shevlin, autor do blog Whims Marketing e analista do Aite Group, LLC, observa: "A transparência – ser franco sobre tarifas e estrutura de taxas – é um componente importante de ser um defensor do cliente. A iniciativa do Bank of America ajudará a engajar mais profundamente os clientes no gerenciamento de sua vida financeira – um passo importante para se engajar com o banco propriamente dito".[17]

O Bank of America sabe que pode ganhar muito mais dinheiro conquistando negócios cruzados de longo prazo com seus clientes do que apertando-os com uma tarifa de 20 dólares. Ambas as marcas estão usando inteligentemente suas estratégias para convidar clientes para um programa de marketing de relacionamento de longo prazo. Proporcionando este nível de informação valiosa aos clientes, eles continuarão voltando.

Claramente, existe uma ampla gama de oportunidades para que as marcas proporcionem um marketing com valor oferecendo soluções. Informações valiosas, ofertas e serviços posicionam as marcas como aliados prestativos dos consumidores, em vez de interruptores irritantes. Esses tipos de soluções representam a "largada inicial" para um marketing no qual as pessoas escolhem se engajar – e embora esta certamente seja a melhor maneira para sua empresa se engajar em uma nova abordagem de marketing, o próximo capítulo irá sugerir uma maneira de causar um impacto ainda maior na vida dos consumidores e em suas vendas.

CONEXÕES COM VALOR AGREGADO
CRIANDO EXPERIÊNCIAS DIVERTIDAS QUE AS PESSOAS PODEM COMPARTILHAR

Profissionais de marketing que proporcionam conexões com valor agregado ajudam a forjar um laço importante entre suas marcas e seus clientes potenciais, indo além de oferecer incentivos e informações para criar uma relação significativa de valor agregado com seus consumidores. Quando executada com sucesso, conexões com valor agregado levam a marca ou o serviço a um nível emocional mais elevado, associando-os a algo que é de importância mais profunda na mente do consumidor, geralmente por meio do bom e velho divertimento, oferecendo uma experiência única, proporcionando uma solução criativa de extravasamento, ou criando ou estreitando um laço de amizade com outra pessoa ou grupo de pessoas que pensam igual.

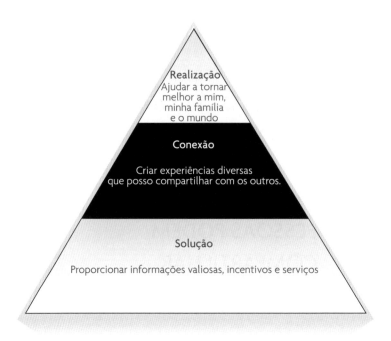

"Entretenha-me"

Entretenha-me? Espere um pouco. Sei o que alguns de vocês estão pensando: "Ei, *meus* anúncios impressos e comerciais de TV são engraçados. Isso significa que são um entretenimento. E se entretenimento é algo com valor agregado, então eu já devo estar fazendo Marketing com Valor *Agregado*. Isso é mais fácil do que eu pensava!".

Na verdade, existem muitos exemplos de marketing tradicional de entretenimento – as pessoas atualmente assistem ao Super Bowl tanto pelos comerciais quanto pelo jogo em si e o Times Square está repleto de anúncios reluzentes que as pessoas fotografam. Mas um anúncio impresso engraçado ou um comercial instigante por si só não tem valor agregado, particularmente se, em sua essência, for interruptivo. Lembre-se do primeiro princípio do marketing com valor: ser um marketing com o qual as pessoas *escolham* se engajar.

Existem muitas maneiras diferentes de entreter as pessoas, dependendo dos objetivos de sua empresa e de seu público-alvo, mas vídeos e jogos são dois dos meios disponíveis mais engajadores e eficientes.

Um Vídeo Vale Mais Que 10 Mil Palavras

A sedução do vídeo é simples de avaliar e entender – basta perguntar-se o que é mais divertido, uma foto de sua adorável prole (ou sobrinho, sobrinha, ou bicho de estimação) ou um vídeo deles, completo com expressões, movimentos e sons. Seja quando as pessoas estão reclinadas no sofá em frente à TV ou inclinadas para frente para ver um link no YouTube, o vídeo é o que mais engaja um público.

Tradicionalmente, os profissionais de marketing evitam criar conteúdo original em vídeo por causa do custo de produção e veiculação. Mas atualmente, e cada vez mais nos próximos anos, é possível esperar que se incorpore esta mídia em seu arsenal de marketing com valor a um custo e complexidade menores. Os custos de produção estão caindo e a Internet – sem falar dos mais de 500 canais de TV a cabo que existem – torna muito mais simples e barato compartilhar conteúdo em vídeo com o mundo.

O longa-metragem é uma abordagem, testada e comprovada, muito bem-sucedida para programação de vídeo – durante anos marcas pagaram pela inserção de produto em filmes ou séries de TV, algumas mais sutilmente do que outras. Mas diversas marcas visionárias enxergaram o potencial de criar uma programação original de vídeo que não só engaja o consumidor numa troca com valor agregado, mas também coloca seus produtos no centro da ação.

A BMW é uma marca que adotou o longa-metragem relativamente cedo e com muito sucesso em sua aliança estratégica com a franquia James Bond. Ser o carro oficial da série ajudou a marca a permanecer como *top of mind* e ganhar admiração. Um acordo para três filmes promoveu sucessivamente os modelo novos Z3 (*007 Contra GoldenEye*, 1995), 750i (*O Amanhã nunca morre*, 1997) e Z8 (*O Mundo não é o bastante*, 1999). Mas reza a lenda que, quando seu contrato de inserção de produto expirou em 1999, a BMW não conseguiu bancar a exorbitante oferta feita pela Ford para renovar o contrato.

Depois que seu produto foi endossado durante um período de quatro anos por ninguém menos que 007, o que você faz para ter *bis*?

A BMW tomou a sábia decisão de capitalizar na plataforma "sexy", repleta de ação, que cultivou cuidadosamente com as inserções Bond, criando uma série de oito curtas-metragens, chamada *The Hire*, exclusivamente para Internet, em 2001. Os curtas foram dirigidos por talentos renomados como John Frankenheimer, Ang Lee e Guy Ritchie e estrelados por atores famosos como Stellan Skarsgard, Don Cheadle e Gary Oldman. E embora a trama e o elenco sejam diferentes em cada filme, o herói Clive Owen é uma constante, no papel de um motorista que ajuda as pessoas a saírem de situações difíceis, graças principalmente ao fato de dirigir habilmente um – o que mais poderia ser? – *The Ultimate Driving Machine* [A Máquina de Dirigir Definitiva].

Durantes os quatro meses seguintes ao lançamento, os filmes foram assistidos mais de *11 milhões* de vezes, o que é particularmente significativo visto que isso foi em 2001, muito antes do YouTube e da alta penetração da banda larga. Como resultado, as vendas da BMW aumentaram 12,5% num único ano e ultrapassaram a marca das 200 mil vendas em um ano pela primeira vez na história da companhia. A BMW continuou a série com temporadas em 2002 e 2003 com resultados semelhantes, assistidas 100 milhões de vezes em quatro anos.[1]

> *Marcas, serviços e estratégias de marketing inferiores não receberão atenção e irão desaparecer, enquanto marcas com maneiras mais relevantes e significativas de conexão com os clientes prevalecerão.*
>
> — DAVE ARMANO, SÓCIO MAJORITÁRIO, DACHIS CORP.

A Coca-Cola é outra marca que fez história por seu compromisso com conteúdo em vídeo com valor agregado. Conquistando para a empresa a maior pontuação já alcançada em pilotos de comercial para TV, "Fábrica de Felicidade" começou como uma animação de 60 segundos apresentada no Super Bowl de 2007. Ela revelava um mundo de fantasia oculto em cada máquina de Coca-Cola que ganhava vida quando você colocava a moeda e fazia sua seleção. Personagens psicodélicos, tais como um esquadrão de helicópteros "Chinoinks", carregavam uma garrafa para ser enchida e "bolas de pelúcia" com uma boca imensa beijavam a garrafa já cheia em despedida. Por causa da popularidade do comercial, a empresa decidiu mais adiante naquele ano ir além dos limites de um comercial de TV e ampliar a história. Foi desenvolvido um filme de 3 minutos e 30 segundos para ser veiculado tanto nos *trailers* do cinema como on-line.

As pessoas amaram, e também mídias como a revista *Time* que escreveu: "Com uma trama de verdade, personagens cativantes e uma animação 3-D espetacular, esta propaganda de refrigerante parece mais um curta da Pixar do que um comercial. Os anúncios veiculados nos cinemas são reservados ao alto padrão, mas este merece ser exibido com tudo o que Hollywood tem a oferecer".

Assim como os filmes da BMW, "Fábrica da Felicidade" foi visto mais de 100 milhões de vezes – e continua – desde dezembro de 2007. Por quê? Porque criou uma experiência com valor agregado para os espectadores – especialmente quando *escolhem* assistir on-line ou estão *prontos* para uma experiência no estilo longa-metragem no cinema. Porque houve uma diversão genuína, as pessoas riram, sorriram e desenvolveram uma conexão mais estreita com a marca. Quando você vende xarope com água gaseificada, é aconselhável sua marca entregar algo mais; risos e sorrisos são um benefício de alto nível que a Coca-Cola e outras marcas semelhantes devem oferecer.

Além do vídeo no formato longo, existe o vídeo viral, que pode ganhar o engajamento e o compartilhamento entre consumidores e impulsionar os resultados para os profissionais de marketing. Num mundo de ritmo acelerado e períodos curtos de atenção, adoramos o entretenimento expresso, e a Internet oferece um portal ilimitado para assistir e compartilhar. Para os profissionais de marketing, o vídeo viral pode custar pouco dinheiro e tempo e resultar num enorme boca a boca e num considerável aumento nas vendas.

Mas isso se funcionar. Cada um de nós daria tudo para replicar o sucesso do vídeo "Evolution" da Dove, que foi assistido mais de 500 milhões de vezes, ganhou o Grand Prix de Cannes e transformou uma marca em declínio no marco de um movimento. Muitos profissionais de marketing até fariam um acordo por um sucesso como o vídeo viral do Ray-Ban de um homem apanhando um óculos de sol com o rosto. O vídeo registrou 4 milhões de visitas no YouTube e ajudou o fabricante dos Wayfarers a voltar à moda de novo. Entretanto, para cada sucesso do

Ray-Ban ou do Dove, existem incontáveis fracassos que nunca vemos, ou – pior – os assim chamados sucessos que falham em obter reconhecimento de marca ou resultados de vendas.

Considere o Sunsilk, por exemplo, uma marca da Unilever que lançou um vídeo de seis minutos chamado "Bride Has a Massive Hair Wig Out" no YouTube em 18 de janeiro de 2007 – uma filmagem presumivelmente "real" mostra uma noiva no dia de seu casamento tendo um ataque de nervos e cortando o cabelo na frente do espelho num quarto de hotel. Foi extremamente bem-sucedido em termos de vídeo viral, acumulando 12 milhões de visitas no YouTube e muita especulação sobre se era real ou uma farsa.

Mas a maior parte dos visitantes não tinha ideia de que o vídeo era do Sunsilk – tampouco, pelo que parece, o *Good Morning America*, pois deixou de mencionar a marca em seus comentários sobre os atores. E mesmo que as pessoas soubessem, não houve uma associação relevante com o produto ou com seus benefícios, portanto seu potencial positivo foi perdido.

Para atingir sucesso com vídeos virais, é necessário ter algo realmente extraordinário, e isso, devido à natureza do meio, é raro. As pessoas estão cada vez mais atentas sobre vídeos que tentam esconder as verdadeiras intenções marqueteiras. E mesmo quando um vídeo relacionado a marketing atrai atenção verdadeira, isso não significa que renderá frutos para seu negócio. A seguir estão algumas regras práticas para marcas e agências:

1. *Não comece se não está disposto a assumir riscos.* Todo vídeo viral de sucesso extrapola algum limite, seja legal ou de diretriz de marca. Obtenha de antemão o suporte que precisa das pessoas certas.

2. *Atenha-se a um orçamento de produção modesto.* Não quebre a banca – lembre-se: as chances são pequenas. E um custo baixo de produção valoriza a legitimidade do anúncio – em outras palavras, você terá uma resposta melhor das pessoas se seu vídeo não cheirar a esperteza.

3. *Integre sua marca da maneira mais sutil possível.* Se não conseguir de alguma maneira incluir sua marca na ação, então será um

CONEXÕES COM VALOR AGREGADO **115**

esforço perdido. Mas lembre-se de fazer isso com sutileza, ou será apedrejado pelas redes sociais por tentar invadir o espaço sagrado delas com propaganda.

Um exemplo perfeito de um sucesso viral fenomenal são os vídeos "Will it Blend?" [Será que Bate?] da Blendtec. Em meados de 2000, a Blendtec, um player pequeno na categoria de liquidificadores sofisticados sediado em Utah (com apenas US$ 40 milhões de receita anual de vendas e *nenhum departamento de marketing*), precisava se destacar num mercado estagnado e indiferenciado. Contratou George Wright como seu primeiro diretor de marketing em janeiro de 2006. Pouco depois de chegar à empresa com 186 funcionários, Wright dava uma olhada no laboratório de testes quando viu montes de serragem sobre a bancada. "Não podia imaginar por quê", contou Wright ao *Wall Street Journal*.[2] "Então perguntei para as pessoas 'O que está acontecendo?'. E elas responderam 'Ah, isso é só o Tom [Dickson, CEO da Blendtec] testando os liquidificadores', como se isso fosse algo normal, corriqueiro. E para mim, um indicador desses já dizia tudo. 'Não, isso não é uma coisa corriqueira. Liquidificadores simplesmente não batem pedaços de madeira... quero filmar isso'."

A Blendtec gastou US$ 50 filmando os primeiros vídeos, que apresentavam Dickson trajando um avental branco e óculos de segurança, pulverizando objetos tão díspares quanto um frango assado, bolinhas de gude e um rastelo de jardim. Enviados para o YouTube e para sites como digg.com, os vídeos "Will it Blend?" receberam 6 milhões de visitas na primeira semana, que escalaram para centenas de milhões desde então e geraram inúmeras paródias e imitações. Ainda mais significativo, as vendas aumentaram 43% só no primeiro ano conforme as pessoas descobriam essa marca praticamente desconhecida e percebiam que se um liquidificador Blendtec podia bater a haste de um rastelo, não teria problemas em triturar gelo para margaritas.

Então por que este vídeo viral deu tão certo – enquanto outros simplesmente não dão? A Blendtec fez três coisas brilhantemente. Primeiro, assegurou que o produto estivesse totalmente integrado ao viral – afinal é um demo de produto! E embora sua abordagem não tenha sido sutil, a marca foi inteligente o bastante de não levar a si (ou o vídeo) muito a sério. Não era uma promoção de vendas, era mas mais como um show de jogos da década de 70, completado com uma música tema retrô e um logo. É isso que as pessoas achavam divertido. Segundo, o custo muito baixo da produção foi financeiramente prudente e atraente para os espectadores de uma forma humorística. E por fim, a Blendtec assumiu riscos com seu produto e sua marca – não há dúvida de que em algum lugar na empresa, alguém disse – "Será que não estamos mandando a mensagem errada? Não queremos que as pessoas triturem bolas de gude em nossos liquidificadores!". Mas a Blendtec acreditou na capacidade dos consumidores de enxergarem o lado cômico do vídeo e de propagarem sua mensagem de durabilidade, e foi muito bem-sucedida.

> *Os clientes não estão dizendo "Façam anúncios para nós" ou "Façam sites para nós". Eles estão dizendo, "Criem uma interação entre nossa marca e os consumidores.*
>
> — ROBERT RASMUSSENM DIRETOR-EXECUTIVO DE
> CRIAÇÃO PARA A NIKE, R/GA

Além do Pong: a Próxima Evolução dos Games

Os jogos são uma diversão muito mais antiga do que o vídeo ou outras formas de encenação e representam uma oportunidade emergente para marcas que buscam maneiras divertidas de conectar-se com valor. De jogos simples de palavras a on-line de RPG com múltiplos jogadores massivamente, somos atraídos para os jogos porque eles oferecem desafios competitivos, descobertas e aprimoramento de habilidades, engajando-nos tanto mental quanto fisicamente. Dados recentes divulgados pelos institutos IGN Entertainment e Ipsos Media CT podem mudar sua percepção estereotipada do jogador como um adolescente preguiçoso – a pesquisa deles mostra que 55% dos jogadores são casados e 48% têm filhos, e que ganham em média US$ 79 mil ao ano (comparado aos US$ 54 mil dos não jogadores). E as mulheres também estão entre os jogadores de video-

CONEXÕES COM VALOR AGREGADO　　**117**

games – um estudo conduzido pela Associação de Consumidores de Eletrônicos em abril de 2006 mostrou que 65% das mulheres num grupo de faixa etária de 25 a 34 anos (que tantos profissionais de marketing consideram seu alvo ideal) também jogam ativamente.[3] Obviamente, esta é outra área onde o digital é um grande possibilitador. Um dos tipos mais populares de videogames é o que os entendidos chamam de "diversão light" – games que, por exemplo, proporcionam para as pessoas um intervalo rápido durante o trabalho.

A Wrigley é uma marca que capitalizou com seu site de games Candystand há mais de 10 anos. Um destino grátis, divertido, baseado em flash que oferece de tudo, desde games clássicos do tipo fliperama a jogos de esportes, bilhar, cartas, leva adiante a missão da Wrigley de "tecer sua marca no tecido do dia a dia", e está em perfeita harmonia com os produtos da marca, oferecendo alguns minutos de descanso no dia das pessoas.

E, surpreendentemente, faz parte do dia de muitas pessoas. Segundo a Wrigley, 10 milhões de pessoas gastam em média 30 minutos no site todo mês. Um estudo de caso citado pela *Advertising Age*[4] mostra que o site fez a marca de balas Life Savers crescer mais de 15% em dois anos. Agora também é uma plataforma que a Wrigley pode usar para aumentar o reconhecimento de novas marcas e dos produtos existentes. Além disso, o Candystand tornou-se uma fonte de renda para a Wrigley que ofereceu essa propriedade de mídia para outras entidades não concorrentes.

Em contraste à diversão light, engajamentos mais profundos oferecem aos consumidores experiências mais intensas com jogos, focadas na marca, como os advergames para Xbox do Burger King, discutidos no Capítulo 2. Numa associação incomum entre marketing com valor e marketing tradicional de sucesso, o Conselho de Processadores de Leite da Califórnia (CMPB) – os caras por trás da campanha "Got Milk?" – criou um jogo on-line de realidade virtual chamado *Get the Glass* [Pegue o Copo].

Embora a campanha "Got Milk?" seja uma das mais reconhecidas e bem-sucedidas da TV e impressa tanto em termos de criatividade e de resultado de vendas, em 2006, o CMPB viu a oportunidade de se conectar com mais significado com os clientes por meio do entretenimento em realidade virtual. *Get the Glass* é um jogo on-line de tabuleiro tridimensional em que jogadores tentam levar a família Adachi, formada por pessoas com problemas de saúde por falta de cálcio, vitamina D, até o Forte Geladeira, onde podem – finalmente! – tomar um copo de leite.

Get the Glass apresenta um mundo virtual incrivelmente detalhado que compete com alguns dos melhores games disponíveis, sendo altamente elogiado e bem classificado por alguns dos críticos mais criteriosos do jayisgames.com. Por essas razões, é especialmente atraente para os mais jovens a quem os produtores de leite esperam conquistar, prometendo vendas infindáveis. Seis semanas depois do lançamento, 6 milhões de pessoas haviam visitado o site, com 650 mil tendo chegado ao copo no Forte Geladeira, e um adicional de 38 milhões de litros de leite vendidos, em comparação com as vendas no mesmo período do ano anterior.[5]

Por fim, outras marcas obtiveram sucesso com o posicionamento de produto em games populares criados por terceiros. *Guitar Hero* e *Rock Band*, por exemplo, oferecem grátis músicas de álbuns novos; cantores novos ávidos por exposição estão oferecendo aos donos de games versões gratuitas ou a um preço reduzido de suas músicas para aumentar a divulgação entre esses amantes da música conectados. E funciona – Ben Kuchera, que escreve para o site Ars Technica, monitorou as vendas de novas faixas das bandas populares The Strokes e Slipknot e descobriu que "na semana em que *Guitar Hero III* foi lançado 'Reptilia' [The Strokes] vendeu 127% mais cópias digitais do que havia vendido na semana anterior. Este número permaneceu alto na semana seguinte também... A história foi a mesma para a faixa 'Before I Forget' do Slipknot. Essa música saltou 75% na semana ao lançamento do game, e impressionantes 140% na semana seguinte". Kuchera concluiu: "Ficou evidente que incluir sua música num jogo *Guitar Hero* significa aumento de vendas para selos e bandas".[6]

> *A função da agência não é interromper mas criar conteúdo que seja tão entretenedor... valioso e útil que as pessoas não queiram viver sem ele.*
>
> — JEFF HICKS, CEO, CRISPIN PORTER + BOGUSKY

Até Mesmo as Marcas que Vendem Entretenimento Devem Entreter

Algumas marcas simplesmente são mais adequadas para marketing de entretenimento do que outras, e marcas de entretenimento estão entre essas mais adequadas. Sim, até mesmo marcas que vendem entretenimento devem pensar sobre como bem entreter clientes potenciais com seu marketing para poderem se conectar com eles de uma maneira com mais valor. Em 2007, em face à queda dos níveis de audiência e a pontuação na TV, a Liga Nacional de Hockey teve uma ideia de Marketing com Valor *Agregado* que aumentaria o interesse e a cobertura da mídia: uma partida rara da temporada regular de hóquei no gelo. Em 1º de janeiro de 2008, ela lançou o "The Winter Classic", uma partida entre os Buffalo Sabres e os Pittsburgh Penguins em um ringue montado num estádio de futebol americano ao ar livre, completadada com neve e vento. Para as pessoas que cresceram jogando hóquei, o ar gelado e o arranhado das lâminas sobre o lago congelado desencadearam lembranças do jogo na sua forma mais pura e espontânea. Para os fãs de esportes, a novidade de um jogo ao ar livre foi uma alternativa bem-vinda para os jogos consecutivos de futebol americano do fim da temporada. É claro, não doeu que a partida tenha ido para prorrogação com morte súbita e shootout (disputa de pênaltis), no qual a estrela dos Penguins, Sidney Crosby, marcou o gol da vitória.

Do ponto de vista de resultados, a experiência foi um grande sucesso – a NHL obteve um comparecimento recorde (mais de 70 mil pessoas), assim como sua maior audiência na TV desde 1996. E houve uma cobertura significativa do evento na mídia, convencendo a liga a agendar um *bis*, em 1º de janeiro de 2009, entre os Detroit Red Wings e os Chicago Blackhawks nas "premissas amistosas" do Wrigley Filed. O Detroit venceu os Hawks por 6 a 4 frente a mais uma multidão animada e a maior audiência da TV para uma partida da temporada regular de hóquei em quase 13 anos. Até ultrapassou em 12% a pontuação do ano anterior.

MARKETING COM VALOR *AGREGADO*

Marcas que estão naturalmente associadas à diversão e moda são outro gênero que podem maximizar com mais facilidade a conexão com entretenimento. A Red Bull é um excelente exemplo. Alguém poderia argumentar que a companhia se posicionou como uma empresa de eventos que, por acaso, vende uma bebida gaseificada – visto que promove experiências em centenas de eventos ao redor do mundo. A Red Bull não é um mero patrocinador apenas no nome; pelo contrário, a empresa busca assumir um papel de liderança nos eventos e entre os atletas com quem trabalha, para controlar melhor a experiência com a marca. A Red Bull possui sua própria equipe de corrida F1 e NASCAR; comprou times profissionais de futebol na Áustria, Estados Unidos e no Brasil; criou eventos originais como o Red Bull Flugtag e o Red Bull Soap Box Derby Race; e inclusive construiu um *halfpipe** num local remoto do Colorado para Shaun White, o astro do snowboard que patrocinou, para treinar novas manobras para a Olimpíada de Inverno de 2010.

A cerveja Speight é um outro ótimo exemplo, que ilustra como uma marca pode ao mesmo tempo reavivar uma conexão com fãs de longa data *e* aumentar a conscientização entre aqueles que nunca haviam experimentado o produto antes. Se você nunca foi a South Island na Nova Zelândia, provavelmente não ouviu falar da cerveja Speight, mas segundo a lenda do marketing, depois que a marca soube que os concidadãos Kiwis no Reino Unido sentiam falta de sua Speight, lançou o "Speight's Great Beer Delivery", no qual uma cervejaria Speight em funcionamento foi presa ao deck de um navio cargueiro. Cerca de 100 mil neozelandeses inscreveram-se para acompanhar on-line o navio numa viagem de 24 mil quilômetros para Samoa, Panamá, Bahamas e Nova York antes de atracar em Londres para ser recebido por milhares de fãs extasiados – e sedentos – que acompanharam seu avanço on-line e nos jornais durante semanas. A Speight não só acumulou milhões de dólares em RP, mas reconquistou sua liderança em participação no mercado neozelandês e impulsionou um "aumento de dois dígitos em Adoração de Marca... enquanto em outras cervejas conceituadas caiu". Além disso, impulsionou uma nova distribuição e vendas no Reino Unido.

---

* O *halfpipe* é uma estrutura em forma de U destinada à prática de esportes radicais, como skate, snowboarding, ski, patinação etc. (N. T.)

CONEXÕES COM VALOR AGREGADO **121**

Seria uma atitude inteligente para marcas que buscam conectar-se com os jovens considerar o entretenimento como um meio de conquistar o engajamento desses consumidor com a marca, visto que música e cinema são parte significativa da vida deles.

A Toyota é uma marca que há muito é considerada como um modelo de segurança, confiabilidade e de sólido investimento automotivo de longo prazo. Talvez, como resultado disso, ela descobriu que estava perdendo seu atrativo para os jovens compradores de modelos do segmento econômico, e que a idade média do comprador tradicional havia subido para 54 anos.

Para mudar esta tendência, em 2003, a empresa decidiu lançar um novo modelo neste segmento sob a marca Scion. Direcionada para uma faixa etária entre 18 a 24 anos – o público mais jovem no qual uma montadora já focou seu marketing –, a Toyota percebeu que por ser, justamente, esta a primeira geração que "não quer ser alvo de ações de marketing", teve de trabalhar mais duro para ajudar esses consumidores a "descobrirem" o Scion sozinhos.

A estratégia foi de absolutamente não usar marketing de massa (isso mesmo, nada de TV, rádio ou mídia impressa), mas em vez disso entregar sua mensagem por meio de eventos exclusivos que foram escolhidos a dedo porque pareciam especiais e misteriosos. Em mercados definidores de tendências como Los Angeles e Nova York, o Scion patrocinou, criou e distribuiu CDs em eventos em galerias de arte, estreias de filmes independentes e *raves*, com excelentes resultados. Esta atividade modesta mas significativa tornou o Scion o lançamento mais bem-sucedido de uma marca nova na história automotiva da America do Norte, crescendo de zero vendas para 170 mil carros em menos de quatro anos. É particularmente interessante notar que a idade média de um comprador do Scion é 30 anos, uma faixa etária baixa no setor, o que ajuda a diminuir a média de idade dos clientes da Toyota, também.

A Healthy Choice, uma marca da ConAgra e cliente da Bridge Worldwide, deparou-se com um desafio semelhante ao da Toyota no sentido de que seus principais usuários costumam ser ocupados, inclinados a hábitos saudáveis e com mais de 40 anos. Na verdade, a marca foi inventada pelo CEO da ConAgra, Charles "Mike" Harper, que sofreu um infarto aos 58 anos. Forçado a mudar sua dieta drasticamente, ele sentiu-se desanimado com o que encontrou nos supermercados e direcionou a empresa para criar uma linha de produtos.

A despeito de seu sucesso, a marca viu uma oportunidade de atingir um público na faixa dos 30 anos que está em busca de alimentos saudáveis com paladar, mas que frequentemente come com pressa. Em 2008, lançou a inovadora e mais relevante Healthy Choice Fresh Mixers (com pratos como frango agridoce e rotini em molho matinara), uma linha de refeições saudáveis de alta qualidade e paladar excepcional que não requer refrigeração.

Em nossa pesquisa dirigida a este alvo mais jovem, constatamos que muitas dessas pessoas trabalham em escritórios, e que 60% delas normalmente almoçam lá mesmo, em suas mesas. Enquanto comem, fazem um pequeno intervalo e relaxam desfrutando de um "tempo para mim" on-line. Vimos uma oportunidade de conexão com este público durante neste tempo. Criamos o primeiro programa de comédia transmitido ao vivo pela web, com participação ativa da audiência. Chamado de *Working Lunch*, em tradução livre "almoço de trabalho", este veículo de entretenimento do tamanho de um lanche é uma combinação dos seriados *The Office* com *Whose Line Is It Anyway?* Ele oferece aos visitantes um show imprevisível de comédia ao vivo e a oportunidade de interagir diretamente e quase que instantaneamente através de pesquisas de opinião e propondo tópicos de reuniões.

O Working Lunch foi desenvolvido com o MSN e transmitido ao vivo durante duas semanas em novembro de 2008 e novamente durante duas semanas em janeiro de 2009. Estendemos a experiência gravando toda a ação e criando os melhores clipes, que podem ser facilmente compartilhados com o apoio do MSN. Em termos de audiência, superamos nossa meta total de 3 milhões de visitantes únicos em apenas três semanas e alcançamos 5 milhões de visitantes até o momento.

Ao posicionar a marca Healthy Choice Fresh Mixers como patrocinadora deste conceito de entretenimento e salpicar uma boa porção de inserção de produto durante o programa, criamos uma associação positiva e um envolvimento emocional com o produto que está ganhando atenção e ajudou a linha Fresh Mixers a atingir uma forte distribuição no varejo e vendas.

> *Vejo um futuro em que a propaganda se torna um conceito muito diferente. Torna-se uma questão não mais de dizer, mas de fazer. Não de contar, mas de ser.*
>
> CINDY GALLOP, EMPREENDEDORA DE MARKETING

"Crie Experiência"

Entretenimento é apenas uma maneira com a qual as marcas podem criar conexões com valor para os clientes. Criar uma experiência é outra, e duas forças principais estão compelindo os profissionais de marketing a capitalizar neste nicho ainda novo.

Primeiro, há a crescente necessidade de diferenciação em praticamente todas categorias. Especialmente nesses momentos de crise econômica, grifes estão sob grande pressão para provar seu mérito frente à alta qualidade e ao preço baixo das outras marcas. A tecnologia deu poder aos consumidores motivados para pesquisar extensivamente se uma HDTV da Sony realmente vale US$ 500 a mais que uma VIZIO. Mas ao criar uma experiência para o consumidor por meio de seu marketing, as marcas podem entregar mais valor neste ambiente competitivo. Segundo, embora não pareça no momento, as pessoas ao redor do mundo estão ganhando afluência e estão cada vez mais voltadas para experiências que enriquecem suas vidas, em vez de simplesmente suprir uma necessidade básica.

Em *The Experience Economy*, Joseph Pine e James Gilmore sugerem que "empresas promovem uma experiência sempre que engajam os clientes, conectando-se com eles de uma maneira pessoal e memorável". Eles ressaltam o exemplo do café, que migrou de uma infusão caseira de US$ 0,01 para uma bebida de US$ 1 que complementa o jantar, para uma experiência *mocha skim latte* de US$ 5 em uma mesa aconchegante do Starbucks. Ao subir os degraus de produto, para serviço, para experiência, as marcas podem ganhar lucros adicionais e superioridade competitiva.

Uma pesquisa recente conduzida por Ryan Howell, professor assistente de psicologia da San Francisco State University, sugere que a felicidade criada por se comprar um objeto desaparece conforme as pessoas se acostumam a tê-lo por perto, mas que as experiências continuam a proporcionar felicidade por um período mais longo de tempo por meio das lembranças. Howell constatou que as experiências são mais valorizadas porque elas envolvem um vínculo social (uma fonte de prazer adicional) e proporcionam para as pessoas um senso maior de "estar vivo", tanto durante a experiência como ao relembrá-la.

Alguns visionários afirmam que estamos nos aproximando de uma "sociedade pós-consumo", em que o impulso por comprar mais que o vizinho será substituído pelo desejo de reunir experiências pessoais memoráveis, variando de uma refeição num restaurante de luxo a viajar pelo espaço. Outros sugerem que numa economia em recessão, as pessoas buscam experiências porque estas proporcionam uma fuga temporária da realidade. De um modo ou de outro, as possibilidades para oferecer experiências (e expandir a empresa por meio delas) são praticamente ilimitadas. A seguir estão algumas das mais comuns – e bem-sucedidas.

Transforme Sua Marca Em Uma Atração Turística

Na economia com experiência, você para numa loja para comprar, digamos, um rolo de toalhas de papel, mas visita um *branded destination* para desfrutar de uma *imersão total na experiência de marca*. Sim, o objetivo de um *branded destination* continua sendo vender, mas se a experiência for memorável e satisfatória o produto essencialmente se vende sozinho.

A loja da Apple proporciona um exemplo de uma experiência de compra de marca de arrasar. Em 2000, Steve Jobs contratou Ron Johnson, que chegou como vice-presidente de varejo depois de 16 anos na rede Target, para criar uma experiência de varejo na Apple. Segundo o *New York Times*, quando Jobs disse a Johnson "A Apple é uma das maiores marcas do mundo", Johnson respondeu "[Então] a Apple precisa de lojas que devem ser tão grandes e espaçosas, uma personificação física da marca".[7]

"As lojas da Apple estão vendendo experiências digitais, não produtos", disse Ted Schadler, um analista da *Forrester Research*, naquele mesmo artigo. Como cerca da metade das pessoas que estão comprando Macs nas lojas da Apple são ex-usuários de PCs, faz perfeito sentido "oferecer ajuda grátis sobre como usar computadores Mac, iPods, software e acessórios de terceiros como câmeras digitais". A partir de meados de 2008, a Apple começou a adicionar mais "concierges" em suas lojas para receber e orientar os compradores. Como Pete Blackshaw, vice-presidente executivo da Nielsen Online Digital Strategic Services, escreveu na *Advertising Age* sobre sua primeira experiência em uma loja da Apple: "As coisas antes consideradas o lado obscuro da Apple, como suporte técnico, estão na eminência de se tornarem ativos estratégicos com o Genius Bar repleto de geeks gênios capazes de tratar de praticamente qualquer dúvida que você tenha. E o processo de planejar essa integração é mais parecido com agendar um corte de cabelo ou um tratamento em um spa do que ligar para algum daqueles inacessíveis suportes técnicos".[8]

O objetivo, claramente, não é apenas a venda, mas o serviço; os atendentes não são apenas entendidos no assunto, são entusiasmados e os clientes tornam-se adeptos. E as vendas com certeza acompanharam a satisfação – no trimestre financeiro terminando em março de 2008, as vendas nas lojas da Apple saltaram 74% para cerca de US$ 1,5 bilhão, com receita média por loja alcançando US$ 7,1 milhões, 48% acima do ano anterior, e o lucro operacional do trimestre mais que dobrou para US$ 334 milhões.[9]

Assim como a loja conceito da Apple, a loja conceito da Abercrombie & Fitc (A&F) em Nova York está localizada na quinta avenida ao lado de dezenas de outras, cujo espaço, arquitetura e decoração tendem a ser mais inspiradas no marketing do que em vendas propriamente ditas. A A&F, marca de longa data associada a cintura baixa, camisetas gastas e a modelos adolescentes esqueléticos e altos, sarados e com cabelo por lavar, não é exceção. Com filas virando o quarteirão para entrar, a loja de quatro andares tem o clima de um loft transado ou de uma balada, além de música alta e uma equipe de vendedores bonitos, e foi criada para que os clientes pudessem se conectar com a marca e experimentassem a identidade da marca imediatamente (sim, você pode tirar uma foto com um modelo). E embora a estética seja mais voltada para o marketing do que para as vendas, este ponto de venda registra as maiores vendas de qualquer loja da cadeia.

> *Não tem a ver com a mídia, tem a ver com o marketing.*
>
> — NICK BRIEN, CEO, UNIVERSAL MCCANN

A loja M&M World na Times Square; a Hershey´s Chocolat World em Hershey, Pensilvânia; a Crayola Factory Museum em Easton, Pensilvânia e a Cidade dos Creais Kellogg´s em Battle Creek, Michigan, oferecem outras experiências únicas de loja. Em virtude do sucesso destes tipos de destino, muitas outras empresas lendárias transformaram suas marcas em atrações turísticas. Principalmente pelo boca a boca, o Museu Heineken em Amsterdã é uma das principais atrações da cidade para jovens mochileiros – juntamente com a casa de Anne Frank, o Museu do Sexo e o bar Grasshopper –, atraindo 500 mil visitantes pagantes por ano. Embora sua popularidade talvez ser deva ao fato de que no preço da entrada estão incluídos vários copos de cerveja, a experiência permite que vários daqueles relativamente novatos no consumo da bebida se conectem pessoalmente com a marca ("Nunca me esquecerei da primeira vez que tomei uma Heine... foi na minha viagem a Amsterdã...") e naturalmente perpetuem o boca a boca, por proporcionar a eles uma história memorável para compartilhar com amigos (isto é, se lembrarem dela).[10]

Seu orçamento é menor do que uma loja conceito na Quinta Avenida requer? Ou você prefere primeiro colocar o dedão nessas águas de *branding* antes de mergulhar de cabeça? Experimente uma loja pop-up. Este conceito emergente de marketing envolve criar um ponto de venda temporário independente para sua marca. É uma excelente oportunidade para as pessoas experimentarem seu produto ou serviço num ambiente pessoal, controlado, uma maneira menos custosa de envolvê-las numa experiência de marca mais profunda e um modo certeiro para ganhar cobertura sem custo da mídia e boca a boca.

Por exemplo, havia o Meow Mix Café localizado na Quinta Avenida esquina com a rua 42. Era um lugar onde as pessoas podiam levar seus gatos para experimentarem a ração Meow Mix Wet Food Pouches, brincar e socializar. Embora custasse US$ 150 mil, o CEO Richard Thompson alega que houve um aumento nas vendas de *US$ 50 milhões* em 2005.[11]

Durante seis semanas no outono de 2007, a Delta alugou cerca de 1.000 m² no número 101 Oeste da rua 57 para criar o SKY360 Lounge, um lugar para engajar diretamente os viajantes, oferecendo a oportunidade de experimentarem os novos assentos de couro da classe econômica e itens do menu criado pelo Chef Todd English. Para promover o espaço, a Delta enviou 400 mil e-mails a clientes que moram ou vêm frequentemente a Nova York; aqueles que imprimiram o convite on-line também ganharam um passe de um dia para visitar um Crown Room Club, o *lounge* de associados do programa de milhagem da companhia. Segundo o porta-voz da Delta Andy McDill, "A Delta tem promovido uma série de mudanças nos últimos anos... isso nos dá a oportunidade de mostrar o melhor da nova Delta. É uma oportunidade para nos engajarmos com nossos clientes fora do aeroporto".

Aumente a Satisfação do Consumidor Mesclando Desenvolvimento de Produto e Marketing

Outra maneira de criar uma experiência de marketing inesquecível para as pessoas é deliberadamente ofuscar a linha que separa seu produto de sua mensagem – essencialmente, criar um marketing que é tão intrínseco ao prazer do consumidor com o produto e que melhore tão consideravelmente a vida dele que o marketing se torna tão valioso quanto a compra. Como Jeff Hicks, CEO da Crispin Porter + Bogusky, colocou: "Pensamos que o futuro da propaganda são produtos excelentes que têm o marketing incorporado neles. A função da agência de publicidade não é interromper, mas criar conteúdo que entretenha. Deve ser um conteúdo tão valioso e útil que as pessoas não queiram mais viver sem ele".[12] As pessoas de um modo geral não só pagarão mais pelo produto, mas isso ajuda a diferenciar sua marca da concorrência e estimula a fidelidade.

O Nike+ oferece um exemplo excelente (e literal) de marketing incorporado. Lançado em 2006 sem um suporte significativo de publicidade, o sistema Nike+ utiliza um sensor colocado no tênis para transmitir informações sobre sua velocidade, tempo, distância percorrida e calorias queimadas para outro sensor, conectado a um iPod. Quando você sincroniza seu iPod, essas informações são carregadas no site do Nike+.

Corredores dedicados sempre gostaram de registrar suas corridas em um diário e avaliar seu progresso ao longo de meses e anos, mas as pessoas parecem *realmente* gostar de ver essas informações on-line – 30% dos usuários do Nike+ voltam ao site três ou mais vezes por semana, um sucesso sem precedentes para um site de marketing. A Nike estimula o sucesso premiando 100, 500 e 1000 milhas registradas com "distintivos" exibidos em sua home page pessoal. Oferece trilhas sonoras motivacionais que você pode baixar, assim como programas de orientação e treinamento que o ajudam a preparar-se para correr uma maratona de 10 km. Os usuários podem inclusive fazer desafios personalizados para si e para seus amigos para tornar a corrida mais recompensadora. A ferramenta de desafios também permite fazer comentários provocativos, que, é claro, se somam à diversão.

Nick Law, diretor-executivo de criação na agência R/GA, que criou o programa para a Nike, afirma: "Enquanto a maioria das iniciativas foca em atrair o consumidor a fechar uma compra, o Nike+ continua a engajar o consumidor muito depois de a transação ter ocorrido, mantendo os corredores motivados e conectados entre si e com a marca. As pessoas estão começando a esperar mais de uma marca do que uma narrativa astuta, e o Nike+ redefine como uma marca pode atingir seu público ao proporcionar experiências significativas.[13]

> *O desempenho da Nike, assim como de qualquer outra empresa global, no século XXI, será medido tanto por seu impacto na qualidade de vida como pelo aumento na receita e nas margens de lucro.*
>
> PHILL KNIGHT, PRESIDENTE, NIKE

Outras marcas, como a miCoach da Adidas, que chegou em abril de 2009, buscam capitalizar o sucesso da Nike, lançando sistemas similares – mas como os membros do Nike+ haviam corrido mais de 100 milhões de milhas no final de 2008, a Nike estava literalmente 100 milhões de milhas na frente de seus competidores, e mostrou isso em suas vendas. Ao longo de 2008, a Nike vendeu 1,3 milhões de kits esportivos Nike+ iPod e 500 mil Nike+ SportBands a US$ 59 cada, num total de US$

56 milhões – sem mencionar o fato de que a fatia da Nike na torta de calçados de corrida subiu de 48% em 2006 para 61% em 2008. "Uma parte considerável deste crescimento vem do Nike+", diz Matt Powel, um analista da SportsOneSource, que avalia participação de mercado.[14]

A Samuel Adams, uma cervejaria de Boston, oferece outro excelente exemplo de marketing incorporado. Talvez nenhuma outra categoria de produto exemplifique melhor as conexões com valor do que a cerveja, visto que marcas de cerveja (e marcas de bebidas alcoólicas em geral) dependem da formação de laços pessoais com as pessoas que as consomem. Um marketing de cerveja excelente tem valor quando nos conecta mais intimamente com a marca e com outros que pensam como nós.

Em fevereiro de 2007, a Sam Adams apresentou um copo de cerveja que, por US$ 30 (um conjunto de quatro unidades), "enlevava a experiência de beber cerveja". Desenhado especificamente para maximizar a experiência de beber esta cerveja dourada, o conceito foi criado pelo fundador Kochjim, que imaginou se a taça podia fazer pela cerveja o que fez pelo vinho. "Queríamos criar um copo que oferecesse aos amantes da cerveja uma experiência sensorial completa que apresentasse o complexo equilíbrio entre o malte e os sabores das leveduras", diz Kochjim.

Após encontrar-se com Jean-Michel Valette (que comandava a vinícola Robert Mondavi e agora faz parte do conselho da Sam Adams), Kochjim reuniu centenas de copos para teste e iniciou uma análise de 300 páginas. Várias fabricantes de cristais mundialmente famosas foram convidadas a apresentar protótipos e a vencedora foi a Rastal da Alemanha, cujo copo oferecia várias características que aprimoravam a experiência aroma/paladar, incluindo uma borda angulada e acabamento a laser para garantir um suprimento contínuo de bolhas.

Segundo o representante de marketing da Sam Adams, os copos venderam "muito além das expectativas", provando que você pode aumentar a satisfação do cliente através do marketing incorporado ao ponto de eles, de fato, pagarem pelo privilégio de se tornarem defensores ultraleais da marca.

Já é bastante difícil para os profissionais de marketing venderem seus produtos e serviços – então imagine o desafio de não ter um pro-

> **Não há contar e vender que Duas marcas trabalhando juntas podem criar uma experiência mútua que beneficie a ambas e a seus clientes em comum. a cabeça feita de um consumidor satisfeito até que, ou a menos que, ele tenha experimentado uma verdadeira razão para mudar**

duto ou serviço para vender, e ter de descobrir um jeito de *vender o invisível*. No caso de, digamos, doações para caridade ou propaganda política, se você conseguir conectar uma experiência com o intangível, o que pode dar mais significado ao marketing, ajudará assim o consumidor a se engajar de maneira mais concreta com sua causa, seu candidato ou sua perspectiva, todos altamente conceituais por natureza.

Um dos casos mais originais deste tipo é o "Coin Operated Laboratory", da Multiple Esclerosis da Austrália. É uma peça teatral apresentada em grandes eventos e espaços públicos como shoppings. Dentro de uma redoma sobre uma urna de doações um cientista está sentado frente a uma bancada trabalhando com tubos de ensaio e outros equipamentos. Periodicamente, ele para de trabalhar e fica caído até que alguém deposite uma doação na urna, quando então se recompõe e continua a trabalhar. Esta personificação inteligente do intangível arrecada cerca de US$ 150 por hora dos passantes, porém mais importante, pela contextualização da experiência, ela deixa claro que doações são essenciais para financiar a pesquisa necessária para desenvolver um tratamento para uma doença atualmente incurável – a esclerose múltipla.

Blindekuh é um outro exemplo incomum deste princípio em ação. A palavra é o termo em alemão para "cabra-cega", e o "produto" é um restaurante que serve jantar no escuro absoluto. Por quê? Para dar aos que enxergam a oportunidade de experimentar como é não conseguir ver, aumentando a compreensão e o respeito pelas pessoas com deficiência visual e por suas necessidades. Criado em 1999, a equipe de funcionários do restaurante é composta por pessoas cegas ou com problemas de visão, e o espaço também é usado para eventos musicais, teatrais e literários. Trinta e uma mil pessoas visitam o Blindekuh por ano em Zurich (a empresa abriu um segundo em Basel); seu orçamento anual cres-

Se Não Consegue Vencê-Los, Crie Significado por Meio de Parcerias

ceu de, literalmente, nada para US$ 1,5 milhão com base em donativos e eventos.

Você consegue imaginar duas marcas diferentes trabalhando juntas no mundo do marketing de interrupção tradicional? Digamos, dividindo os custos e a criação de um comercial de 30 segundos para o Super Bowl? Isso seria improvável no velho mundo do marketing, mas não é tão incomum num mundo em que os profissionais de marketing estão lutando para criar mais significado e trabalhando juntos para criar uma experiência mútua que beneficie suas marcas e seus clientes em comum. Como você poderia esperar, esse vínculo experimental parece funcionar melhor quando as marcas têm um público-alvo comum e atributos de marca semelhantes.

Como um veículo para promover o filme *Os Simpsons* no verão de 2007, a 20th Century Fox e a rede de lojas de conveniência 7-Eleven fizeram exatamente isso com resultados fenomenais, utilizando um novo conceito chamado "posicionamento reverso de produto". Juntas, elas transformaram uma dúzia de lojas 7-Eleven nos Estados Unidos e no Canadá em Kwik-E-Marts, as lojas de conveniência do filme. O letreiro convencional vermelho, branco e verde do 7-Eleven foi substituído por um amarelo e ocre; a fachada das lojas foi pintada de amarelo e, talvez, o mais notável, os produtos Kwik-E-Marts, tais como as bebidas Squishee frozen drinks, os Sprinklicious donuts, a Buzz cola e o cereal Krusty O´s estavam disponíveis e foi difícil mantê-los em estoque: 4 mil donuts Sprinklicious eram vendidos a cada dia comparados aos usuais 100, e havia filas contínuas de clientes esperando para entrar nas lojas. (Quando foi a última vez que você viu uma fila para entrar na loja 7-Eleven perto de sua casa?)

Esta combinação de marketing não só foi um casamento perfeito para conquistar o interesse dos consumidores-chave do 7-Eleven/*Simpsons*, homens de 18 a 34 anos, como também resultou em milhares de novas histórias nos dias que antecederam da inauguração das lojas, e proporcionou ao 7-Eleven uma certa distinção que não desfrutava há um bom tempo. Como Bob Garfield escreveu em sua coluna da *Adverti-*

sing Age, "O verdadeiro crédito vai para o 7-Eleven por ter assumido um risco desta magnitude".[15] A verdade é que o 7-Eleven de início resistiu à ideia. Segundo Rita Bargerhuff, vice-presidente de marketing da empresa: " O posicionamento reverso de produto já havia sido cogitado em conversas anteriores, mas a hierarquia no 7-Eleven... nunca abraçou o conceito. Desta vez, no entanto, os profissionais de marketing do 7-Eleven votaram por eliminar a dúvida interna e inspirar os consumidores a olharem a marca de forma renovada". Claramente, a aposta compensou para o 7-Eleven. Ainda segundo Bargerhuff, "Tornou nossa marca relevante de novo. Tínhamos perdido parte disso com o tempo". E graças em parte a esta conexão com valor, o filme *Os Simpsons* acumulou impressionantes US$ 74 milhões em seu fim de semana de lançamento.

O TiVo e a Domino's fizeram uma parceria numa experiência inovadora semelhante, oferecendo aos expectadores a oportunidade de encomendar uma pizza e acompanhar a entrega pela televisão. Esse é um daqueles serviços inteligentes que ajuda o TiVo a se diferenciar dos (frequentemente grátis) DVRs e ajuda a explicar por que a fidelidade com o TiVo chega a 90%. Em vez de repassar o custo aos clientes, o TiVo cobra da Domino's pelo direito de oferecer este recurso a seus usuários. A Domino's se beneficia porque pode aumentar sua participação entre os assinantes do TiVo, que provavelmente devem ser consumidores intensivos de entrega de pizza, de modo que esta novidade torna a encomenda de pizza divertida e tão fácil que os clientes tendem a encomendar mais comida com mais frequência.

É claro, ambas as marcas se beneficiam da significativa cobertura gratuita de RP deste anúncio em veículos que vão desde o *The Wall Street Journal* ao blog de tecnologia Gizmodo. E ambas as marcas são vistas como visionárias e proativas, o que resulta em um impacto valioso em seus *equity scores* [valor da marca em comparação ao competidor].

Quando você não consegue vencê-los, geralmente pode juntar-se a eles – pense sobre outras marcas relevantes na vida de seus clientes e considere as sinergias que residem em uma parceria. Então pegue aquele BlackBerry e vá a luta. As chances são de que existam outros profissionais de marketing que também estão procurando ideias para criar uma experiência nova e com significado pela qual se conectar com os clientes.

"Ofereça Um Canal Para Criatividade"

Picasso certa vez disse, "Todas as crianças nascem artistas; o problema é continuarmos artistas quando crescemos".

Seja como palestrante em uma conferência TED* sobre educação ou como líder de uma força-tarefa governamental neste setor no Reino Unido, Sir Ken Robinson concorda, e ele tem a missão de transformar nossa sociedade em algo melhor nos estimulando a ensinar nossas crianças – e a nós mesmos – como desenvolver o poder inato do pensamento criativo. Ele acredita que "a criatividade não é exclusiva a atividades específicas; ela é possível sempre que a inteligência humana está ativamente engajada".[16]

O que isso tem a ver com marketing com valor? Bem, profissionais de marketing que podem ajudar as pessoas a revelarem sua criatividade latente podem gerar conexões poderosas com suas marcas e conquistar a lealdade acima da razão que é crítica para a lucratividade de longo prazo. Uma vez que você reconhece que as pessoas têm um desejo inato de criar e inventar, pode também ver que esta é uma maneira genuína de trazer um maior significado para a vida delas.

Façam Eles Mesmos a Propaganda

Uma das maneiras pelas quais os profissionais de marketing estão estimulando as pessoas a usar sua energia criativa em prol de uma marca é deixá-las experimentarem fazer o trabalho de marketing por eles. Tanto o Doritos quanto a Pringles, por exemplo, convidaram fãs a enviarem comerciais ou músicas originais em vídeo; a marca de tênis Converse recebeu mais de 1.500 ideias num concurso de comerciais durante dois anos; a Sony pediu a seus clientes para mandarem anúncios em vídeo para seus produtos Walkman e Handycam. Até mesmo a marca Pretzel Dog promoveu um concurso de filmes comerciais com prêmio de US$ 5 mil.

---

* TED (acrônimo para *Technology*, *Entertainment* e *Design*) é uma fundação privada sem fins lucrativos dos Estados Unidos, mais conhecida por suas conferências mundiais destinadas à disseminação de ideias.

Essas atividades podem gerar um forte engajamento, um marketing viral e vendas. O problema de transferir essa responsabilidade para o público é que apenas poucos fãs têm tempo e habilidade para criar um vídeo decente. Para envolver de fato seu público-alvo, as marcas devem ir além dos comerciais criados pelo consumidor.

> *A indústria da publicidade precisa entender que seu negócio não são mais os anúncios.*
>
> — BOB SHMETTERER, PRESIDENTE E CEO, EURO RSCG WORLD-
> WIDE

Uma das promoções que a Bridge criou para a gigante de supermercados Kroger foi o concurso Crie uma Sacola de Compras Reutilizável. Lançado perto do Dia Internacional do Planeta Terra, em 2008, para promover a ideia de que pequenas mudanças podem fazer uma grande diferença em ajudar a reduzir o desperdício, levamos a ação de simplesmente reutilizar qualquer sacola antiga de compras um passo adiante convidando os detentores do cartão de fidelidade da Kroger a criar uma sacola de tecido. Em poucos minutos, os visitantes podiam fazer o upload de uma foto ou um desenho, modificar seu formato ou cores, acrescentar palavras e publicá-la para o mundo.

Ao convidar os consumidores a usar sua criatividade, inspiramos estes a se engajarem com a marca, oferecendo oportunidade de demonstrarem o quanto artísticos podem ser e de apresentarem seu trabalho para os amigos e familiares. E havia incentivos adicionais – todos que apresentaram um modelo receberam um crédito em seu cartão fidelidade para ganhar uma sacola reutilizável. Até mesmo os que não ganharam o prêmio de US$ 500 foram convidados a imprimir seu desenho em uma sacola on-line, pagando uma taxa.

A promoção teve uma participação maciça – mais de 36 mil desenhos originais – em pouco tempo e com pouco suporte da mídia. E isso não só posicionou a Kroger como uma marca amiga do meio ambiente – uma vantagem competitiva em influenciar consumidores que podem ir a qualquer lugar fazer suas compras – como também proporcionou um meio de apresentar aos consumidores o novo site Kroger.com e de reunir endereços de e-mail, um componente que falta em muitas outras promoções de cartão de fidelidade.

Entre as várias táticas brilhantes de marketing criadas para dar suporte ao lançamento do filme *Os Simpsons* no verão de 2007, uma delas foi o "Simpsonize-me", um site que ajudava as pessoas a se transformarem em personagens *Simpsons*. Basta fazer o upload de uma foto e selecionar o tamanho do seu corpo, estilo e cor de cabelo, formato da sobrancelha e inclusive seu tom favorito de amarelo (para sua pele, é claro). *Voila*, você é um cidadão de Springfield.

A Fox *precisou* inventar um canal onde os fãs dos *Simpsons* poderiam ir para interagir pessoalmente com a marca para atrair público para os cinemas? Provavelmente não, dado que a franquia *Simpsons* já era muito bem-sucedida. Mas isso criou uma nova maneira de se conectar com sua já fiel base de fãs, estimulando-os a falar sobre o site (e, por associação, sobre o filme) para os amigos e colegas no trabalho? Certamente. Seis milhões de fãs passaram em média 30 minutos cada criando avatares de si próprios que em pouco tempo infiltraram o Flickr, o YouTube, o MySpace e o Facebook. Salas de aulas e empresas inteiras se mobilizaram para estar junto a Homer, Bart e Marge, servindo como proponentes altamente motivados da marca e atestando a eficácia das redes sociais.

Esta ferramenta foi na realidade uma extensão do suporte do Burger King ao filme. Em vez de apenas basear-se em conteúdo visual tradicional, canecas de coleção e inserção de produto no filme, o Burger King mais uma vez empregou sua estratégia brilhante de proporcionar diversão – e fazer do jeito *deles* (do consumidor).

Mas esta ação influenciou a receita da Fox? Certamente. Foi feito o upload de mais de 40 milhões de fotos no Simpsonize-me, e conforme mencionamos no exemplo do Kwik-E-Mart, o filme *Os Simpsons* rendeu mais de US$ 30 milhões no dia da estreia e US$ 74 milhões no fim de semana de estreia, ficando em primeiro lugar em bilheteria e praticamente dobrando a meta de US$ 40 milhões da Fox.[17]

Dicas para Maximizar o Sucesso em Programas de Marketing Participativo

- Torne a participação simples.

- Facilite o compartilhamento.

- Atraia e mantenha as pessoas com concursos e votações diárias. (Isso mantém o estímulo competitivo e deixa as pessoas mais inclinadas a compartilhar).

- Premie as pessoas que se engajem mais profundamente. (Elas podem se apaixonar pelo que criaram, portanto, estimule-as a transformar suas criações em camisetas, canecas, chapéus, etc.)

Como a Personalização Inspira a Motivação

As pessoas absolutamente amam personalizar produtos e serviços que compram, principalmente porque o conceito excita os dois lados do cérebro. O lado esquerdo racional acredita que existe um pacote perfeito de recursos que irá maximizar a utilidade de uma determinada compra. Enquanto isso, o lado direito ama criar algo e mostrar para os outros. Mais e mais profissionais de marketing descobrem o poder da personalização de produtos e como isso leva a excelentes resultados de vendas.

A M&Ms, uma marca que já participa há um bom tempo do jogo da personalização, permite que as pessoas entrem em seu site e criem uma mensagem personalizada para imprimir em seus confeitos. Após começar em 2005 com mensagens simples de poucas palavras, o processo de manufatura da empresa evoluiu para permitir a impressão de fotos, logos de esportes e praticamente qualquer outra coisa que um cliente possa imaginar. Quando as pessoas criam um pote cheio de M&Ms com a data de seu casamento, ou compram um pacote de M&Ms como o logo do

Phillies campeão da World Series de Beisebol de 2008, elas desfrutam de uma experiência que as conectam profundamente com a marca M&Ms. O resultado é um vínculo permanente com a marca que estimula a lealdade além da razão.

Para a M&Ms, os benefícios comerciais da personalização são tão poderosos quanto a compensação para o cliente. Por exemplo, um pacote de 30 gramas de confeitos com o tema Kyle Bush custa US$ 12,99, o que totaliza US$ 38,97 (mais taxa de remessa), por pedido mínimo de três embalagens. Compare isso com o preço de menos de um dólar por um pacote de M&Ms tradicionais vendidos na loja. Produtos personalizados também desfrutam de um forte fator boca a boca, pois as pessoas frequentemente os dão como presente ou não conseguem esperar para mostrar suas criações para amigos e familiares. Ryan Bowling, gerente de RP da Mars América do Norte, credita o programa MyM&Ms com sendo "Nada menos que a revitalização da marca".

Um número cada vez maior de empresas estão entendendo a mensagem de que produtos personalizados representam um modelo de marketing com valor e fortes resultados comerciais, incluindo:

- O *NIKEiD*, que oferece aos consumidores a oportunidade de escolher o tênis perfeito dentro de uma variedade de cores e estilos.

- O refrigerante *Jones Soda*, que acrescenta sua foto ao rótulo da garrafa de seu sabor preferido por apenas US$ 29,99 a embalagem com 12 unidades (mais taxa de entrega).

- A *Pringles Pop Art* permite criar e imprimir um rótulo personalizado para ser colado na lata icônica. Com praticamente nenhum suporte da mídia, milhares de pessoas criaram e compartilharam rótulos pessoais (inclusive um dos executivos sênior da Pringles, que criou oito latas!).

A personalização de produtos oferece grandes perspectivas para o marketing com valor e para o sucesso da empresa. Se você não está nem mesmo experimentando essa iniciativa, sua marca – e seus clientes mais leais – estão perdendo.

Arregimente um Time de Designers de Primeira – de Graça!

Uma última maneira de estimular a criatividade coletiva dos fãs de sua marca é convidá-los a participar do processo de desenvolvimento do produto em si. Existem duas maneiras pelas quais as empresas estão reduzindo custos e criando conexões do marketing com valor, com seus consumidores mais leais – por meio de ideias para novos produtos e serviços e por testes beta.

Começando em 2006, a Häagen-Dazs fez uma parceria com a revista *Gourmet* para convidar amantes de sorvete de todo o país para criar o que considerava ser o mais novo sabor de sorvete da marca. O concurso The Häagen-Dazs Flavor Search possibilitou durante oito semanas, de 15 de dezembro a 9 de fevereiro de 2007, que os concorrentes sonhassem, experimentassem e inventassem uma ideia para um novo sabor tentador. Cinco mil consumidores participaram do concurso, enviando videoclipes, fotos e cartas.

O sabor vencedor foi Sticky Toffee Pudding, uma mistura de sorvete de baunilha com pedaços de um bolo dourado, úmido e açucarado e espirais de calda de caramelo, baseado numa popular sobremesa britânica. O novo sabor foi promovido na revista *Gourmet* e vendido em 2007 como uma edição limitada nas geladeiras da Häagen-Dazs em supermercados e nas sorveterias da rede por todo o país. (Na verdade, o Sticky Toffee Pudding fez tanto sucesso que foi acrescentado ao rol de sabores disponíveis o ano inteiro.) Para adoçar ainda mais o prêmio, a vencedora Judiaann Woo, voou para a sede da *Gourmet* em Nova York para lançar o novo sabor com a apresentadora de programa de TV, autora de livros de culinária e chefe executiva Sara Moulton.

Sem dúvida, Judiaann Woo sentiu uma conexão importante com a Häagen-Dazs uma vez que seu sabor foi escolhido. Afinal ela contribuiu literalmente para aprimorar a marca. Mas a Häagen-Dazs foi bastante inteligente em envolver inúmeras outras pessoas que votaram nas três melhores ideias de sabor e os experimentaram em lojas Häagen-Dazs selecionadas e eventos ao redor do país. Todas elas tiveram um papel e contribuíram para a imagem da marca. Este tipo de conexão dura um longo tempo e com certeza vence quando alguém que está em dúvida entre comprar Häagen-Dazs ou outra marca de sorvete *Premium* no corredor de congelados do mercado.

> *Não são apenas nossos computadores que estão sendo reprogramados, são os clientes em si.*
>
> — JERRY WING, WARTON BUSINESS SCHOOL

Esta abordagem também se aplica a serviços, conforme evidenciado pelo projeto "My Starbucks Idea". No final de 2007-início de 2008, a Starbucks estava experimentando uma virada negativa nas vendas e na experiência do cliente. Como um antídoto, o fundador Howard Schultz voltou como CEO, e uma de suas primeiras iniciativas, em março de 2008, foi lançar um site "My Starbucks Idea" no qual fãs apaixonados podiam ajudar a recuperar a empresa contribuindo e respondendo a ideias para melhorar a experiência do cliente. Mais de 200 mil votos foram computados somente no primeiro mês e uma das primeiras – e melhores – ideias que a empresa usou foi a criação de "splash stics", um plugue de plástico que desliza sobre a abertura da tampa para evitar que o conteúdo derrame enquanto você está andando ou dirigindo com um copo de café.

O testa beta é outra maneira pela qual algumas marcas estão capitalizando na moeda criatividade do consumidor. Durante anos, os desenvolvedores de software convidaram pequenos grupos de pessoas para experimentarem gratuitamente uma nova versão de programas a serem lançados. Os desenvolvedores se beneficiaram obtendo feedback valioso dos usuários, que entenderam que a existência de bugs fazia parte do processo, e os testadores beta valorizaram a oportunidade de usar softwares avançados e sentiram orgulho e um senso de posse por estarem entre os que ajudaram a lançar o produto no mercado.

Atualmente, seria possível argumentar que "a pesquisa de produto é o novo marketing", visto que o teste beta se tornou uma ferramenta importante de construção de marca que não está restrita aos entendidos em software. O Google é um dos usuários mais frequentes do teste beta em larga escala. Na verdade, ele lançou seu serviço de e-mail, o Gmail, como um teste beta apenas para convidados em 1º de abril de 2004. Com o tempo, permitiu que os testadores convidassem outros para usar o serviço, fornecendo um punhado de links codificados que podiam ser encaminhados para amigos; e não demorou muito para esses códigos serem vendidos no eBay, o que aumentou o desejo. Os recursos avançados e mais intuitivos do Gmail – e a exclusividade de uma lista de convidados – impulsionaram a expansão do serviço sem nenhuma campanha tradicional de marketing. Em 7 de fevereiro de 2007, o Gmail tornou-se disponível a todos e agora tem dezenas de milhões de usuários.

Call of Duty 4: Modern Warefare proporciona outro exemplo de um teste beta bem-sucedido. A quarta edição desta modalidade de game de tiro em primeira pessoa para Xbox 360, Playstation 3 e PC estava com seu lançamento marcado para novembro de 2007, competindo com o *Halo 3*, outro game desta mesma modalidade com muita expectativa por seu sucesso anterior. Assim como os lançamentos de filmes, os videogames precisam de muito alarde em seu fim de semana de estreia para estimular o boca a boca, especialmente quando são lançados apenas algumas semanas antes do fim da temporada de festas de fim de ano.

Portanto, em agosto de 2007, a Activision, a produtora do *Call of Duty 4*, lançou uma versão beta grátis de seu jogo multiplayer para o Xbox 360, presumivelmente para testar "se fases no modo multiplayer estavam balanceadas e para garantir que não havia bugs na versão final do jogo". Apenas um pequeno número de códigos foi distribuído para as primeiras pessoas que se registraram no website do jogo. Eventualmente, mais convites foram distribuídos e fases e armas adicionais foram desbloqueadas. O teste beta foi concluído em 30 de setembro de 2007, cerca de um mês após seu início, deixando os jogadores salivando pelo lançamento do jogo nas lojas em 9 de novembro.

Este teste beta resultou não só em um grande interesse – os primeiros mil convites terminaram em minutos e o boca a boca inicial foi muito forte, com os jogadores gostando do jogo e comentando em blogs e mensagens –, mas também em grandes vendas. Tornou-se o jogo mais vendido no mundo em 2007 com apenas dois meses no mercado, vencendo seu principal competidor, *Halo 3*, e o game de tiro em primeira pessoa mais vendido da história. Em menos de um ano, foram vendidas mais de 11 milhões de unidades, por US$ 60 a cópia, o que representa mais de meio bilhão de dólares.

"Ajude-me a Conectar-me Socialmente"

Já quis mencionar minha grande paixão por jogar *Guitar Hero* várias vezes no livro, mas até agora me controlei. Ainda não alardeei sobre minha experiência em passar do nível "Easy" para "Expert" ou sobre como ganhei um concurso do *Guitar Hero* numa conferência de marketing na Grécia, jogando frente a 300 pessoas intimidadas, ou sobre como este jogo é bom em me conectar socialmente com outras pessoas que compartilham de meu entusiasmo.

Veja você, muito poucos dos meus amigos mais próximos compartilham de minha paixão pelo *Guitar Hero*. Eles passam seu "tempo geek" em coisas como golfe e fantasy football; minha paixão por teclar botões coloridos em um pequeno brinquedo de plástico é mais uma fonte de risada e gozação entre meus amigos do que um gosto em comum. Então, sempre que quero me conectar com amigos roqueiros, simplesmente vou para fóruns no Guitar Hero.com.

Com o lançamento do Guitar Hero 3 no outono de 2007, o pessoal de marketing por trás disso, na Activision, lançou uma comunidade on-line que está diretamente conectada ao jogo em si. Assim como o sistema Nike+, ele faz o upload de pontuações altas automaticamente e os jogadores podem formar Tour Groups entre eles mesmos. Em poucos dias após o lançamento do novo site, centenas de grupos se formaram – para cada país, cada universidade e cada time de esportes.

> *As pessoas buscam criar um significado para si, e que melhor maneira de fazer isso do que se juntar a uma comunidade on-line que lhe permite se definir para o mundo, escrever seus pensamentos num blog, conectar-se com amigos e decorar as paredes de seu perfil com os artefatos de sua existência.*[18]
>
> —JOHN GERZEMA E EDWARD LEBAR

Não demorou muito para que os fãs descobrissem o grupo que mais atendia aos seus interesses; pessoas que eram consideradas estranhas em seu trabalho ou vizinhança agarraram avidamente a oportunidade de "estar junto" on-line com pessoas com gostos semelhantes.

Grupos especializados tornaram-se fóruns de discussão privados onde os fãs podiam encontrar pessoas para juntarem-se on-line e criarem torneios de final de semana. Conhecendo-se por intermédio dessa paixão em comum, os grupos se conectam de outras maneiras também, conversando sobre outros assuntos, desde política mundial a estratégias para lidar com os filhos.

Ao criar o recurso engenhoso Tour Group, o *Guitar Hero* agregou valor à vida de milhões de jogadores. Aproveitamos o máximo do jogo trabalhando e jogando juntos. E isso nos mantém leais à franquia *Guitar Hero*, comprando mais de um bilhão de dólares em sequências do jogo e downloads de músicas.

A lição: qualquer marca que esteja associada a um forte interesse pessoal ou hobby deve criar um meio pelo qual conectar seus consumidores entre si.

* * *

A necessidade humana de conexão é tão remota quanto a humanidade. Os povos primitivos se reuniam em bandos pelas mais diversas razões relacionadas à sobrevivência física, mas também por proximidade emocional – amizade, companheirismo e procriação. Faz parte de nossa natureza unir forças e compartilhar perspectivas, sabendo inerentemente que nosso todo é mais valioso do que a soma de nossas partes.

Atualmente, os consumidores estão cada vez mais adotando a tecnologia para tornar a conexão social uma parte mais acessível e conveniente de seu cotidiano. Do e-mail a redes sociais como o Facebook, a maior parte de nós tem uma variedade de ferramentas à disposição que permitem comunicação constante, e as empresas estão aprendendo que o marketing por meio de conexões sociais pode gerar resultados. O Beinggirl.com, um programa criado pelas marcas Always e Tampax da P&G, foca ajudar adolescentes com conselhos de outras adolescentes e de um médico. Dois milhões de meninas do mundo inteiro acessam o site mensalmente, com um tráfego em 2007 mais de 150% maior do que no ano anterior. O programa proporciona *quatro* vezes mais ROI do que a publicidade na TV, e recentemente foi expandido para chegar a 29 países na Europa, Ásia e América do Sul.[19]

CONEXÕES COM VALOR AGREGADO **143**

Se uma marca de absorvente pode realizar o quádruplo de retorno sobre seu gasto com marketing, certamente sua marca pode encontrar uma maneira de ter sucesso no espaço social. A seguir, estão cinco maneiras pelas quais empresas de todos os tipos podem se beneficiar criando conexões sociais entre suas marcas e seus clientes.

1. Melhore a Equação de Valor para seu Produto ou Serviço

A combinação de baixo custo com alta atração torna extremamente fáceis as conexões sociais possibilitadas pela tecnologia. Alguma configuração e manutenção são necessárias no início, mas serviços como o Facebook e o Ning oferecem plataformas grátis e empresas como a LiveWorld tornam fácil para as organizações criarem suas próprias redes sociais. Uma vez implementada e rodando, a interação entre membros e o conteúdo gerado pelo consumidor ocorre com pouco investimento incremental de sua parte – e quanto mais pessoas participam, mais valioso o site se torna tanto para os membros como para sua marca. As pessoas tenderão a retornar com frequência para permanecer em contato com os amigos que fizeram, e se sua marca fizer algo que os irritem é mais provável que eles perdoem você do que abandonem o navio. Por exemplo, através de seu site "Cruise Connections", a Carnival Cruises oferece uma maneira conveniente para pequenos grupos planejarem viagens (convide seus amigos e planeje atividades com antecedência) e compartilhar vídeos, fotos, experiências, críticas e comentários depois. Nos cinco meses seguintes à implementação do recurso de rede social, 1,5 milhão de pessoas haviam visitado o site Carnival, postando mais de dois mil comentários.

Na primavera de 2008, a marca Saturno da GM lançou seu próprio site de rede social, ImSaturn, onde os membros podem ler notícias, compartilhar fotos, fazer o upload de vídeos, conversar com outros membros, jogar games e postar recomendações de músicas. Dado o fato de que a marca foi fundada com base no princípio de comunidade, o ImSaturn é uma extensão lógica de seu valor/identidade e proporciona uma diferenciação clara no mercado automotivo. Os visitantes podem formar ou se juntar a subgrupos com base em seus interesses e localização geográfica, e a Saturn está usando o site de várias maneiras interessantes e valiosas: para promover novos produtos; para reduzir despesas de marketing ao capitalizar na habilidade de falar diretamente com fãs atuais; para reforçar a conexão entre a marca e o cliente, levando a uma lealdade mais forte e duradoura e até mesmo para medir a reação a novas propagandas. A vontade inicial da Saturn era atrair mil pessoas nos primeiros seis meses – ao final de três semanas já tinha 1.200 membros e não parava de crescer.[20]

2. Aumente a Lealdade com uma Base de Fãs de um Nicho

Produzido em Barbados desce 1703, o rum Mount Gay detém a posição estimada de ser a marca de rum mais antiga do mundo, historicamente com fortes laços com a náutica. Segundo a lenda (ou o equivalente moderno Wikipédia), "Conta-se que os marinheiros voltavam para casa com um barril de Mount Gay para provar que haviam alcançado Barbados – considerada uma das ilhas do Caribe mais difíceis de se chegar". Mais de 300 anos depois, a marca continua a estimular ativamente um forte vínculo com o nicho náutico, tanto como principal patrocinadora da Associação Náutica dos Estados Unidos quanto apoiadora de 110 eventos de regata no mundo a cada ano. Em cada regata, a Mount Gay é a anfitriã de festas onde o rum corre solto e a marca distribui chapéus vermelhos com o nome e a data do evento. Embora os chapéus sejam uma recordação evidente de uma competição náutica específica, em terra eles são usados pelos navegadores como uma maneira de identificar outros que compartilham da mesma paixão. A raridade do item e o fato de que a marca passou a significar bons tempos em alto-mar tornou-o praticamente um fenômeno na comunidade de competidores náuticos (use seu chapéu Mount Gay no aeroporto e sem dúvida você será abordado por um colega navegador!). A despeito de gastos muito limitados com marketing para um público de nicho, a marca está crescendo numa razão de dois dígitos nos Estados Unidos e no Reino Unido. Da mesma maneira, o Grupo de Donos de Harley (H.O.G) foi iniciado pela Harley-Davidson em 1983 em resposta ao crescente desejo dos donos de compartilhar suas experiências com outros e agora ostenta um milhão de membros e 49 comunidades locais. Por uma anuidade de US$ 45, os membros recebem uma revista, um guia de tours e bottons e distintivos comemorativos, mas o orgulho de ser membro não tem preço.

3. Proporcione um Serviço Melhor a Custo Mais Baixo

Como qualquer administrador sabe, um dos departamentos mais críticos, porém com orçamento pequeno, em uma empresa é o atendimento ao cliente. Como o serviço atendimento ao cliente representa a linha de frente, onde os clientes reais interagem com representantes reais da empresa sobre problemas de fato grandes, ele é essencial para a saúde e força vital de qualquer organização. Mas como é visto tipicamente como um centro de custo (com um custo médio de 6 a 7 dólares por chamada), em vez de uma parte crítica do modelo de marketing, frequentemente deixa de receber os recursos e o respeito que merece. Como resultado, a maioria das empresas são notoriamente lentas em investir neste departamento, seja aumentando a equipe ou adotando novas tecnologias de comunicação como chats ou blog mining. Mas os clientes em si estão cada vez mais se unindo, num esforço comunitário, para ajudarem a resolver os problemas uns dos outros. E empresas inteligentes estão estimulando e recompensando este tipo de autoajuda. O fórum dos usuários de TiVo é um exemplo; em setembro de 2007, ele incluía mais de 161 mil usuários registrados. Logo depois do lançamento do primeiro TiVo em 1999, os fãs da marca se reuniram para criar o Fórum da Comunidade TiVo (TCF), que rapidamente se tornou uma maneira essencial para novos usuários obterem ajuda de pessoal experiente. Embora a TiVo não financiasse a organização diretamente, ela oferecia um link para o TCF em sua Home Page, o que estimulava o grupo a manter o trabalho e proporcionava um ambiente altamente motivado e de baixo custo para o serviço de atendimento ao consumidor.

4. Estimule o Boca a Boca Positivo

Todo profissional de marketing sabe que o boca a boca positivo é o santo graal, no sentido de que é poderoso, autêntico e muito barato (senão de graça). O valor dos *cases* a seguir é evidente. Quando a Coca-Cola Company estava lançando sua marca Vault de bebidas energéticas, um grupo de fãs fanáticos criou o site "Encontrei o Vault", no qual indicavam lojas em cidades por todo o país onde havia o Vault em estoque. Atualmente, esta rede social espontânea tem mais de 1.500 membros.

O fórum "See a Kindle in Your City" da Amazon demonstra como uma marca pode transformar clientes satisfeitos em defensores passionais. O Kindle, o novo leitor eletrônico de livros da Amazon, não está disponível nas lojas, tampouco tem o suporte de propaganda. A única ação de marketing consiste de um fórum em que aqueles que possuem um Kindle podem (presumivelmente com entusiasmo) se voluntariarem a mostrá-lo para as pessoas que estão considerando comprar e-reader mas querem testá-lo antes. Este "experimento social" parece estar impulsionando o produto, visto que, segundo as projeções dos analistas do Citigroup, o Kindle deveria vender suas 380 mil unidades disponíveis em 2008, acima das 240 mil estimadas anteriormente. Com 4.200 comentários de consumidores no Amazon.com – a maioria deles positivos –, o Kindle reuniu a maior quantidade de opiniões dentre todos os produtos na categoria de eletrônicos da empresa.[21]

5. Receba Insights para Aprimorar Produtos Atuais e Lançar Novos
Lançada no verão de 2008, a comunidade on-line "Generation Benz" da Mercedes usa questionários, pesquisas de opinião e chats para obter feedback sobre design de produtos e conceitos de propaganda, assim como para abrir fóruns de discussão sobre temas importantes como sustentabilidade. Seus 800 membros da Geração Y (de 19 a 32 anos) proporcionam insights para a marca que seriam difíceis de conseguir de outra maneira. Steve Cannon, vice-presidente de marketing, disse, "[Aprendemos que] temos uma geração que realmente gosta de seus pais e definitivamente guiariam o que seus pais guiaram". Isso tem valor! E devido a esse sucesso, a marca se propôs a lançar outra comunidade voltada para os boomers.[22]

* * *

Para criar uma conexão verdadeira com seus clientes, você precisa ser um de seus maiores fãs, e ajuda falar abertamente sobre isso. Ao contrário, do que aprendeu na faculdade, hoje os profissionais de marketing de sucesso não ficam nos bastidores – os clientes estão respondendo positi-

CONEXÕES COM VALOR AGREGADO 147

vamente a esta extensão de humano-para-humano, que frequentemente acrescenta uma face ou uma personalidade memorável à marca.

O Zappos.com está criando uma marca do zero com um novo modelo de marketing baseado principalmente em conexões pessoais entre funcionários e clientes. O CEO Tony Hsiech e mais de 450 de seus funcionários mantêm contas ativas no Twitter, onde falam sobre seu trabalho, novos estilos e o que acontece na empresa.[23] A empresa faz 75% de suas vendas para clientes que se apaixonaram pela marca. Isso ajudou a empresa de calçados on-line com menos de 10 anos a alcançar uma receita de mais de US$ 1 bilhão em vendas.[24]

Até mesmo agências de publicidade podem se engajar nisso. A Plaid, uma agência com sede em Danbury, Connecticut, decidiu na primavera de 2007 mudar seu nome de Visual Intelligence Agency (que mais parece um novo projeto secreto da DARPA [Agência de Pesquisas em Projetos Avançados de Defesa]. Após muitos *brainstorms* sobre como divulgar seu nome, a equipe decidiu viajar pelo país (em uma van Plaid) no que se tornou o primeiro *tour* Plaid Nacional. Além de mostrar seu nome, a agência queria demonstrar seu conhecimento sobre mídias sociais, como podiam ser usadas e como poderiam beneficiar uma marca e ajudá-la a se conectar com o público. A Plaid passou três semanas visitando seus clientes (tais como a Sony e a Iron Horse bicicletas), outras agências que admirava (Martin e Digitas) e marcas de que gostava (Segway, Hanes e Alltel). Algumas dessas empresas sabiam que o pessoal da Plaid estava a caminho; em outras, eles simplesmente apareceram.

A Plaid viajou pelo país para se promover, mas ao criar momentos e conversas com valor para quem encontrou ao longo do caminho, a viagem resultou em novos negócios, clientes e parceiros. Seu sucesso é comprovado também pelo fato de que a Plaid está no meio de seu próximo *tour* anual.

Ao construir conexões poderosas entre pessoas e marcas (e as pessoas por trás delas), o marketing pode tornar um produto mais interessante e valioso, e semear uma lealdade de longo prazo. Criar conexões com valor agregado é uma abordagem que certamente é mais eficaz do que soluções – no entanto, existe um outro nível ainda mais elevado de marketing, o qual poucas marcas têm seguido, para um sucesso ainda maior.

REALIZAÇÕES COM VALOR *AGREGADO*
AJUDANDO AS PESSOAS A TORNAR MELHOR A SI, SUAS FAMÍLIAS E O MUNDO

Embora o marketing de *conexão* represente um passo significativo em estabelecer um relacionamento com mais valor entre pessoas e marcas, existe uma maneira de ir ainda mais além para atender aos maiores objetivos e às expectativas dos consumidores. O nível mais alto da hierarquia, *realizações* com valor agregado, cumpre essa promessa. Profissionais de marketing que almejam o mais alto nível de significado irão criar um marketing que melhore significativamente a vida de seus clientes, ajude as pessoas a realizarem seus sonhos ou permita que elas mudem positivamente suas comunidades e seu mundo.

Grande parte das realizações da humanidade ocorreu porque, depois de satisfazer as necessidades básicas por comida, abrigo, amor e pertencimento, alguém estava determinado a se "autorrealizar" (como diria o psicólogo Abraham Maslow) ou "fazer uma diferença no mundo" (como diria Steve Jobs). De patrulhas de vigilância no bairro a avanços na tecnologia global ou na economia e nos governos de países em desenvolvimen-

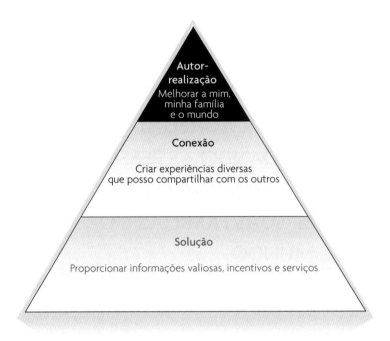

to, milhões de pessoas estão agindo com base em seu impulso inato de melhorar não só a si próprias, mas também ao mundo ao seu redor.

Consumidores voltados para realizações representam um desafio especial para os profissionais de marketing, visto que muitos deles descobriram que simplesmente acumular bens materiais não satisfaz seu nível mais elevado de necessidades. Em vez de ostentar um Rolex, eles usam pulseiras Live Strong*; em vez de "torrar" no cartão de crédito, eles arrecadam fundos para a caminhada em prol do câncer de mama. Um estudo das marcas que alcançaram este cume sugere caminhos possíveis para aquelas que ousam fazer a escalada; as que tiverem sucesso serão recompensadas com os mais altos níveis de lealdade e com o maior retorno de seu investimento em marketing.

---

* As pulseiras "Live Strong" foram criadas com o objetivo de arrecadar fundos para a Fundação Lance Armstrong, do grande ciclista seis vezes campeão do Tour de France. Parte do dinheiro arrecadado é direcionado a sua fundação de pesquisa sobre câncer.

"Melhore a Mim Mesmo"

Apoie Metas de Vida Significativas

Uma das áreas mais valiosas em que os profissionais de marketing podem ajudar as pessoas a melhorarem é a do bem-estar pessoal. Impulsionadas pelo aumento do peso e pelos custos vertiginosos com a saúde, um número cada vez maior de pessoas decidiu assumir a responsabilidade por mudar seu estilo de vida e melhorar sua saúde. "Perder peso", "Comer alimentos saudáveis" e "Fazer exercícios" são provavelmente as três principais decisões de milhões de pessoas no Ano Novo, ano após ano. Por quê? Porque, em virtude do estresse no trabalho e das demandas familiares, perder peso é difícil. Escolher alimentos mais saudáveis é difícil. E encontrar tempo e motivação para se exercitar é *difícil*. O que alguns profissionais de marketing perceberam é que é possível ajudar clientes potenciais a atingir metas desse tipo, fazendo-os tomar a iniciativa, ajudando-os a tomar as decisões corretas ao longo do caminho e medindo seu progresso, pois assim se sentirão apoiados e ficarão gratos por muito tempo. Esse tipo de marketing é considerado uma realização com valor agregado porque pode verdadeiramente mudar a vida de alguém para melhor – para sempre.

Várias marcas encontraram maneiras de ajudar seus clientes a fazerem mudanças pessoais com valor e simultaneamente incrementar sua empresa. A ConAgra Foods é uma delas.

Em 2007, a empresa buscou capitalizar no crescente interesse dos consumidores por alimentos saudáveis. Após estudar marcas bem-sucedidas, como os Vigilantes do Peso e eDiets, identificamos a oportunidade de usar a Web como centro de um programa de marketing com valor construído em torno de alimentos e hábitos de vida saudáveis. Ao reunir múltiplas marcas da empresa, em vez de focar em apenas uma, vimos uma maneira de tornar a campanha ainda mais eficiente e mais relevante.

Em janeiro de 2008, lançamos o Start Making Choices [Comece a Fazer Escolhas], um recurso on-line para ajudar as pessoas a encontrarem um equilíbrio melhor em suas vidas. O foco do programa é o Índice de Vida Equilibrada (BLI), uma ferramenta que avalia dinamicamente o bem-estar da pessoa. Ao se registrarem, os membros respondem a um questionário detalhado, e o BLI usa os resultados para fazer recomendações personalizadas nas áreas de nutrição, atividades e bem-estar.

Ferramentas de planejamento pessoal permitem que os membros registrem suas refeições semanais e atividades físicas. Quando permanecem na linha, sua pontuação BLI é automaticamente atualizada – seja no site ou em suas páginas no Facebook. Artigos, blogs, podcasts e conselhos de especialistas também estão disponíveis no site, assim como receitas e ideias para refeições saudáveis com produtos da ConAgra Foods, como Hunt's, Egg Beaters, PAM e pipoca SmartPop! Para clientes potenciais – 200 mil dos quais se associaram ao programa, e mais de 2 milhões que visitaram o site desde que foi lançado –, este programa demonstra como alimentos saudáveis podem se encaixar numa abordagem geral de bem-estar que seja prazerosa, prática e realizável. Para a ConAgra Foods, ele personifica o compromisso da empresa em "ajudar nossos consumidores a terem uma vida mais feliz e saudável", assim como casar marcas distintas na mente dos consumidores.

> *O mercado para algo em que acreditar é infinito.*
>
> — HUG MACLEOD, CARTUNISTA E PUBLICITÁRIO

Simplesmente perder alguns quilos pode ser a definição de uma realização importante na vida de uma determinada pessoa; para outra, é correr uma maratona. Clif Bar é uma marca de barras energéticas criada para suprir o organismo com concentrados calóricos palatáveis enquanto você corre. Uma empresa pequena com vendas ultrapassando a marca dos US$ 100 milhões, ela continua a crescer embora empresas de grande porte tenham entrado no mercado de "barras energéticas" com mais orçamento de marketing e nomes mais conhecidos. Por quê? Os maratonistas são grandes consumidores de produtos especializados como os da Clif, e a empresa trabalha duro para manter uma presença generosa em eventos de corridas, empregando uma equipe de maratonistas experientes, os *pace runners*, como outdoors da marca de uma maneira de fato útil. Se você se registrar na Clif para receber grátis um kit de treinamento de maratona, receberá também orientação dos *pace runners*, tanto on-line quanto nas corridas. Eles estão disponíveis para responder a dúvidas, oferecer orientação em temas, como treinamento, alimentação e que tipo de tênis comprar. A seguir, está o perfil de um dos muitos *pace runners*, Theo, um ex-membro do Peace Corps de San Diego:

> Por que correr comigo? Eu levo isso a sério, então você pode relaxar um pouco e aproveitar a experiência. Eu farei o melhor possível para mantê-lo no ritmo e ajudá-lo a atingir qualquer que seja sua meta. Estamos juntos nisso!

Qualquer pessoa que já tenha corrido uma maratona até o fim concorda que é uma realização importante na vida. Uma "barra energética" que ajuda as pessoas a concretizarem seus sonhos conquista um lugar especial no coração de seus clientes para sempre.

Ensine uma Habilidade, Mude uma Vida

Indo além da melhoria física, o marketing que facilita o autoaprimoramento pode desencadear uma mudança profunda na autoimagem de uma pessoa, estimulando um tipo de lealdade recíproca; assim como nos sentimos gratos quando ganhamos um presente, estamos programados para querer retribuir o favor, o que pode beneficiar marcas na forma de maior demanda dos consumidores por seus serviços e produtos.

Talvez nenhuma empresa no mundo tenha feito mais para capacitar seus clientes do que o Home Depot, cujo *slogan* atual resume sua posição no mercado extremamente competitivo de materiais de construção: "Você pode fazer. Nós podemos ajudar". Quando você entra numa loja do Home Depot, nota imediatamente um quadro com uma lista de cursos que serão oferecidos gratuitamente com temas como "Construa seu terraço" e "Instale seu chuveiro". Comerciais de televisão e malas diretas mencionam especificamente os programas de treinamento e aulas, geralmente com mais proeminência do que os produtos anunciados em si.

Depois que uma pesquisa revelou que muitos consumidores viam com ceticismo os anúncios que apresentavam projetos muito complexos do tipo "faça você mesmo", o Home Depot começou a oferecer aulas temáticas "saiba como fazer" em todas as suas 1.967 lojas, assim como on-line. Jack Aaronson, CEO do Aaronson Group, que presta consultoria para empresas sobre conversão, retenção e lealdade do cliente, diz: "Se seu ciclo de vendas envolve uma instrução do cliente mais intensa, pense em maneiras criativas de se tornar um centro de aprendizado".[1]

O Home Depot fez esse investimento em capacitação do cliente desde o começo, sempre que possível contratando para trabalhar pessoas com experiência profissional em reformas residenciais já em suas primeiras lojas. O que motivava a marca era o desejo de ajudar as pessoas a terem sucesso em seus projetos. O Home Depot entende que, se ajudar seus clientes a aprimorar suas habilidades de melhorias residenciais, eles ganharão confiança para empreender mais projetos sozinhos e ficarão felizes com a satisfação por um trabalho bem feito. Como disse Roger W. Adams, vice-presidente e diretor-executivo de marketing do Home Depot: "O componente por trás da conexão emocional com a marca é o poder do 'Fui eu que fiz'".[2]

Desde a implementação das lojas-escolas, a marca continuou a aprimorar o conceito original com extensões que incluem *workshops* "Faça Você Mesma" mais voltados para mulheres; aulas para empreiteiros – tanto na loja física como on-line – que ensinam habilidades como marketing e gerenciamento de tempo e até mesmo *workshops* para crianças de 5 a 12 anos, que "ensinam habilidades faça você mesmo próprias para a faixa etária e noções de segurança no manuseio de ferramentas, ajudando ao mesmo tempo a instilar um senso de realização".[3] Além de receber um projeto completo, as crianças ganham um avental do Home Depot e um botton pelo sucesso na realização.

Essas aulas ajudam a vender furadeiras e martelos? Com certeza. Elas também ajudam a diferenciar o Home Depot do Lowe's e de outros varejistas, o que é crítico num mercado em que o concorrente geralmente está localizado do outro lado da rua. Porém, o mais importante é que essas aulas ensinam habilidades que instilam orgulho e podem criar clientes fiéis para sempre.

A Sony é outra marca, talvez isso surpreenda, que leva muito a sério a capacitação, ou instrução, de seus consumidores. Embora ela continue fazendo toneladas de propaganda tradicional, a empresa percebeu em 2004 que precisava atingir os consumidores num momento específico, crítico de consideração do produto – isto é, quando alguém está pronto para comprar e começa a comparar benefícios e atributos de marca.

Os eletrônicos são uma categoria muito competitiva. A Sony tem uma linha de produto com preço *premium* e muitos de seus produtos incluem características e funções que são basicamente idênticas àquelas de marcas com preços significativamente menores. Portanto, é preciso de algo com muito mais valor agregado para ganhar uma venda.

A empresa criou um centro de aprendizado on-line, chamado Sony 101, para oferecer aos compradores potenciais orientações sobre uma ampla gama de temas de tecnologia, incluindo fotografia digital e HDTV. Fóruns de discussão on-line com especialistas aumentaram a credibilidade, especialmente porque as aulas não impingiam os produtos Sony para as pessoas. Em média, os "alunos" passavam duas horas por curso no site, resultando em 94% de satisfação do usuário e 87% dispostos a recomendar o Sony 101 para um amigo. Desses usuários, 20% compraram um produto Sony, o que impressiona, considerando que muitos dos produtos Sony custam US$ 1.000 ou mais.[4]

O Monster.com é um dos principais sites de empregos e um eterno anunciante do Super Bowl e, ainda assim, uma parte considerável de sua estratégia de posicionamento como um recurso completo de busca de vagas é oferecer conselhos de valor agregado, tais como dicas de especialistas para negociação salarial, as 10 perguntas mais frequentes nas entrevistas e como fazer um currículo, como parte de seu marketing com valor..

Essa dimensão adicional é uma excelente maneira para o Monster.com se diferenciar no mercado altamente competitivo de vagas de emprego. Embora seja possível argumentar que grandes rivais como o CareerBuilder e sites de nicho como o PracticeLink.com (voltado especificamente para médicos) ofereçam um produto semelhante, os conselhos do Monster fazem com que as pessoas continuem voltando ao site atrás de benefícios além de meras listagem de empregos. Este conselho, na verdade, faz uma diferença na habilidade dos candidatos para conseguirem um emprego, ajudando as pessoas a estar um passo a frente dos concorrentes nas entrevistas e nas negociações salariais. E claramente está funcionando: o tráfego do Monster.com aumentou 40% em 2008, enquanto o do CareerBuilder permaneceu o mesmo, a despeito dos desafios da economia e da grande procura por empregos.

> **Outras Oportunidades de Aprendizado com Marcas**
>
> • Land Rover e BMW: autoescola.
>
> • Hewlett-Packard: cursos on-line grátis para profissionais de tecnologia (ex: Linux 201).
>
> • Kendall-Jackson: aulas gratuitas de enologia e degustação de vinhos para alunos matriculados nas principais escolas de Administração.
>
> • Violões Fender: seminário de quatro dias com aulas individuais ministradas por músicos renomados.
>
> • Equipamentos de cozinha Viking: aulas de culinária.
>
> • Nikon: escolas de fotografia.

"Melhore Minha Família"

Uma vez que estejam com a vida relativamente sob controle, as pessoas se sentem na obrigação de cuidar dos membros de sua família com o intuito de protegê-los de problemas e de maximizar o potencial de suas vidas. Dessa forma, as marcas têm a oportunidade de nos ajudar a alcançar a realização por meio de programas que focam diretamente os membros de nossa família.

Como pai de duas meninas longe de completarem 16 anos, só consigo especular sobre algo que muitos de vocês, caros leitores, já vivenciaram: o medo de ter nossos filhos adolescentes atrás do volante de um carro.

E há uma boa razão para este medo. A cada ano, nos Estados Unidos, 6 mil jovens morrem e 300 mil sofrem lesões em acidentes automobilísticos. Mas uma marca está ajudando nossos filhos a estarem mais seguros nas ruas: a Allstate Insurance criou recursos para ajudar os pais a ensinarem aos filhos condutas de direção com segurança. Por exemplo, ela oferece cursos nas escolas de ensino médio (chamados de Allstate Drive Crew) nos quais os jovens devem conduzir por entre obstáculos ao mesmo tempo que ouvem o rádio nas alturas e enviam mensagens de texto; rapidamente (e em segurança), aprendem que estes dispositivos podem causar problemas num minuto. A marca também criou o Contrato Allstate entre Pais e Filhos, um arquivo PDF para *download* que apresenta estatísticas surpreendentes e de precaução sobre temas conflitantes como excesso de velocidade, falar ao celular e beber ao dirigir. Ambas as partes devem assinar o documento, reconhecendo seu conhecimento sobre esses assuntos críticos e concordando com determinadas consequências se o contrato for violado. Por meio desses esforços, a Allstate está ajudando os pais a iniciarem essa conversa importante sobre segurança de uma maneira que não é nem confrontadora nem acusadora.

Além da interação pais e filhos, a Allstate aprendeu com sua pesquisa que a comunicação de igual para igual também é essencial para os jovens aprenderem habilidades de direção. Um estudo conduzido pela empresa em 2005 constatou que mais da metade (53%) dos jovens entrevistados disseram que os amigos seriam a melhor influência para fazê-los dirigir com mais segurança.[5] Sendo assim, a Allstate lançou o Teen Safe Driving Summit em 14 cidades nos Estados Unidos, onde os alunos aprendem como se tornar ativistas da direção com segurança em suas escolas e como influenciar positivamente os colegas.

Os benefícios para a Allstate dão evidentes: além de fechar novos negócios em seguros com os pais desses adolescentes, ao ensinar e estimular a direção com segurança e salvar vidas, a Allstate reduz os sinistros e aumenta seu lucro, resultando numa parceria vencer-vencer. A Allstate inclusive ganhou um prêmio de cidadania corporativa da Câmara de Comércio Americana em 2008.

> *O desafio não é ser útil para esta geração de pais e filhos... se em 2012 ainda estivermos fazendo o mesmo que agora, então não merecemos continuar existindo, porque não seremos relevantes para nossos clientes.*
>
> — STEVE PASIERB, PRESIDENTE E CEO, PARTNERSHIP
> FOR A DRUG-FREE AMERICA

A Canon é outra marca que está ajudando a melhorar a vida das famílias de uma maneira significativa. Numa parceria com o Centro Nacional para Crianças Desaparecidas e Exploradas, o programa Canon-4Kids capitaliza em sua posição exclusiva como líder no segmento de fotografia para estimular a conscientização e a prevenção de abdução infantil. A Canon oferece estatísticas e orientações em seu site (por exemplo: "As três primeiras horas após o desaparecimento de uma criança são as mais críticas. Certifique-se de ter à mão uma foto digital recente e uma cópia impressa") e todos os anos a empresa doa câmeras digitais, impressoras e scanners para ajudar autoridades a disseminar fotos e informações rapidamente sobre crianças desaparecidas. Até hoje, mais de 1.600 desses equipamentos foram distribuídos para agências em 47 Estados americanos.

Desde a impressão e publicação de fotos coloridas de crianças desaparecidas na primeira página do jornal *USA Today*, em janeiro de 2008, até seu Canon4Kids Van Tour, que promove conscientização sobre segurança das crianças em fóruns públicos, a Canon está trabalhando para se conectar pessoalmente com pais de uma maneira significativa, proporcionando a estes um pouco de paz de espírito.

"Melhore Meu Mundo"

Uma vez que trabalhamos para assegurar nossa própria saúde, segurança e relativa felicidade e a de nossos familiares, muitos de nós se sente atraído a alcançar o sucesso causando um impacto positivo em nossas comunidades, nosso país e no mundo em que vivemos. Pouco surpreende que o marketing relacionado a causa é uma ferramenta em ascensão para marcas no mundo inteiro – e um exemplo apropriado de marketing com valor. E, no entanto, as origens da campanha moderna de causa datam apenas de 1983, o ano em que Jerry Welsh, vice-presidente mundial de marketing da American Express, pensou que seria uma boa ideia patrocinar uma iniciativa para restaurar a Estátua da Liberdade.

A ideia foi simples e os resultados impressionantes: para cada dólar gasto em transações com o cartão American Express, a empresa contribuiu com um centavo para a causa da restauração. Durante a campanha, o uso do cartão aumentou 27%, a solicitação para novos cartões aumentou 45% e a American Express conseguiu arrecadar 1,7 milhão de dólares. A Estátua da Liberdade foi recuperada a tempo de comemorar seu centenário em 1986.[6]

Embora este programa fosse novo e diferente na época, fez sentido, segundo Welsh, "porque se baseou numa visão clara do negócio. Vimos que uma promoção inteligente, informativa e positiva de uma causa subvalorizada ou de um problema incompreendido podia estimular tanto o interesse e o patrocínio comercial dos clientes, contribuindo para a boa reputação e para o lucro da empresa".[7]

De certo modo, seria possível argumentar que esta campanha não só deu início ao conceito de marketing relacionado a causa, mas também sinalizou o início de uma mudança em relação às pessoas – e ao marketing de marca –, trabalhando juntos para mudar o mundo, aos poucos, em seu dia a dia.

Fazer o Bem Faz Bem Para os Negócios

"A Internet politizou tudo e criou um consumidor atualizadamente informado", escreveu Bloomjonah em sua coluna de 8 de outubro de 2007 na revista *Advertising Age*. "Para ter sucesso num ambiente como esse, muitos gerentes de marca... precisarão aprender a ter como propósito algo maior e mais complexo do que um posicionamento de marca."[8]

Existem várias razões instigantes por que fazer o bem faz sentido para uma empresa, começando por um aumento nas vendas. Um estudo sobre Causa Comportamental conduzido pela Cone/Duke University mostrou que 87% dos consumidores mudaram de uma marca para outra equivalente com base em sua associação com uma boa causa – o que representa um aumento de 33% desde 1993. Quando, por exemplo, um determinado xampu estava associado a uma causa, a marca viu um aumento de 74% nas vendas. São 74%!

Uma cobertura significativa – e com valor agregado – da mídia é outro benefício do marketing relacionado a causa. Simplesmente não existe nenhuma publicidade melhor do que a cobertura gratuita que uma fonte confiável de mídia pode proporcionar. É por isso que nossa agência de RP continua a buscar veiculações relacionadas a causas para nossas iniciativas de marketing – esses profissionais sabem que a mídia cobre o que ela acredita que seus leitores, espectadores e ouvintes querem ouvir, não o que os profissionais de marketing querem promover. Independentemente de nossa expectativa, Oprah e Salma Hayek não vão gastar 10 minutos em rede nacional de TV falando sobre uma fralda Pampers nova e melhorada. Mas vão *sim* (e fizeram) falar sobre como a Pampers está doando vacinas para crianças na África por cada pacote de fraldas adquirido – um programa que distribuiu 136 milhões de vacinas e ajudou a evitar a morte por tétano de 87 mil recém-nascidos em um ano.[9]

> *Pais e mães devem acreditar que a Pampers é a melhor escolha para seus bebês. Eles querem marcas que não são apenas boas em valor, mas que apoiam os valores deles.*
>
> — JODI ALLEN, VICE-PRESIDENTE DA DIVISÃO DE BEBÊS,
> PROCTER & GAMBLE

Mesmo em tempos de crise econômica, a maioria (71%) dos consumidores no mundo inteiro diz que estão dedicando o mesmo tanto (ou mais) de tempo e dinheiro para causas que consideram merecedoras, e mais da metade deles continuará a comprar marcas que apoiam causas, mesmo que a um preço elevado.[10]

Mas não é suficiente simplesmente fazer o bem. Assim como qualquer outra forma de marketing, o marketing relacionado a causa deve ser feito de maneira correta e bem executado. Existem três "fundamentos" que asseguram um bom marketing relacionado a causa:

1. *Seu público-alvo deve acreditar na causa.* Comece entendendo quais causas estão no coração de seu cliente-alvo. Se pretende atingir um mercado amplo e generalizado, escolha algo com um apelo abrangente tal como a Cruz Vermelha ou a United Way. Se seu alvo é mais restrito ou focado, provavelmente você já saiba quais são as causas que essas pessoas valorizam mais. Se não tem cer-

teza, por que não pedir sugestões através de uma ferramenta de comunicação como o e-mail? O fato de estar buscando a opinião do consumidor só faz aproximar mais as pessoas de sua marca.

2. *Sua marca deve ter relação com a causa.* Você não conseguirá conquistar negócios ou fãs se não existir um elo orgânico entre o que sua marca representa e a causa em que está investindo. Tudo o que faz em prol de sua marca reflete em seu valor, bem ou mal. Faz sentido a Pampers doar vacinas para crianças africanas porque é uma marca focada em melhorar o desenvolvimento infantil; assim como faz sentido para a Pantene estimular seus clientes a cortar e doar o cabelo para confeccionar perucas para vítimas de câncer. No marketing relacionado a causa, relevância equivale a valor agregado.

3. *Seu investimento deve ter significado.* Isso pode parecer trivial, mas vale a pena repetir: os consumidores não apoiarão um programa que não atinja um limite mínimo, com valor, de retorno – e usarão cada vez mais a Internet para protestar contra qualquer mesquinhez percebida. Isso não quer dizer que você precisa doar todo seu lucro para caridade, ou que os consumidores acharão cinco centavos por compra insignificante. Lembre-se, o AmEx doou apenas um centavo por dólar de transação para o fundo de restauração da Estátua da Liberdade e a campanha foi um enorme sucesso. Em última análise, você precisa descobrir que montante tem significado para sua marca. Comece examinando o tamanho de sua marca. O fato é que: as pessoas esperam que marcas grandes sejam grandes gastadoras. Mas antes de curvar-se perante os prospectos, saiba que é perfeitamente aceitável basear a maioria dos programas em um modelo "pague-por-performance" – significando que você só dá quando uma compra é feita.

A Pedigree é uma marca que abraçou o marketing relacionado a causa cobrindo todos esses fundamentos. Sua motivação vem do triste fato de que "mais de 4 milhões de cães são abandonados e abrigados em canis a cada ano. E cada um deles merece um lar amoroso". Por meio de marketing na TV, impresso e on-line, a marca obteve sucesso em comunicar as pessoas sobre a necessidade urgente de lares para esses cães abandonados, chegando até ao ponto de escrever uma carta aberta ao presidente Barak Obama, num anúncio publicado nos principais jornais americanos, pedindo que ele adotasse um cachorro do abrigo como Primeiro Cão (o que surtiu efeito em criar um diálogo nacional durante um período de poucas notícias).

Por meio de doações feitas pela marca a cada compra de rações Pedigree, foi criada a Fundação Pedigree, uma ONG privada "dedicada a ajudar cães abandonados a encontrarem um lar, dando suporte ao bom trabalho de abrigos e organizações de resgate por todo o país". A empresa também criou um site com recursos valiosos, tais como links para canis, no qual os visitantes podem obter informações sobre voluntariado e vídeos enternecedores sobre cães adotados se adaptando a suas novas famílias.

Até hoje, a Pedigree já contribuiu com US$ 250 mil para a fundação e os consumidores já contribuíram com um adicional (impressionante) de US$ 1,38 milhões. A Pedigree viu um crescimento substancial nas vendas como resultado da campanha – um aumento de 10% em relação ao ano anterior, que saltaram as vendas para mais de US$ 1 bilhão pela primeira vez na história da empresa. Além disso, ela ganhou reconhecimento ao conquistar o prêmio Kelly Awards de publicidade em revistas no valor de US$ 100 mil, que a agência TBWA\Chiat\Day prontamente doou para a Fundação Pedigree. Certamente, o mais importante disso tudo é que a vida de 100 mil cães foi salva.[11]

Faz perfeitamente sentido para uma marca como a Pedigree canalizar seu entusiasmo e seus dólares de benemerência para proteger cães, mas o que uma marca de cosméticos tem com isso? Para a cultuada empresa de cosméticos MAC, cuja marca abrange homens e mulheres com o lema "Todas as idades, todas as raças, todos os sexos", dar suporte a homens, mulheres e crianças contaminados pelo HIV foi, segundo Nancy Mahon, vice-presidente sênior da MAC Cosméticos, "parte integrante do modelo de negócios e de nossa filosofia". Quatorze anos depois da criação de seu programa Viva Glam, com 100% das vendas do batom de

US$ 14 destinados à benemerência (sim, espera-se que inclusive os varejistas abram mão de sua margem), a MAC Cosméticos ofereceu mais de US$ 128 milhões em doações até hoje. E o Viva Glam permanece como o único produto da linha MAC com campanha de publicidade – um fato ainda mais impressionante quando se considera que a marca pertence ao conglomerado gigante de cosméticos Estée Lauder. Mas os números da MAC mostram por que a Lauder é tão incentivadora – em seu relatório anual de 2008, a Lauder cita a MAC como a única razão para o aumento de 10,6% nas vendas da controladora em seu negócio de maquiagem de US$ 3 bilhões de dólares, provando que o marketing com valor agregado pode fazer diferença tanto na vida das pessoas como no resultado de uma empresa.

Alcançando a Excelência

Embora os programas da Pedigree e da MAC sejam diferentes, ambos foram bem-sucedidos em trazer valor para a vida das pessoas e gerar o máximo de retorno sobre o investimento para a empresa porque vão além do básico no marketing relacionado a causa. As melhores campanhas, ou seja, aquelas com realizações mais significativas têm várias outras características em comum.

1. A Causa Dá Suporte à Marca
O melhor marketing relacionado a causa é recíproco, isto é, a organização objeto da causa em si trabalha para promover sua marca. Vinte e cinco anos depois de a empresa inventar o marketing relacionado a causa com a renovação da Estátua da Liberdade, o projeto Membros do American Express submete ideias para criar um verdadeiro impacto no campo das artes e da cultura, desenvolvimento de comunidade, educação, saúde ou meio ambiente. Exemplos de ideias incluem cursos de alfabetização para adultos, empréstimos para pequenas empresas, iniciativas para tratamento de água, programa de vacinação para crianças carentes e esforços para reconstruir comunidades necessitadas. O site da American Express ostenta: "Suas idéias. Sua decisão. Nosso dinheiro". Depois que um conselho consultivo fez uma pré-seleção das ideias envia-

das, os membros do cartão foram estimulados a votar nas ideias que eles achavam que o American Express deveria apoiar. Isso trouxe um grande aumento de conscientização e engajamento das pessoas e organizações por trás das causas sugeridas – elas literalmente fizeram o marketing para a American Express. Em 2007, o vencedor do concurso de US$ 2 milhões foi o projeto Água Potável Segura para as Crianças, uma causa apresentada por Greg Allgood, um especialista em saúde pública que trabalha para a marca de filtros de água PUR da Procter & Gamble. Ao promover sua própria causa na esperança de obter um suporte financeiro adicional, a própria Procter & Gamble investiu na marca American Express! O ano de 2008 viu um total de 8 mil ideias de projetos serem apresentadas, 400 mil pessoas registradas para participar e 1,8 milhão de visitantes ao site da American Express, 20% a mais que em 2007. Com base no feedback de que um concurso do tipo um único vencedor "leva tudo", deixando de lado muitas causas valiosas (e associados apaixonados), a American Express elevou a contribuição em 2008, aumentando o patrocínio para US$ 2,5 milhões e dividindo o prêmio entre cinco projetos diferentes, incluindo um projeto de orientação para detecção precoce do mal de Alzheimer e uma iniciativa para oferecer suprimentos para escolas em comunidades carentes. A Whole Foods seguiu um caminho semelhante beneficiando sua marca singular. A empresa mantém uma forte crença em dar suporte aos menos favorecidos – neste caso, produtores locais e causas locais. Seu programa "moeda de madeira" funciona de duas maneiras: primeiro, estimulando os clientes a usarem sacolas de compras reutilizáveis e recompensando esta atitude protetora do meio ambiente com uma contribuição beneficente. Para cada sacola levada à loja, o caixa dá uma "moeda de madeira", que depois é depositada numa das três urnas que representam projetos beneficentes locais. A Whole Foods então faz uma doação em dinheiro para cada projeto com base nas moedas coletadas. Contribuir para a comunidade é uma maneira maravilhosa de terminar uma compra e, como cada loja escolhe as causas locais que querem apoiar, as organizações beneficentes retribuem o favor fazendo "marketing" para que seus patrocinadores comprem na Whole Foods. Ao escolher múltiplas causas, a Whole Foods multiplica o apoio recíproco que recebe de sua benemerência, criando múltiplos canais para um boca a boca com significado. Por exemplo, o website da Fundação dos Parques de Cincinnati estimula os apoiadores a comprar na Whole Foods e depositar suas moedas de madeira nas urnas das lojas. É difícil encontrar uma propaganda melhor que essa. Ao lançar sua linha Green Works de produtos de limpeza naturais em janeiro de 2008, a Clorox sabia que precisava sanar dúvidas sobre a verdadeira natureza "verde" de sua fórmula. Então trabalhou com o Sierra Club para ganhar seu apoio para a linha. Segundo Katerine Hagan, diretora de marketing de sustentabilidade ambiental da Clorox, o Sierra Club testou rigorosamente a linha Green Works antes de permitir que a Clorox apresentasse seu nome e logotipo nas embalagens do produto. Como parte deste relacionamento, o Sierra Club recebe uma contribuição baseada em parte numa porcentagem da venda dos produtos. Este apoio de um grupo ambiental de peso ajudou o Green Works da Clorox a tornar-se rapidamente uma marca líder e dobrou o tamanho da categoria de produtos de limpeza naturais. Para o Sierra Club, isto não só trouxe conscientização de marca e US$ 470 mil em contribuições da Clorox no primeiro ano, mas também ajudou o grupo a atingir sua meta de tornar os produtos de limpeza naturais uma tendência no mercado.

2. Compromisso no Longo Prazo

Como certamente já saiba, grande parte dos programas de marketing são iniciativas de curto prazo. Seja o lançamento de um novo produto ou projetos de marketing relacionados a causa, a mentalidade de três meses "lançar e sair" está disseminada em nosso setor... Você trabalha naquela *coisa novíssima* assim que essa *coisa novíssima* é lançada e continua trabalhando nela até que essa *coisa novíssima* se torne a *coisa nova atual* – e assim por diante. Um dos benefícios mais atraentes do marketing relacionado a causa é que pode construir um valor de longo prazo para sua marca. Embora um programa de curto prazo possa impulsionar as vendas temporariamente, ele tem pouca probabilidade de gerar uma "lealdade além da razão" duradoura em seu público-alvo. Na verdade, o consumidor atual é mais cínico no geral e mais cético em relação ao marketing em particular, e pode ver seu programa de marketing relacionado a causa de curto prazo como uma iniciativa não sincera. Um apoio sustentado ao longo do tempo aumenta a conscientização sobre o vínculo entre sua marca e a causa escolhida, que vale a pena enfatizar, visto que o aumento da conscientização usualmente é a maneira número 1 de melhorar o impacto de qualquer tipo de marketing. Um compromisso sustentado também o ajuda a aprender e melhorar seus esforços continuamente, visto que cada ano lhe dá uma oportunidade de testar novas ideias e comparar o resultado do ano atual com o anterior. Na verdade, a mudança contínua é importante, na medida em que as pessoas querem notícias frescas para mantê-las engajadas e continuar falando para os amigos sobre sua marca, e a mídia não cobrirá este ano a mesma história que cobriu no ano passado. Quando se trata de marketing relacionado a causa, o melhor conselho é ir longe e a fundo. Renderá dividendos, como constataram essas marcas que estão lançando suas campanhas de marketing relacionado a causa e alavancando essas campanhas em compromissos de longo prazo. A marca Yoplait da General Mills oferece um excelente exemplo de construção de significado e crescimento da empresa por meio do suporte contínuo a uma causa. Quando pediram a 6 mil pessoas dos Estados Unidos, Reino Unido, Brasil, Canadá, França, Alemanha, Índia, China e Japão, no segundo estudo anual conduzido pela Edelman, para citar uma marca que associavam a uma boa causa, elas disseram: Yoplait. E no equivalente moderno da melhor cobertura de mídia, os 10 anos de compromisso da Yoplait em patrocinar a Fundação Susan G. Komen para pesquisa do câncer de mama é o primeiro exemplo citado em "marketing relacionado a causa" por ninguém menos que a Wikipédia. Desde 1998, a Yoplait contribui com 10 centavos para a fundação por cada tampa com uma marcação especial enviada pelos consumidores. Aqueles que se dispõem a juntar e devolver as tampas se sentem bem consigo mesmos e com o impacto positivo que estão causando em benefício da saúde, mas também se sentem bem sobre o papel que a Yoplait desempenha em facilitar este apoio. Aqueles que não enviam as tampas – e até os que nem mesmo compram produtos da marca, mas que vêem a embalagem rosa brilhante ao percorrerem a gôndola de laticínios no mercado – também são influenciados, visto que a propaganda aumenta a conscientização sobre o assunto e estimula o autoexame. E a despeito do compromisso de longo prazo da Yoplait, ela não descansou em seus louros significativos. Em 2001, a empresa se tornou o principal patrocinador da Corrida para a Cura, uma maratona realizada todos os anos para levantar fundos adicionais para pesquisa sobre o câncer de mama e, em 2008, a marca acrescentou um site onde amigos podiam criar equipes de corrida e organizar esforços de coleta de tampas. Até o momento, a empresa contribuiu com mais de US$ 19 milhões para a causa.

3. Proporcione Benefícios Mesmo Sem a Compra

Lembre-se de um dos princípios básicos do marketing com valor: *o marketing da marca proporciona valor para a vida de um consumidor, mesmo que ele nunca compre o que você está vendendo*. Agora aplique este conceito ao marketing com causa e terá o programa do detergente Tide "Levas de Esperança". Alguns anos atrás, durante um período de agitação na Venezuela, a marca Ariel da Procter & Gamble montou lavanderias gratuitas naquele país para proporcionar um local seguro e limpo para que as mulheres lavassem as roupas da família. Bem, lavanderia não parece ser uma prioridade num país em situação de tumulto, mas é. E uma marca que vem em socorro num momento de estresse – enquanto literalmente garante que os consumidores possam continuar a usar seus produtos com uma interrupção mínima – tem uma chance excelente de criar lealdade profunda e duradoura. Em novembro de 2005, em meio a calamidade causada pelo furacão Katrina, a marca Tide levou este exemplo ao pé da letra, oferecendo acesso grátis a 30 lavadoras e secadoras e a quantidades ilimitadas de produtos de lavanderia, incluindo Tide, Downy e Bounce, para os habitantes de New Orleans que estavam sem eletricidade – ou, em alguns casos, até mesmo sem casa – para que pudessem lavar roupas molhadas e mofadas. Como diz o site do Tide, em meio a uma calamidade, pequenos confortos fazem uma grande diferença e 35 mil levas de roupa – e vendas de 25 mil de camisetas Tide (cuja receita foi usada para construir casas para pessoas da Luisiana) – depois, os consumidores declararam "a marca me toca" e "me ajuda a sentir que estou empregando meu dinheiro sabiamente".

> *O programa Levas de Esperança é um pilar para o avanço da marca Tide. É o principal direcionador de tráfego para o Tide.com e a principal fonte de comentários positivos do consumidor e testemunhos em nosso grupo de relacionamentos. Uma parte importante do que estamos fazendo é nos conectar com o consumidor.*[12]
>
> — KASH SHAIK, GERENTE DE RELAÇÕES COM O CONSUMIDOR DA DIVISÃO DE PRODUTOS DE LAVANDERIA

Segundo o ex-diretor de Marketing Global da P&G, Jim Stengel, o Tide viu um crescimento nos principais indicadores de *equity* e de *marketing mix* (uma medida de ROI que compara todos os gastos de maneira igual) que revelou que este programa resultou em um "crescimento muito maior do que a publicidade tradicional". Esses resultados vieram independentemente de um vínculo direto (requerido) entre a compra do produto e a causa da marca.

4. TORNE A CAUSA UMA PARTE DA CULTURA DE SUA EMPRESA

O que acontece quando uma organização faz um investimento pessoal em uma causa? Se seu entusiasmo e compromisso com a causa são autênticos, essa paixão ficará clara para seu público-alvo nas grandes e pequenas maneiras como seu marketing é executado. De muitos modos, o tempo que você e seus funcionários dedicam é mais poderoso do que qualquer contribuição em dinheiro. Lauren Clark é uma fotógrafa de casamentos de Lubbok, Texas, que possui um site espetacular e um blog em www.laurenclarkphotography.com. Como ela trabalha sozinha, seu tempo é limitado, mas todos os anos ela oferece gratuitamente uma seção completa de fotografia de casamento para pessoas com necessidades especiais, usando seu blog para anunciar e compartilhar histórias. Então o que Lauren ganha com isso? Ela claramente ama o que faz, e como se pode ver pelo seu site, ela é ótima

REALIZAÇÕES COM VALOR *AGREGADO* **169**

nisso. O desejo de compartilhar seu talento é abnegadamente genuíno e, em termos de marketing relacionado a causa, fala alto para casais que estão buscando um fotógrafo de casamentos. As pessoas estão procurando alguém extraordinário para registrar seu dia especial, e o esforço de Lauren demonstra a clientes potenciais que ela tem coração de sobra. Outro programa inteligente de marketing relacionado a causa pode ser encontrado numa empresa chamada Innocent Drinks, uma nova marca de suco engarrafado do Reino Unido. Alguns anos atrás, a gerência da empresa ficou chocada ao saber que todos os invernos mais de 25 mil idosos no Reino Unido morriam de doenças relacionadas ao frio. Em 2003, a Innocent lançou uma promoção chamada "Tricotando Grande", em que pequenas toucas tricotadas – doadas por fãs da marca e outros bons samaritanos – são colocadas nas garrafas da marca na lojas. Para cada garrafa vendida, a Innocent doa 50 pences (cerca de US$ 1) para a Age Concern, uma organização que fornece toucas, refeições quentes, cobertores e outros itens para manter os idosos aquecidos. Quanto mais toucas tricotadas a empresa recebe, mais garrafas são cobertas e mais doações a Innocent faz para a Age Concerns. O que é realmente notável é como todos os funcionários da Innocent parecem aderir à causa também. Eles se reúnem para tricotar – e senhoras idosas até os visitam para ensinar – e compartilham o que as pessoas mandam e histórias no blog da empresa e numa conta Flickr. Mas não é apenas o envolvimento dos funcionários que faz a diferença – é sua atitude. Como o site da Innocent (www.innocentdrinks.com) deixa claro:

> Agradecemos por tudo que vocês enviaram este ano. O caminho para as 500 mil toucas foi árduo, repleto de chás e de horas do bater das agulhas, mas conseguimos ao final. Obrigado é uma coisa antiga de se dizer, as pessoas usam indiscriminadamente, mas queremos que todos saibam o quanto realmente somos gratos. Não teríamos conseguido sem o seu apoio. Vocês são especiais. Chegamos lá.

Em 2007, a Innocent arrecadou impressionantes £ 200 mil. Mais importante ainda, cada libra arrecadada foi sentida pessoalmente pelas pessoas que trabalham nesta maravilhosa empresa em ascensão. Investimentos em cultura corporativa como este ajudam a reter e a atrair talentos no mercado. De certo modo, a cultura corporativa é o novo marketing.

5. A Marca Cria a Causa, ou a Marca se Torna Causa

Não é difícil para uma marca se associar a uma causa, mas um marketing relacionado a causa verdadeiramente notável acontece quando uma marca identifica um problema e age ela mesma para buscar apoio. A Häagen-Dazs é uma dessas empresas que empreendeu isso de maneira brilhante com o Vanilla Honey Bee, um novo sabor lançado em fevereiro de 2008, criado expressamente para apoiar ações voltadas para deter e reverter o declínio repentino na população de abelhas, que, em virtude da importância para a polinização das plantas, é um risco direto para a produção de todas as marcas de alimentos, incluindo a Häagen-Dazs. A marca fez diversas coisas certas ao criar uma causa baseada nesta questão – de desenhar um website para aumentar a conscientização sobre o problema a doar uma parte de suas vendas de todos os sabores que usam mel para pesquisa. Na categoria "muito além da obrigação", a Häagen-Dazs criou o primeiro encarte para revistas de sementes para plantio; e a diretora da marca, Katty Pien, levou sua paixão pela causa tão longe quanto ir ao Capitólio testemunhar perante o Congresso para arrecadar fundos para pesquisas adicionais sobre a extinção das abelhas. Segundo Christine Chen da Gooby, Silverstein & Partners, a agência por trás do programa: "Achamos que isso nos permitia permanecer fiéis a quem somos e mostrava claramente aos consumidores nosso sentimento pela causa. Provavelmente foi algo que surpreendeu os consumidores porque eles nunca haviam pensado antes sobre a marca dessa maneira".[13]

A devoção da Häagen-Dazs pela causa é um diferenciador importante num mercado acirradamente competitivo, em que as pessoas têm muitas opções somente na categoria super *premuim* de sorvetes. Essa é também uma maneira singular de a Häagen-Dazs eliminar o abismo de "causa" com o concorrente Ben & Jerry's. Claramente os consumidores responderam entusiasticamente, na medida em que a marca atingiu sua meta de RP do *ano inteiro* de 125 milhões de impressões de mídia apenas nas duas primeiras semanas, a despeito de gastar apenas US$ 1 milhão

REALIZAÇÕES COM VALOR *AGREGADO*   **171**

no programa. A *brand advocacy* (defesa de marca) entre os consumidores chegou a 69%, a mais alta entre as 19 marcas analisadas, a conscientização espontânea de marca cresceu de 29% para 36%, e as vendas como um todo aumentaram 16% em 2008.[14]

Uma coisa é uma marca criar uma causa – *tornar-se* a causa é outra bem diferente. Como diz Carol Cane na *Harvard Business Review*, "Algumas empresas estão levando o CRM para um outro nível, [criando] *'cause branding'* (*branding* relacionado a causa). Mais do que uma promoção por tempo limitado, um programa de *cause branding* é um componente fundamental da identidade corporativa e da estratégia geral de uma empresa. Os envolvidos em *cause branding* se aprofundam na história, valor e cultura da empresa para desenvolver programas abrangentes que são exclusivamente seus e não podem ser duplicados facilmente".[15]

A Newman's Own é um exemplo perfeito de marca que foi criada unicamente a partir do desejo de Paul Newman de oferecer alimentos de qualidade para beneficiar grandes causas. Desde seu lançamento em 1982, a Newman's Own já doou 100% de seu lucro, descontados os impostos, para o que chama de "causas progressivas" nos Estados Unidos e no exterior – no valor de US$ 250 milhões. Alimentada pela declaração pessoal de Newman de missão da empresa – "exploração sem modéstia em busca do bem comum" –, a linha de produtos continua a crescer, juntamente com a benemerência da marca, sob a liderança da filha de Paul Newman, Nell, a despeito de Paul já ter falecido.

Talvez nenhuma empresa personifique melhor "marca como causa" do que a Patagonia sediada na Califórnia. Fundada em 1972 por Yvon Chouinard, a Patagonia é mais do que simplesmente uma empresa de roupas esportivas favorita entre os praticantes de atividades ao ar livre. Com uma declaração de missão como "Faça o melhor produto, não cause danos desnecessários, use o negócio para inspirar e implemente soluções para os problemas ambientais", esta empresa define padrões altos e parece cumpri-los, tanto sob o ponto de vista de significado como do financeiro. Embora os clientes comprem os produtos Patagonia para desfrutar melhor de atividades ao ar livre e minimizar seus rastros no planeta (os curiosos podem acompanhar o impacto de 10 produtos da marca desde o design até a venda em www.patagonia.com), o marketing da empresa visa melhorar o mundo concentrando-se em questões ambientais *e* convocando seus clientes a aderirem a causas semelhantes. O objetivo de uma campanha de marketing recente, por exemplo, foi proteger permanentemente o 1,5 milhão de acres da planície costeira da ANWR – a reserva nacional de vida selvagem da região do Ártico. O catálogo de inverno de 2008 da Patagonia apresentava nas primeiras duas páginas destaques de sua campanha "Freedom to Roam", uma iniciativa de longo prazo dedicada a estabelecer rotas de migração para os animais entre áreas protegidas.

Se o Burger King conseguiu entrar para os anais do marketing com valor por seus esforços pioneiros em *advergames*, é possível dizer que a Patagonia conseguiu sua condecoração por excelência em *adverlogs*. O catálogo da Patagonia compete com a revista *National Geographic* em sua beleza e conteúdo – fotografias de ação aparecem de um lado do catálogo com informações do produto do outro. Um endereço URL abaixo de cada foto convida o leitor a visitar o site para saber mais sobre as pessoas na foto. A mensagem da Patagonia é comunicada em cada peça de marketing que a marca veicula. O fundador Chouinard escreve "Chegamos a um equilíbrio que consideramos ideal: 55% de conteúdo de produto e 45% dedicado a mensagem – artigos, histórias e fotos. Sempre que mudamos a proporção deste conteúdo aumentando a apresentação de produto, experimentamos na verdade uma queda nas vendas".[16] E como seria de esperar, a página inicial do catálogo diz: "Quando você terminar de ler, por favor, passe para um amigo ou recicle". (Confirmando este desejo, edições passadas do catálogo estão à venda no eBay.)

No livro *Marketing That Matters*, os autores Chip Conley e Eric Friedenwald-Fishman apontam três diretrizes em que a estratégia de marketing da Patagonia se baseia: (1) inspirar e educar em vez de promover; (2) ganhar credibilidade antes de adquiri-la – "os melhores recursos para nós são as recomendações boca a boca de um amigo ou comentários favoráveis na imprensa", e (3) anunciar somente como último recurso. A Patagonia estima que recebe uma cobertura de mídia que equivaleria a cerca de US$ 7 milhões em despesas anuais com publicidade.[17]

Esses esforços qualificariam a Patagonia como uma empresa com valor mesmo se não vendesse nada – mas vende, e muito. A receita cresceu consistentemente de 5% a 7% ao ano e as margens operacionais estão no limite máximo da média do setor entre 12% a 15% – e isso após doar 1% do total das vendas (ou 10% do lucro, o que for maior) a grupos ambientais. Desde 1985, quando Chouinard cofundou a ONG Um Por Cento para o Planeta, a Patagonia doou US$ 25 milhões para mais de mil organizações.

Isso é um atitude com significado para salvar o planeta e mudar o mundo.

Prepare-se para o Pior Quando Está Fazendo o Melhor

Existe um ditado antigo "Nenhuma boa ação passa sem punição" e, se você busca a forma mais elevada de marketing de realização, deve estar disposto e ser capaz de defender sua posição daqueles poucos que inevitavelmente tentarão rebaixá-lo um degrau ou dois.

1. *Cumpra suas promessas.* Se não fizer isso, a multidão irá rebaixar você para um lugar inferior àquele de onde começou e provavelmente nunca mais confiará em sua marca. A British Petroleum (BP) é um exemplo. Nos últimos anos, ela focou sua publicidade em posicionar-se como uma "marca verde". Mas esta mensagem positiva foi altamente afetada quando a empresa recentemente submeteu um pedido de aprovação – que foi concedido – para despejar 54% mais amônia e 35% mais resíduos sólidos de sua refinaria em Whiting, Indiana, no lago Michigan. A empresa mais tarde cortou seus investimentos em energia alternativa e abandonou um projeto de captura e armazenamento de carbono na Escócia.[18]

2. *Ações falam mais alto que palavras.* O exemplo da BP também nos lembra que as empresas não podem vender apenas falando sobre seu compromisso com uma causa; elas precisam empreender ações verdadeiras que mostrem um impacto significativo no mundo. Em vez de gastar milhões de dólares em anúncios na TV se denominando "verde", a BP poderia ter criado algum

serviço novo para provar seu compromisso. Considere a Pickup-Pal, que se autodescreve como "uma revolução nos transportes globalmente amiga do meio ambiente que conecta motoristas, passageiros e encomendas com os lugares aonde precisam ir". É basicamente o equivalente digital do quadro de avisos ou fóruns da faculdade. A BP poderia (na verdade ainda pode!) ter usado esta ideia antes, para de fato ajudar seus clientes a economizar combustível e paralelamente ajudar o meio ambiente. Assim como uma das muitas bandeiras de banco multinacionais deveria ter inventado o Kiva, o primeiro site de microcrédito pessoal, por meio do qual as pessoas podem financiar projetos específicos de empreendedores de países em desenvolvimento. O programa está recebendo numerosos prêmios e reconhecimento mundial de pessoas como Bill Clinton e Oprah Winfrey.

3. *Não dê uma de Maria vai com as outras.* Outubro é o mês da Conscientização Nacional do Câncer de Mama, e uma tonelada de marcas (admiravelmente) se oferecem para apoiar esta causa valiosa. Mas isso pode ser um tiro pela culatra e levar a uma sobrecarga de causa. No ano passado, vi um banner divulgando uma edição especial do aspirador Oreck que oferecia uma doação para o programa Cure da fundação Susan G. Komen. A página promocional do site tinha o título "Uma causa poderosa. Um aspirador poderoso", e embora o site incluísse algumas informações sobre o programa, seu principal foco eram as características do produto e afirmações sobre performance, "Forte o suficiente para sugar uma bola de boliche". Tenho certeza de que o coração das pessoas da Orek está no lugar certo. É uma causa válida e uma maneira nova de vender aspiradores, mas me deixou em dúvida sobre o verdadeiro significado e o resultado do marketing de um programa como esse. O anúncio certamente atraiu minha atenção, porém mais porque parecia estranho do que sincero. A lição é: não dê uma de Maria vai com as outras só porque parece a coisa certa a fazer – as pessoas conseguem enxergar o que há por trás de uma intenção sutilmente mascarada e irão acusá-lo.

4. *Espere pelo contratempo, mas mantenha a superioridade.* Nenhuma boa causa está imune a críticas e sentimentos negativos. O Greenpeace fez paródias das campanhas da Dove em protesto ao uso do óleo de palma, uma vez que seu cultivo está relacionado à morte de orangotangos na Indonésia. E os esforços da Pampers em doar vacinas para bebês na África recebeu o protesto de pessoas que acreditam que as vacinas estão associadas ao autismo.

O que fazer nessas situações? Primeiro, saiba que seus oponentes estão tentando intimidá-lo. Ouça com atenção e demonstre consideração e empatia, então deixe seus consumidores defendê-lo. Se seu coração e ações estão no lugar certo, eles afastarão seus opositores.

PARTE 2

COMO IMPLEMENTAR MARKETING COM VALOR *AGREGADO* EM SUA EMPRESA?

A esta altura do livro, você deve ter dúvidas. Com certeza, o marketing com valor parece ótimo no papel, e ver alguns exemplos de empresas que estão mudando suas estratégias é interessante, mas pode lhe parecer que já viu esse filme antes. Os gurus do marketing são famosos por chavões que parecem ótimos na estante, mas falham em proporcionar uma abordagem que os gestores de marcas podem usar na prática. Eles oferecem histórias e exemplos excepcionais, mas raramente apresentam um embasamento para que você convença seu chefe sobre uma nova abordagem. Assim como em grande parte da propaganda atual, há muito barulho e pouco conteúdo.

A abordagem padrão que esses livros usam é apresentar um conceito, compartilhar diversos exemplos e terminam com uma chamada para voltar ao trabalho e fazer acontecer. Neste livro, o propósito da Parte I foi convencê-lo de que precisa abraçar o Marketing com Valor *Agregado* para sua marca sobreviver às mudanças fundamentais que estão ocorrendo nos hábitos do consumidor e também lhe apresentar uma nova estratégia para o sucesso que tem o suporte de um modelo lógico e de dezenas de casos de estudo. Agora que já entende o conceito de Marketing com Valor *Agregado*, e já foi exposto a uma ampla variedade de exemplos, é hora de arregaçar as mangas e descobrir como fazer mudanças fundamentais no processo de marketing de sua empresa.

O principal objetivo deste livro é ajudá-lo, caro profissional de marketing, a fazer pessoalmente a mudança para este novo paradigma. Sendo assim, na Parte II, ofereço um guia que poderá consultar para seguir com sucesso os passos dos pioneiros apresentados na Parte I.

Em minha experiência pessoal como gestor de marca, entendo como é difícil mudar uma organização. Ler um livro instigante e defender uma estratégia é cerca de 1% do trabalho. Na verdade, vender a nova estratégia para seu chefe e executá-la com sucesso são os outros

99%. As forças de resistência em uma empresa podem ser grandes: o jurídico ainda não sabe ao certo quais são as regras nos novos espaços de comunicação, a alta administração se sente mais confortável com o pré-teste de anúncios na TV e com Gross Rating Points (Ibope) e sua agência de publicidade está constrangida em admitir que não tem experiência em novas abordagens.

Também entendo que um obstáculo ainda maior para a mudança é a falta de um processo para fazer essa mudança acontecer. Não importa onde trabalha, provavelmente tem um planejamento de marketing e um processo de execução, e este processo certamente esta incutido em sua mente e incrustado em um calendário de 18 meses. Sua empresa provavelmente refinou este processo para reduzir custos e manter o desperdício de tempo num nível mínimo. Seus clientes no varejo, franqueados e acionistas estão acostumados a ver os anúncios e os planos de mídia usuais. E se você acredita no Marketing com Valor *Agregado* o bastante para dar o salto, provavelmente está pensando por onde começar.

A Parte II vai conduzi-lo passo a passo por uma abordagem para implementar esta mudança organizacional. É mais uma evolução do que uma revolução em relação ao que faz hoje. Os passos são:

- Estabelecer os objetivos da empresa.

- Reunir os *insights* relevantes do consumidor.

- Desenvolver e lançar o plano de marketing.

- Medir os resultados e continuar evoluindo.

Você provavelmente quer usar este caminho sugerido como ponto de partida para criar o processo que melhor funciona para sua organização. Eu o estimulo a compartilhar este livro com o maior número possível de pessoas da sua equipe para começar a engajá-los no processo. Afinal, você precisará de uma forte equipe de adeptos para dar vida a um modelo de marketing totalmente novo.

COMECE PELO FIM
O QUE VOCÊ ESPERA ALCANÇAR?

Seja seu desejo vender detergente para roupas ou convencer as pessoas a fazerem rodízio de carros entre si, todo marketing começa com a definição de objetivos – os resultados que espera alcançar. Antes que possa criar marketing com qualquer valor agregado, antes que possa até mesmo pensar sobre como melhorar a vida de seus clientes, você precisa focar nas melhores maneiras de melhorar a vida de seus acionistas. Se quiser incrementar seus números no curto prazo e estimular a lealdade além da razão no longo prazo, deve identificar as forças-motrizes fundamentais de seu negócio e as oportunidades que têm a maior chance de impulsionar as vendas e o lucro, escolher as metas corporativas corretas para seu programa de marketing com valor e vender com sucesso a abordagem para a alta administração. Este capítulo mostrará exatamente como fazer isso.

Não Desperdice Seu Dinheiro Anunciando Anéis de Noivado para Homens Casados

Para a Sears Holding Corporation (SHC), a ideia de criar Marketing com Valor *Agregado* não surgiu de uma sessão de dia inteiro de *brainstorming* na sede da empresa em Chicago – ao contrário, aconteceu num dia comum enquanto o CEO, Eddie Lampert, estava passando os olhos na

> **Conquistar um cliente novo custa de cinco a sete vezes mais do que manter um relacionamento lucrativo com um cliente existente.**
> **— Marc Fleishhacker**

correspondência da família. Entre catálogos e propagandas, Lampert se deparou com um folheto – da Sears – anunciando anéis de noivado. Um homem casado com três filhos, Lampert, de repente se deu conta de que sua empresa não conhecia muito bem os clientes.

Lampert, o investidor que comprou o Kmart em 2003 (após a empresa decretar falência em 2002) e acrescentou a Sears à cadeia em 2004, estava em busca de uma nova maneira de expandir a empresa há algum tempo. Após focar no fechamento de lojas não lucrativas, fundir as duas grandes corporações e seguir a mesma fórmula usada há anos – eventos de venda frequentes, grandes campanhas na TV e montanhas de malas diretas idênticas para todos os domicílios do país – Lampert percebeu que buscar conhecer os clientes da Sears e usar essa informação para criar marketing personalizado proporcionaria um diferencial para a empresa em relação a seus competidores (Walmart, Target e Best Buy) que vendiam produtos semelhantes.

"Conquistar um cliente novo custa de cinco a sete vezes mais do que manter um relacionamento lucrativo com um cliente existente", diz Marc Fleishhacker, diretor da Ogilvy Consulting,[1] a empresa que desenvolveu a nova abordagem de marketing da Sears, incluindo seu objetivo primordial: aumentar a participação e a lucratividade, melhorando o marketing para clientes existentes. Com este objetivo em mente, o time de marketing lançou sua remodelagem de marketing reduzindo drasticamente seus anúncios de TV tamanho único e – talvez de alguma maneira ao contrário do que seria esperado – deliberadamente *expandindo* seu marketing direto. Ao utilizar seu rico banco de dados de informações sobre compras on-line e na loja para prever o interesse do cliente, a empresa pôde oferecer promoções relevantes por e-mail e on-line (por exemplo, aqueles que compraram um eletrodoméstico na Sears receberam uma oferta pós-venda de garantia estendida). A SHC também pôde criar ofertas de desconto personalizadas com base no valor histórico de longo prazo de cada cliente individualmente.

A SHC também criou uma comunidade on-line, MySears.com e estimulou os consumidores a criarem seus próprios perfis no site, não só para ajudar a empresa a fazer um marketing direto melhor e mais focado, mas também para permitir que os clientes tirassem proveito da sabedoria coletiva da comunidade SHC para ficarem mais bem informados e fazerem compras melhores. Após indicar seus interesses no formulário de registro, os clientes recebem informações gratuitas sobre assuntos que lhes são de maior importância, incluindo manuais do tipo "como fazer" (como comprar aquecedor de ambientes, o que verificar ao comprar um colchão etc.) e críticas relevantes de outros membros sobre produtos (incluindo vídeos e fotos). E como bônus adicional, o site oferece aos membros a oportunidade de criar uma lista de amigos a partir de pessoas com interesses semelhantes, que a SHC pode garimpar para futuros eventos e promoções.

Segundo Rob Harles, vice-presidente sênior da SHC e dono do programa, as comunidades Sears e Kmart permitem que a empresa volte no tempo para os dias em que um vendedor simpático e prestativo podia fazer recomendações apropriadas para os clientes da vizinhança: "Ao conhecer melhor cada um de seis clientes, podemos oferecer uma variedade de produtos e preços melhores". E usando ferramentas de mídia social digital, a SHC também permite que seus clientes se ajudem mutuamente.

Ao focar em um objetivo muito específico, se implementado com sucesso, este tem grande probabilidade de gerar lucro *e* de criar lealdade de longo prazo e diferenciação num mercado altamente competitivo. A Sears proporciona um modelo excelente do que sua empresa ou marca deve fazer primeiro para criar um marketing com valor e resultados sólidos: escolher um objetivo corporativo que servirá como guia fundamental para a campanha que criará.

Como Objetivos de Curto Prazo Prometem Resultados de Longo Prazo

Uma maneira simples e útil de criar o processo de definir objetivos corporativos de curto prazo é usar o clássico "funil de vendas". Sei que existem vários gurus do marketing que afirmam que o funil de vendas está morto ou que é mais uma matriz do que um funil, o que pode ou não ser verdade, mas acho que ainda é um bom ponto de partida.

184 MARKETING COM VALOR *AGREGADO*

Um funil de vendas pode ser dividido em vários níveis. Comece fazendo uma análise detalhada de como seu produto ou serviço se classifica em cada um desses níveis. Estime que porcentagem de seu público-alvo está em cada nível e examine as razões por que esses percentuais são altos ou baixos. Os níveis usados num funil de vendas podem variar, mas para nossos fins o formato básico é suficiente:

- *Conscientização.* Este é o ponto de partida no processo de compra. É alcançado quando um cliente toma conhecimento de que seu produto, serviço ou mensagem existe e por que existe. Pode ser medida com pesquisas pré/pós, e pode ser subdividida em conscientização direcionada ("Você já ouviu falar da Marca X?") e conscientização espontânea ("Quais marcas você conhece?"). Geralmente, é nisso que nós, profissionais de marketing, gastamos a maior parte de nosso orçamento quando estamos lançando um produto novo. Despejamos dinheiro em conscientização na esperança de que um grupo grande entre no funil. Mas a conscientização pode vir a um custo alto e quase sempre requer mensagens repetidas para ganhar a atenção inicial do grupo-alvo. Cada vez mais, as marcas estão trabalhando para resolver problemas de conscientização definindo seu público-alvo mais estreitamente, ou para estarem presentes quando os clientes estão mudando seus hábitos ou entrando em categorias novas (um tópico chamado *ponto de entrada no mercado*, que será descrito mais adiante no Capítulo 7). De modo geral, quanto maior for o foco em seu público-alvo, mais fácil será descobrir um lugar com valor agregado para atingi-lo.

- *Consideração.* Nesta etapa, o cliente está no auge da avaliação de opções de compra, pesando os prós e os contras de experimentar o produto. Você pode descobrir em que posição seu produto se encontra fazendo a pergunta clássica de intenção de compra "Você compraria isso?". Esta pergunta geralmente é feita com opções de resposta, tais como "Certamente compraria", "Provavelmente compraria", "Talvez compraria", "Provavelmente não compraria" e "Certamente não compraria". Para fazer uma previsão generalizada, a maioria dos profissionais de marketing divide a porcentagem de "Certamente compraria" por dois e a porcentagem de "Provavelmente compraria" por quatro e, em seguida, soma os dois resultados para estimar que percentual de pessoas acabará comprando no decorrer de um ano. É importante notar que seu consumidor-alvo avalia seu produto ou serviço tanto racional (considerando intelectualmente seus benefícios e atributos) como emocionalmente (observando os sentimentos que a marca provoca). Isso significa que você tem a oportunidade de vencer nos dois *fronts*, proporcionando ao consumidor informações detalhadas e críticas sobre o produto, assim como conectando-se com ele num contexto mais pessoal. Além disso, lembre-se de que você não é a única marca que o consumidor está considerando – ele provavelmente está comparando-o com um ou mais de seus competidores e pesando o valor de seu produto ou serviço. Portanto, existem oportunidades para aumentar tanto a intenção de compra quanto a fatia de mercado oferecendo algo único e valioso por meio de um marketing que é diferente do de seus competidores.

- *Experimentação*. A fase de experimentação é desencadeada quando – você adivinhou – o cliente usa o produto ou serviço pela primeira vez. É um ponto crítico do processo, pois seu cliente está julgando seu desempenho em relação às expectativas que criou em seu marketing. Embora seja principalmente a qualidade de seu serviço ou produto que está em jogo, existem várias maneiras como o marketing com valor pode maximizar a experiência de experimentação. Por exemplo, você pode oferecer informações úteis, suporte técnico e atendimento ao cliente, experiências valiosas (discutidas no Capítulo 4) e até mesmo amostras grátis (abordadas no Capítulo 3) que permitem ao cliente experimentar o produto a um risco baixo.

- *Lealdade*. De modo geral, a lealdade mede a compra consistente de seu produto ou serviço e pode ser dividida em três subcategorias importantes: a medida da *participação de mercado* de sua mar-

> **Não existe referência às variáveis do modelo clássico tradicional, tais como alcance, frequência e continuidade (*recall*). Essas medidas são usadas apenas para avaliar a antiga mídia de interrupção e estão associadas apenas a esforços para estimular conscientização, consideração e experimentação.**

ca, em comparação com os concorrentes, num determinado domicílio; quanto de seu produto ou serviço cada consumidor compra ao longo de um ano (*consumo*) e com que frequência ocorre de fato uma transação (*frequência de compra*). Cada uma delas pode ser medida individualmente e focar em cada uma pode fornecer alvos úteis para o marketing com valor. Em contraste com a conscientização, que, como ressaltei, tende a receber a maior parte de seu orçamento de marketing, argumentaria que a lealdade merece muito mais atenção (e recursos). Afinal, a maior parte das vendas de uma marca são cada vez mais impulsionadas por uma porcentagem muito pequena de seus compradores. Um estudo recente conduzido pela Catalina e pelo CMO Council mostrou que, mesmo para marcas de bens de consumo amplamente compradas, uma média de 80% das vendas vem de apenas 2,5% dos compradores (basicamente aquele antigo princípio 80/20). Infelizmente, aposto que a maioria das marcas não gasta nem perto de 80% de seu orçamento com programas de fidelidade e marketing de relacionamento focados nestes comprovados 2,5%.

- *Defesa*. Embora nem sempre seja incluída em um funil de vendas usual, a defesa é uma medida de sucesso cada vez mais importante. Porque os consumidores desconfiam mais do que nunca da propaganda e a evitam ativamente, os profissionais de marketing estão cada vez mais dependentes de fãs fervorosos para espalhar um boca a boca positivo. Podemos medir isso perguntando sobre a disposição do consumidor em recomendar nossos produtos ou serviços e se contaram ou não a um amigo sobre nossa marca. Além de melhorar a qualidade de nossos produtos ou serviços, o que faz valer a pena falar sobre ele, os profissionais de marketing podem promover atividades específicas com valor agregado para estimular a defesa e assim gerar a conscientização que traz novos consumidores para o funil de venda.

Ao avaliar esses objetivos potenciais de marketing, note o que está faltando. Você não verá qualquer referência às variáveis do modelo clássico tradicional, tais como alcance, frequência e continuidade (*recall*). Essas medidas são usadas apenas para avaliar a antiga mídia de interrupção e estão associadas apenas a esforços para estimular conscientização, consideração e experimentação. Você também não verá nenhuma variável de "novas mídias", tais como tempo de permanência no site, *open rate*, e *download* de conteúdo. Embora algumas dessas variáveis possam ser importantes para as análises de marketing com valor, que serão discutidas no Capítulo 9, elas são meramente medidas das estratégias e táticas *resultantes* de fortes objetivos de marketing.

Criando Objetivos de Marketing Fortes

A finalidade de qualquer tipo de plano de marketing é mudar o comportamento do consumidor de uma maneira que ajude sua marca a atingir suas metas. E embora metas variem de empresa para empresa, existem três características comuns que todo objetivo de marketing com valor deve ter para impulsionar o sucesso corporativo.

Primeiro, seu objetivo deve ser *mensurável*. Isso pode parecer elementar, mas frequentemente é ignorado. Pior, os profissionais de marketing comumente definem um objetivo relacionado a uma *atividade* em vez de a um resultado. Por exemplo, uma empresa farmacêutica poderia definir um objetivo para "fornecer informações aos consumidores que estão pesquisando medicamentos para diabetes". Bem, essa não é uma meta difícil de atingir, se você conseguir encontrar as pessoas que estão procurando e oferecer a elas algo interessante para ler. Mas fazer isso, em si, tem pouca probabilidade de melhorar seu resultado de uma maneira significativa. Cada objetivo de marketing deve ter uma meta clara baseada em números. Se o objetivo é aumentar a experimentação de um produto novo, escolha uma porcentagem-alvo que pretende atingir ao final do programa. Se a

> **Comprometa-se com um ou dois objetivos-chave para a campanha... Se seus objetivos de marketing são mensuráveis, alcançáveis, priorizáveis e focados nos principais impulsionadores da empresa, você está no caminho certo do desenvolvimento de um Marketing com Valor *Agregado*.**

meta é aumentar o uso repetido, determine a taxa atual de repetição e defina uma meta numérica para o aumento como resultado de sua campanha.

Segundo, um objetivo de marketing forte é *alcançável*; é realista e algo que tem chance de acontecer sem "porcos voarem". O que é um objetivo irreal? O redesenho de um website modesto que "gera um aumento de 50% na lealdade". Isso tem pouca probabilidade de acontecer, a despeito de suas melhoras intenções. Quando você está avaliando o que é verdadeiramente alcançável, certifique-se de que pode realizar estes resultados no futuro próximo, quando a empresa mais precisa deles – qualquer coisa entre a primeira semana e o primeiro ano, dependendo de sua empresa em particular e do ciclo de vendas.

Por fim, não deixe de *priorizar* seus objetivos de marketing. Existe a tentação constante de combinar vários objetivos num único plano de marketing, mas isso serve apenas para diluir o marketing que você produz e diminuir a probabilidade de atingir qualquer uma das metas. Em vez disso, comprometa-se com um ou dois objetivos principais para a campanha e liste-os em ordem de prioridade. Isso não só ajudará a esclarecer o que é mais importante tanto para os administradores da empresa quanto para sua agência de publicidade parceira como também garantirá que os objetivos definidos são de fato os mais importantes para o sucesso de sua empresa.

Se seus objetivos de marketing são mensuráveis, atingíveis, priorizáveis e focados nos principais impulsionadores da empresa, você está no caminho certo do desenvolvimento de um marketing com valor. A seguir estão alguns exemplos de organizações que encontraram o sucesso em parte por começarem pelo fim e definirem com clareza o que queriam alcançar.

Fundada em 1916, a Associação de Golfistas Profissionais (PGA) é a organização mais antiga de esportistas profissionais, formada por 28 mil membros comprometidos em expandir, ensinar e administrar o jogo de golfe por meio de eventos abertos ao público, ensino e programas de treinamento.[2] O desafio que a PGA estava enfrentando era um declínio nas rodadas das partidas – com as famílias atualmente cada vez mais pressionadas pela falta de tempo, mesmo nos finais de semana. Os jogadores estavam com dificuldade de justificar passar cinco horas no campo. Além disso, menos crianças – especialmente menos meninas – estavam praticando o jogo ainda pequenas.

A PGA chegou a um objetivo mensurável, atingível, focado num objetivo do negócio: aumentar a repetição de partidas pelos jogadores atuais e a experimentação por parte das crianças. Isso contribuiu para levar a organização a lançar o programa anual "Semana Leve Sua Filha para o Campo". Campos participantes promoveram a ideia e ofereceram incentivos como aulas gratuitas e descontos para *green fees*. Isso permitiu que as meninas tivessem um gostinho do jogo e ajudou a trazer papais e mamães amantes do golfe para o campo sem culpa, pois estavam passando um tempo valioso dedicado a família com suas filhas. Os resultados de curto prazo mostraram que os campos participantes registraram um aumento nas rodadas jogadas e de aulas. No longo prazo, se a "Semana Leve Sua Filha para o Campo" fizer com que as meninas joguem mais golfe, pode resultar numa imensa valorização para a PGA e para toda a indústria do golfe, criando novos fãs permanentes do esporte e mais oportunidades para famílias inteiras jogarem juntas.

Oito anos após seu lançamento, o Netflix, o provedor líder de serviço de locação de filmes, foi confrontado com um dilema de marketing diferente. A empresa entrou no mercado em 1999 com um serviço exclusivo: um modelo de assinatura mensal associado à novidade de entrega dos filmes na casa do cliente. Movido por uma sólida ferramenta de gerenciamento on-line, o Netflix obteve sucesso conquistando pessoas que estavam cansadas de pagar multas por atraso, ter de sair de casa às 11 horas da noite para devolver os filmes e não conseguir encontrar os filmes aos quais queriam assistir em lojas como a Blockbuster. A despeito desses pontos fortes, o Netflix anteviu um problema. A empresa percebeu que seu modelo de negócio de assinatura mensal sofreria se os clientes ficassem sem os filmes a que queriam assistir. Afinal, é fácil cortar uma tarifa mensal quando o serviço não é utilizado, e o Netflix estava preocupado que as assinaturas diminuíssem uma vez que a novidade da conveniência se desgastasse e as pessoas se "atualizassem" sobre os novos lançamentos.

O objetivo do negócio era manter a lealdade do cliente maximizando o uso do serviço Netflix. Tomando este objetivo como guia, o Netflix criou uma ferramenta poderosa de recomendação – que constantemente pede aos membros para avaliar os filmes a que assistiram e oferece recomendações com base nessas avaliações. Uma vez que os dados são inseridos, um poderoso algoritmo preditivo usa as informações – juntamente com o histórico coletado de todos os membros do serviço – para fazer novas recomendações. O serviço também revela quais locações anteriores e críticas orientaram a recomendação.

O Netflix está incrementando esta vantagem, angariando a ajuda dos outros. Lançou o Prêmio Netflix, um incentivo de US$ 1 milhão que será concedido para a primeira pessoa ou grupo que conseguir uma melhora de 10% na precisão das recomendações. O Netflix motivou 2 mil equipes no mundo inteiro a trabalharem para melhorar seu serviço! (O concorrente mais próximo na época em que este livro estava indo para impressão era de 9,63%.)

E seus esforços estão pagando dividendos reais. O Netflix experimentou 10 anos consecutivos de crescimento nas assinaturas, de 107 mil em 1999 para 9,4 milhões em 2008. Além disso, 94% de seus assinantes recomendam o serviço. Uma pesquisa de satisfação de e-commerce conduzida pela ForeSee Results coloca o Netflix em primeiro lugar em satisfação do cliente pela sétima vez consecutivamente. Esta ferramenta se tornou uma vantagem estratégica importante para o Netflix. Como seus clientes investiram tempo e boa vontade em compartilhar suas informações e estão recebendo um fluxo constante de recomendações valiosas como resultado, a empresa "fixou" seus clientes num momento em que o *download* de filmes está substituindo rapidamente a entrega de DVDs. Isso proporcionou ao Netflix uma vantagem para fazer acordo com marcas como TiVo e Xbox, tornando-se o serviço de filmes de escolha para essas plataformas.[3]

Por fim, a seguir está uma história de advertência sobre estabelecer objetivos de marketing claros e atingíveis. Alguma vez você já "Foi um Elfo"? Talvez você seja uma das mais de 30 milhões de pessoas que passou o equivalente a mais de *3 mil anos* coletivamente no site Elf Yourself (Seja um Elfo), transformando a si e a seus amigos em pequenos e alegres ajudantes de Papai Noel. Este brinquedo on-line incrivelmente viral atraiu um interesse imenso nas três últimas temporadas de compras das festas de fim de ano.

Esses números provam que o Elf Yourself tem significado – entrando na categoria de construir conexões através do entretenimento, que abordamos no Capítulo 4. Certamente, os resultados de marketing correspondem ao incrível índice de engajamento, certo?

Bem, permita-me fazer a seguinte pergunta: Que empresa criou o Elf Yourself? Sempre que faço essa pergunta para uma plateia, os resultados são semelhantes a:

Office Depot: 30%

OfficeMax: 30%

Staples: 30%

Outros: 10%

Esse é o começo do problema – não existe um vínculo claro entre a ferramenta Elf Yourself e a empresa que a produz (que, a propósito, é o OfficeMax). E a despeito do enorme boca a boca e tráfego, o Elf Yourself não parece ter ajudado o resultado do OfficeMax. Durante seu primeiro lançamento no quarto trimestre de 2006, as vendas *caíram* em US$ 7 milhões – *apesar dos 11 milhões de visitantes Elfos*. Robert Gorrell, gerente editorial do GrokDotCom, um blog de otimização de marketing, sugere que o OfficeMax "se deselfou" de milhões de dólares de vendas potenciais escolhendo o objetivo de negócio errado para sua campanha. Ele ressalta um comentário do vice-presidente de marketing e publicidade do OfficeMax, Bob Thacker, que disse: "Queríamos promover a marca e tornar nossa imagem calorosa. Não estávamos buscando vendas. Somos o terceiro player de nosso segmento, então estamos tentando nos diferenciar através de humor e humanização".

> **Sempre verifique se o seu objetivo de marketing vai realmente ter um impacto em seu resultado final.**

Não estávamos buscando vendas?

O fato de que o OfficeMax está se esforçando para vencer a percepção de que é simplesmente "mais uma" das três grandes cadeias de suprimentos para escritório é compreensível. E diferenciar-se da concorrência é certamente uma meta intensa e valiosa. Mas se diferenciar sem dar qualquer atenção ao resultado financeiro não é uma boa prática empresarial – revelando um planejamento de marketing ineficiente. O OfficeMax poderia ter atingido ambas as metas estabelecendo um objetivo mais robusto que incluíssem resultados financeiros, tais como "aumentar as vendas na temporada das festas de fim de ano por meio de sua diferenciação no mercado". Gorrell sugere acrescentar uma oferta promocional de vendas à ferramenta, digamos: "Torne-se um elfo e economize 10% em ofertas instantâneas no OfficeMax.com". Pessoalmente, eu adoraria ver a marca usar um resultado final de valor agregado ao processo de ser um elfo que direcione tráfego para lojas físicas – talvez oferecendo a impressão grátis de uma foto do Elfo dos clientes (ou, melhor ainda, um de seus entes queridos), o que proporcionaria muita diversão, conversas e relevância para a marca durante as festas de fim de ano.

Moral da história: tenha plena certeza de que seu objetivo de marketing realmente terá impacto no resultado da empresa. Você deve esperar muito de seu plano de marketing com valor, pois expectativas pequenas levam a resultados pequenos, mesmo quando o buchicho é grande.

Foque na Construção de *Brand Equity* de Longo Prazo

Talvez você tenha notado que, ao longo deste livro, frequentemente me referi ao potencial do marketing com valor em estimular a "lealdade além da razão". Por mais extrema que esta expressão possa parecer, ela significa que, além de garantir o resultado de curto prazo de sua empresa, adotar o caminho do marketing com valor também pode pagar dividendos na forma de vendas repetidas que podem se estender por uma vida inteira, ou até mesmo gerações. Investir US$ 1 num programa como este pode retornar US$ 2 no ano seguinte e US$ 200 nos próximos 10 anos.

Existem essencialmente três maneiras principais de se pensar sobre construir lealdade de longo prazo: *brand equity* (valor da marca), confiança e identificação de marca. Cada um deles seria um bom objetivo secundário para um programa de marketing com valor, e todos podem ser mensurados no curto e no longo prazo.

A primeira maneira é *brand equity*. Numa definição generalista, *brand equity* é a medida do que a marca vale na mente de seus clientes. Na qualidade de profissionais de marketing, frequentemente identificamos *equities*, ou valores, chave que queremos ter presente na mente de nosso público-alvo. Eles podem ser básicos – por exemplo, o detergente Dawn é "durão com a gordura", enquanto o Palmolive é "suave para as mãos". Eles também podem ser mais ambiciosos. A Pampers passou de valores funcionais como "seca" e "confortável" para qualidades mais elevadas como "promover o desenvolvimento infantil". Seu programa recente de oferecer vacinas para crianças na África é um excelente exemplo de programa de marketing que entrega este valor elevado. Conceitualmente, a *brand equity* funciona como uma conta bancária – uma marca espera depositar valor "no banco" para cada cliente individual que interaja com cada produto ou ação de marketing, e assim se beneficiar de um retorno na forma de associações positivas de marca e lealdade de longo prazo. Se um marca falha em satisfazer as expectativas do cliente, esta "conta" de *brand equity* se evapora, juntamente com as vendas futuras.

O *brand equity* pode ser medido ao longo do tempo ou em comparação com a concorrência, e várias organizações criaram modelos que literalmente medem o valor do *brand equity* em moeda. Em sua pesquisa anual de *brand equity*, a Millward, uma das agências de pesquisas líderes no mundo, afirma que o Google é a marca mais valiosa no mundo, com uma *brand equity* avaliada em US$ 86 bilhões.[4] Outra pesquisa com premissas diferentes conduzida pela Interbrand afirma que a Coca-Cola é a número um, com um valor de *brand equity* de US$ 66 bilhões.

É importante perguntar: Qual é *meu brand equity*? E meu marketing está acrescentando valor a isso? Acreditamos que, quanto mais significado tem o marketing, mais valor de *brand equity* é adicionado.

> **Existem essencialmente três maneiras principais de se pensar sobre construir lealdade de longo prazo: *brand equity* (valor da marca), confiança e identificação de marca.**

A segunda maneira de pensar sobre construir lealdade é em termos de *confiança*. Vivemos cercados pelo cinismo e, com isso, a confiança está conquistando rapidamente *mind share* – espaço na mente do consumidor –, como um impulsionador importante dos negócios de uma marca. Como os consumidores estão cansados de produtos e serviços que não cumprem suas promessas (anunciadas), eles estão limitando suas compras a um grupo restrito de marcas, e pedindo uns aos outros recomendações confiáveis. (Não é por acaso que Jim Stengel, ex-diretor de marketing global da Procter & Gamble, relatou que as marcas da P&G com mais confiabilidade têm a maior participação de mercado.) A confiança também se tornou crescentemente importante num mundo em que em que as informações pessoais do consumidor podem ser reveladas com uma simples busca na Internet ou em transações de venda; de números de cartão de crédito e documentos de identificação a visitas a sites, informações sensíveis estão mais expostas do que nunca. Os consumidores valorizam ofertas personalizadas, mas somente de marcas em que confiam.

Por último, há a *identificação de marca*, que é a extensão pela qual as pessoas sentem que sua marca de alguma forma define quem elas são. Pense sobre os usuários do Mac que colam adesivos em seus carros híbridos, ou fãs do NASCAR que colocam bandeiras da Budweiser em seus RVs. As pessoas, que incorporam uma marca em suas vidas por acreditarem que esta marca define quem são, demonstram sua "lealdade além da razão" e representam o vínculo máximo entre uma empresa e o consumidor. Embora apenas uma pequena porcentagem de seus clientes chegará tão longe por sua marca, existem maneiras para desenvolver seu marketing que irão inspirar as pessoas a se tornarem representantes ativos de sua marca, cujos exemplos estão a seguir.

Você sabia que a Vicks é uma marca que na verdade engloba diversos tratamentos para resfriado e gripe e submarcas de prevenção, incluindo Fórmula 44, NyQuil, DayQuil e VapoRub? Provavelmente não.

A maioria dos consumidores também não, até que tomamos medidas para que soubessem, como redesenhar o site Vicks.com para ser uma fonte de informação completa para pessoas que estão buscando sanar seus sintomas de resfriado e gripe.

Historicamente, não havia um vínculo claro entre esses diferentes produtos, tal como entre DayQuil e VapoRub, mas percebemos que havia um imenso *upside* em redução de custo e vendas cruzadas se orientássemos às pessoas sobre nossa ampla linha de produtos. Simplificando, vimos a oportunidade de *brand equity* para a Vicks ao apresentá-la como um aliado confiável que oferece soluções para múltiplas necessidades.

Mas não era suficiente simplesmente falar como todas as submarcas estavam "agora" sobre as asas da Vicks. Isso não tinha a menor importância para o consumidor. O que interessava para as pessoas – o que não surpreende considerando a quantidade de tempo que passamos on-line em sites sobre saúde nos "diagnosticando" – eram dicas valiosas para identificar o que as estava incomodando e soluções e recomendações de produtos que as ajudaria a se sentirem melhor mais rapidamente.

Saber disso nos deu a oportunidade de nos conectar com os consumidores de uma maneira mais significativa. Dois recursos-chave no Vicks.com são o Symptom Analyzer, onde você classifica numa escala crescente seu nível de desconforto para sete sintomas comuns (como congestão nasal, tosse, dor de garganta e febre) para receber dicas sobre como se tratar sem medicamentos (por exemplo, tomando chá de camomila), assim como sugestões de produtos, de remédios para tosse a umidificadores, cortesia da Vicks. Outra ferramenta popular é a de monitoramento de resfriado e gripe, que oferece uma previsão da doença de acordo com o código postal e indica que percentual de pessoas em sua área estão com resfriado e gripe. Naturalmente, também está disponível como um serviço para celular.

Embora essas ferramentas certamente ajudarão as vendas no curto prazo, visto que esperamos que uma porcentagem maior de visitantes comprarão mais produtos Vicks em resposta a estas informações valiosas, você também pode ver como este programa construirá *brand equity*, confiança de longo prazo e identificação na categoria, posicionando a Vicks como uma parceira no tratamento e na prevenção dessas doenças comuns.

A Intel é outra empresa cuja forte meta corporativa de curto prazo tem potencial para melhorar sua *brand equity* de longo prazo. A marca vem perdendo consistentemente sua imagem de empresa de tecnologia descolada, como ficou evidente pela queda de 26% em sua estimativa de *brand equity*. A meta? Recuperar seu status como marca de tecnologia de ponta.

Felizmente, a Intel entendeu que a maneira para reconquistar seu vanguardismo era focar no pequeno grupo de formadores de opinião em tecnologia que ajudam a definir o que é descolado para o resto de mercado. Talvez você tenha se deparado com uma ferramenta chamada "digg.com", uma listagem on-line sobre novidades enviadas por uma pequena comunidade influente de *geeks*. Essas pessoas são incrivelmente francas e influentes em termos de determinar quais histórias de tecnologia atraem a atenção das principais mídias, que também usam o digg para ver quais histórias estão despontando. Como uma forma de se reposicionar e construir "reputação geek", a Intel criou uma ferramenta de visualização chamada "Digg Arc", que permite aos usuários do digg ver as histórias aparecerem dinamicamente num formato colorido e descolado de gráfico de torta. Este aplicativo gráfico transformou uma apresentação de notícias enfadonha em algo engajador e útil. Como era uma tecnologia única e valiosa, ela ajudou a Intel a provar sua mudança em design de software, atraindo a atenção e o entusiasmo de usuários do digg – que, é claro, proporcionaram mais de mil "diggs" no primeiro dia, um endosso positivo que se disseminou para o resto da mídia em geral, mudando efetivamente a percepção da Intel no mercado num espaço muito curto de tempo.[5]

O sucesso do Digg Arc ajudou a Intel a reconhecer que, como marca, precisava ser fluente na "linguagem geek" se quisesse conquistar os formadores de opinião no setor de tecnologia. Nesta mesma época, a Intel também percebeu que já possuía na empresa inestimáveis engenheiros fluentes na linguagem geek que podiam argumentar com os mais sofisticados entendidos em tecnologia do pedaço. Assim, em 2007, a Intel colocou seus talentos internos para trabalhar no marketing. Levou alguns de seus engenheiros para uma sessão de perguntas e respostas com o público no Slashdot, outro site focado em tecnologia que frequentemente é o primeiro a divulgar novidades e que estimula comentários no estilo fórum sobre seus artigos. Como o público do Slashdot estava tão excitado com o acesso direto aos engenheiros da Intel (a ponto de sistema de P&R do Slashdot ficar sobrecarregado), a Intel foi adiante e criou o ITopia (uma fusão entre "TI" e Utopia suficientemente geek), uma seção no site da empresa que promove *chats* permanentes com seus engenheiros, adicionando um nível mais profundo de credibilidade ao que agora é considerado o gigante Intel.

Embora seja difícil determinar se esses pequenos esforços voltados para uma audiência de tecnologia restrita fez uma diferença direta no *brand equity* da Intel, o fato é que ele aumentou 18%, de US$ 18,7 bilhões para US$ 22 bilhões, de 2007 para 2008, sugerindo que a marca está em ascensão na mente tanto dos entendidos influentes quanto do mercado em geral que tende a dominar.

Vendendo Marketing Com Valor *Agregado* para sua Organização

Embora este seja um capítulo sobre a importância dos objetivos de marketing e como melhor alcançar ou formular os seus, vender para sua alta administração ou para seus acionistas a importância do marketing com valor antes de começar qualquer trabalho de verdade é essencial para seu sucesso definitivo. Como provavelmente já descobriu, fazer mudanças de qualquer tamanho ou magnitude pode ser muito difícil. Você terá de ir além de simplesmente alinhar sua alta administração ou seus acionistas a um objetivo corporativo com valor agregado para impulsionar o marketing com valor em toda a organização.

A boa notícia é que, provavelmente, a empresa já reconhece que é preciso uma mudança um tanto radical na maneira como trata o marketing e a publicidade. Além disso, você tem em mãos um livro repleto de

> **Convencer sua diretoria e acionistas sobre a importância do Marketing com Valor *Agregado* antes de começar de fato qualquer trabalho é essencial para alcançar o sucesso desejado.**

exemplos comprovados de como tanto empresas pequenas como grandes deram o passo para esta implementação com sucesso – possivelmente inclusive alguns de seus concorrentes. Esses exemplos de outras empresas (especialmente se forem competidores!) podem ajudar sua equipe a ver que o sucesso é, na verdade, factível. A seguir estão algumas dicas adicionais para satisfazer e vencer a resistência organizacional que você provavelmente enfrentará.

Arregimente o Apoio da Alta Administração

Felizmente, em algum momento ao longo do caminho em minha carreira, a expressão "Não é minha obrigação" foi expurgada do discurso corporativo cotidiano (se, entretanto, você ainda ouvir isso em sua empresa, saia agora!). Apontaria a expressão "Nunca fizemos isso antes" como a próxima a desaparecer. A despeito do fato de que, no mercado atual, qualquer organização que impeça a mudança não perdurará por muito tempo, provavelmente ainda existem pessoas em sua empresa que temem apostar suas carreiras num novo modelo de marketing.

Talvez a maneira mais fácil de combater isso é do topo para baixo. Arregimente o apoio de um administrador influente do alto escalão – quanto mais alto, melhor – que possa tanto entregar o orçamento de marketing de que precisa como emprestar-lhe o poder político necessário na organização para você reunir outros recursos e superar obstáculos imprevistos.

A pressão entusiástica de Eddie Lampert para melhorar o marketing no Kmart e na Sears é um bom exemplo. Outro é a ConAgra Foods, onde Gary Rodkin, o CEO, e Joan Chow, a CMO, estavam totalmente envolvidos nos esforços da empresa para criar a plataforma Start Making Choices [Comece a Fazer Escolhas] descrita no Capítulo 4. Eles forneceram verbas, agruparam diversas marcas e inspecionaram pessoalmente a estratégia, a criação e os resultados do negócio.

Traga o Cliente Para a Sala

Independentemente da resistência organizacional como um todo e de interesses particulares, não existe nada mais poderoso do que lembrar sua organização de que, em última análise, vocês estão no negócio de atender aos clientes. Se entender seu público-alvo melhor do que ninguém na organização – como seria sua obrigação –, você provavelmente tem a moeda para convencer as autoridades de que o cliente não está fazendo nada mais do que exigir marketing com valor.

Simbolicamente, algumas marcas "criam" uma personalidade, com base em pesquisa e outras informações direto da fonte sobre o consumidor, para usar em reuniões importantes. Embora se possa optar por não ir tão longe, já vi marcas criarem um modelo de papelão em tamanho natural de um cliente típico, a quem dão um nome apropriado como "Gwen". Gwen é levada para a sala de reunião durante discussões importantes de tomada de decisão e um membro da equipe periodicamente olha para ela e pergunta "O que a Gwen acharia disso?".

"E Se Eles Disserem Algo Negativo?"

Talvez isso não seja intuitivo, mas um feedback negativo sobre sua marca na realidade proporciona informações excelentes e acrescenta credibilidade ao que quer que esteja tentando vender ou fazer. Por exemplo, quando construímos uma comunidade on-line para o Tide, sabíamos que, se tentássemos de alguma forma impedir que as pessoas falassem sobre suas experiências negativas com o Tide ou sobre sua preferência pelo produto do competidor, fracassaríamos em nossa meta de nos tornarmos o centro para solucionar problemas com manchas. Também vale a pena ter fé em seu consumidor – a própria comunidade se encarrega de afastar as pessoas mais barulhentas, ignorando ou dando um desconto nessas perspectivas que parecem demasiadamente exageradas ou que parecem não ser dignas de crédito.

"E Se Fizerem Algo Ofensivo?"

Isso é mais uma preocupação acadêmica do que uma realidade. Não só os filtros de linguagem atuais são bastante sensíveis, como é possível optar por revisar o conteúdo do cliente antes de postar ou exibi-lo. No concurso "Crie Sua Própria Sacola Reutilizável" da Kroger, a equipe de relacionamento com o consumidor inspecionou pessoalmente cada uma das mais de 30 mil entradas. Para outras campanhas, como a "Criador da Lata Pringles" permitimos que a comunidade se autopoliciasse oferecendo um botão "Você acha isso ofensivo?" Se alguém vê uma postagem questionável, nós automaticamente a removemos. Mas em ambos os casos, pouquíssimas entradas chamaram atenção.

"E Se Fizerem Uma Afirmação que Não Podemos Apoiar"

A beleza de deixar que as pessoas falem por si é que elas frequentemente falarão coisas que você não pode. Considere o comentário "Acho as bananas Chiquita mais gostosas". Se isso fosse uma afirmação que o departamento de marketing quisesse fazer, o jurídico da Chiquita provavelmente exigiria que a marca gastasse milhares de dólares para provar que isso é tecnicamente verdadeiro.

Mas a justiça não controla as palavras que os consumidores usam por contra própria, portanto se alguém postar isso na mensagem de uma marca, é legítimo. Para se beneficiar desses comentários do consumidor, você deve permitir uma conversa aberta, praticamente sem monitoramento (que pode incluir comentários como "Eu não gosto da Chiquita" ou "A Dole é mais gostosa"). Não é coisa para covardes, mas pode valer a pena.

Aposte Sua Carreira Se Precisar

Às vezes, para conseguir o apoio necessário e fazer o que é certo para sua marca, você precisa pôr sua reputação e/ou sua carreira em jogo. Agora, certamente não recomendo que faça isso em todas as situações, e não, não estou completamente louco, mas ocasionalmente esta convicção de apostar tudo é necessária, especialmente quando já é responsável pelo sucesso definitivo da marca.

Na qualidade de gerente de marca do produto Mr. Clean AutoDry-Carwash, era responsável pelo lançamento deste novo produto, um sistema inovador para lavar seu carro em casa, que foi a primeira incursão da empresa em produtos para automóveis (e apenas sua segunda incursão de marketing para homens – depois do Old Spice). A proposta singular do produto é que utilizava um kit com um detergente especial, um filtro de enxágue e um borrifador, permitindo assim que o carro secasse sozinho sem deixar uma única mancha. Infelizmente, o corredor de produtos para carros nos supermercados presenciou décadas de detergentes "que não deixam manchas" e polidores "que não deixam riscos" ineficientes, portanto nosso principal desafio era combater a descrença dos consumidores em produtos para carros sob nossas alegações. Nosso outro desafio era o *timing*. As vendas na categoria de produtos para lavagem de carros se concentram na primavera – aquele "primeiro dia agradável do ano" quando os homens correm para fazer compras de suprimentos para conservação de carros para o verão inteiro. Se não tivéssemos muitos deles usando e falando sobre nossos produtos no início da estação, nosso boca a boca não faria efeito antes do outono, quando esses consumidores já estão guardando seus produtos pelo resto do ano.

> Às vezes, para conseguir o apoio necessário e fazer o que é certo para sua marca, você precisa pôr sua reputação e/ou sua carreira em jogo.

Eu estava convencido de que tínhamos que gerar buchicho antes do lançamento, portanto elaboramos um plano para distribuir amostras grátis de nosso kit para centenas de moderadores de fóruns e líderes de clubes de carros por todo o país. Nossa intenção era gastar 5% do orçamento total de lançamento com isso. Não foi fácil, mas consegui mobilizar minha equipe de produção para fabricar uma quantidade suficiente de produtos para esta iniciativa seis meses antes do lançamento. Minha equipe acreditou na estratégia e trabalhou uma quantidade incrível de horas para entregar.

Mas eu ainda tinha um grande obstáculo a vencer. Meu presidente global – que estava três níveis acima de mim – odiava a ideia de colocar o produto no mercado antes do lançamento. Sua maior preocupação era que fazer isso daria uma vantagem inicial para os concorrentes fabricarem um produto que desafiasse o nosso. (Esta preocupação era válida, visto que havíamos sido prejudicados em outro lançamento de produto recentemente). Ele também achava que 5% do orçamento era muito para gastar antes do lançamento planejado para a primavera.

Eu não duvidava de minha convicção, portanto persisti em tentar convencê-lo a aceitar nosso plano. Às vezes em reuniões com outras 25 chefias funcionais, outras vezes pessoalmente, quando ele passava por minha sala para checar o progresso deste seu produto novo favorito.

Mesmo assim, precisava da aprovação final dele para a liberação da verba e para produzir as amostras. Então fui a sua sala e fiz meu último apelo. Disse que vivenciei e respirei este produto durante meses e que sabia que um pré-lançamento com amostras grátis era o caminho certo a seguir. Comecei com minha justificativa principal – que não valia a pena se preocupar com a concorrência se nosso produto fracassasse logo de saída – e terminei dizendo que, como ele havia me escolhido como líder de seu produto, na qualidade de líder precisava da liberdade de fazer esta divulgação da maneira que eu considerava mais apropriada.

Não tive de entregar a ele minha carta de demissão, mas ficou claro que eu estava colocando meu cargo em jogo. Ele me estudou por cerca de dez minutos quase e finalmente disse "Ok, Bob, você é quem sabe – vá em frente".

Em frente fomos e tivemos um sucesso estrondoso. Como havia previsto, quando os formadores de opinião começaram a receber a amostra do kit e se apaixonaram por ele, começaram a fazer comentários longos e detalhados, completos com dezenas de fotos. O boca a boca cresceu ao longo do inverno e quando chegamos às lojas, em março de 2004, havia milhares de compradores ávidos prontos. No dia anterior ao lançamento oficial, nosso investimento de 5% do orçamento havia criado 25% de conscientização geral e 45% de conscientização entre os aficionados por carros, quem mais cobiçávamos. O Mr. Clean AutoDry tornou-se o número um entre os produtos para conservação de automóveis no primeiro ano. Um dia no corredor, meu presidente até me deu um tapinha nas costas e disse que eu tinha feito a coisa certa. Isso não tem preço.

* * *

A jornada para o marketing com valor depende de você saber para onde quer ir, traçar seus objetivos e mobilizar seu time para o desafio. Em minha experiência, se conseguir chegar até este ponto, está a meio caminho e no rumo certo para atingir o sucesso.

Uma vez que sua equipe está pronta para ir adiante é hora de parar mais uma vez e reavaliar o que de fato você sabe sobre seu cliente e o que pode fazer para melhorar a vida dele com o seu marketing – talvez pela primeira vez.

SIMPLESMENTE PERGUNTE
DESCOBRINDO O QUE MANTÉM AS PESSOAS ACORDADAS À NOITE E AS TIRA DA CAMA DE MANHÃ

Depois de ter definido um objetivo forte, chegou a hora da parte difícil – descobrir de fato como atingir seu consumidor-alvo com um Marketing com Valor *Agregado*. Quando digo "a parte difícil", estou falando sério. Esses não são aqueles velhos tempos quando fazíamos um *briefing* dos objetivos de marketing e passávamos para a agência de publicidade fazer os desenhos. Não mais. Hoje temos de arregaçar as mangas, pensar a fundo e conhecer nossos clientes. Mas não se desespere, isso não se trata de psicologia avançada nem de gráficos de aranha complicados, mas de entender a lógica do pensamento das pessoas que queremos atingir. Depois que identificar um público-alvo, conduzir uma pesquisa relevante e isolar um *insight* significativo, o resto ocorrerá naturalmente. Lembre-se, tudo o que estamos tentado fazer é criar um marketing que nossos clientes achem valioso.

> **Hoje temos que arregaçar as mangas, pensar a fundo e conhecer nossos clientes. Mas... lembre-se, tudo o que estamos tentando fazer é criar um marketing que nossos clientes achem valioso.**

Em seu livro *Truth, Lies and Advertising*, Jon Steel resume a finalidade deste capítulo em uma sentença:

> O objetivo da melhor pesquisa na publicidade é abraçar os consumidores, chegar a um nível profundo de compreensão da maneira como eles pensam, se sentem e se comportam e usar essas observações e descobertas para dar partida no processo de criação e começar a construir um relacionamento com eles por meio da propaganda propriamente dita.

Steel escreveu estas palavras em 1998, depois de passar décadas criando anúncios impressos, comerciais de TV e inserções para o rádio, que devem tranquilizá-lo de que mudar para o marketing com valor não significa que você precisa categoricamente jogar fora tudo o que aprendeu em sua carreira. Pelo contrário, as palavras de Steel servem como um lembrete de que nossos verdadeiros pontos fortes e paixões não precisam depender de aprimorar pré-testes de anúncios para a TV ou em taxas de resgate de cupons, mas de entender como as pessoas pensam e agem e descobrir a melhor maneira de satisfazer suas necessidades.

O próximo passo na criação de Marketing com Valor *Agregado* é pensar sobre seu público-alvo em primeiro lugar como pessoas e em segundo como consumidores. Somente essa concepção lhe permitirá fazer as perguntas certas para as pessoas certas e o ajudará a atingir os objetivos corporativos que busca.

Para muitos dos leitores, o conceito de "compreensão do consumidor" não tem nada de novo. Você provavelmente já passou incontáveis horas num recinto de grupo de foco mastigando M&Ms e observando seus consumidores-alvo reagirem a seu produto e a seus conceitos de publicidade. Você deve ter dissecado US$ 200 mil em pesquisas quantitativas ao ponto de realmente entender por que a segunda geração de mulheres hispânicas prefere pasta de amendoim com pedaços e não a cremosa. Talvez você tenha feito seu consumidor recortar fotos de revistas para descrever como se sente sobre seu produto. Se você realmente está no topo das pesquisas mais recentes sobre tendências, está entrando cada vez mais na casa dos consumidores e observando como eles de fato usam seu produto em seus ambientes naturais.

Todos esses tipos de pesquisa podem ajudá-lo a melhorar seu produto e seu marketing, mas é provável que as *perguntas* que está fazendo hoje não preparem você para o marketing com valor. Certamente, todas elas ajudam você a refinar a embalagem, o preço o posicionamento de seu produto ou serviço, mas são de pouca ajuda para elaborar um programa de marketing com seu objetivo estratégico em mente.

Em vez de fazer perguntas que revelam o "aroma preferido" e a "intenção de compra" do consumidor, precisamos revelar que tipo de marketing tem chance de se sobressair na multidão e ser visto como verdadeiramente valioso para as pessoas que pretendemos conquistar. Constatamos que existem duas perguntas gerais que nos ajudam a chegar onde queremos estar: "O que você quer na vida?" e "Como você responde ao marketing?"

O Que Ela Quer na Vida? (ou: "Amor Verdadeiro, Meias de Seda e Paz no Mundo")

Se queremos criar uma conexão com valor agregado com as pessoas, precisamos voltar ao que há de mais básico na natureza humana. Precisamos entender o que faz as pessoas pensarem ou se comportarem de uma determinada maneira e como nosso marketing (isso mesmo, não apenas nossos produtos e serviços, mas nosso marketing) pode melhorar a vida delas. Isso significa usar nosso treinamento para revelar necessidades não atendidas em categorias de produtos, e então levar os resultados a um nível mais elevado para entender que necessidades não atendidas essas pessoas têm em suas vidas.

Muitas marcas oferecem produtos que podem avançar um degrau para proporcionar benefícios de nível mais elevado. Um bom serviço de Internet banking pode deixar as pessoas mais confiantes sobre suas escolhas financeiras. Uma fralda confiável, confortável pode ajudar mães de primeira viagem a sentir que estão fazendo a coisa certa para seus bebês

> **Se queremos criar uma conexão com valor agregado com as pessoas, precisamos... entender o que as faz pensar ou se comportar de uma determinada maneira e como nosso marketing... pode melhorar a vida delas.**

recém-nascidos. Um jantar e um atendimento realmente de qualidade num restaurante pode estimular um romance (e talvez mais um recém-nascido). Esses são os benefícios de alto nível que muitas de nossas marcas almejam alcançar, mas só podemos esperar alcançá-los se entendermos como nossos produtos e marketing se encaixam na experiência de vida das pessoas.

Um dos melhores exemplos disso vem da marca de detergente para louça Fairy, de Israel. Sei que a categoria de detergentes para louças não parece oferecer a melhor fonte de novos *insights*, mas é um excelente exemplo de como, começando do zero e realmente entrando na mente (e na vida) de nosso consumidor, podemos revelar *insights* agora óbvios que inspiram uma abordagem de marketing nova com valor agregado.

A marca Fairy entrou no mercado israelense apenas há alguns anos, em 2002, chegando a um mercado dominado pela Palmolive durante 25 anos. Embora entrando tarde no jogo, a Fairy esperava ganhar adeptos rapidamente, graças a sua fórmula superior para remover gordura. Embora a marca estivesse crescendo gradualmente, a publicidade tradicional e os demonstrativos de desempenho estavam longe do necessário para derrubar a liderança da Palmolive.

Mas no início de 2007, o time da Fairy deu início a três meses de pesquisa, focando nas necessidades de alto nível dos usuários de detergentes para louças, e a "hora da verdade" foram momentos importantes de suas vidas juntamente com pias cheias de louça suja. A marca focou nos 20% dos consumidores que geram 80% da receita: mães tradicionais que cozinham e cuidam da casa para a família. Essas mães se mostraram céticas com as marcas novas como a Fairy e tendiam a confiar em líderes históricos como a Palmolive.

Ao passar um tempo com essas mulheres, a marca descobriu que elas estão continuamente divididas entre seu desejo de manter uma casa limpa e arrumada – uma maneira de demonstrar seu amor pela família e passar mais tempo com o marido e os filhos. Elas se sentem culpadas se sua responsabilidade for negligenciada. E um momento da verdade surgiu em torno da sexta-feira à noite, quando a família se reúne para o Shabat e Mamãe demonstra seu amor com um grande jantar. É o melhor momento para se estar com a família, incluindo os filhos que voltam de outras cidades ou de sua base no exército para passar o fim de semana em casa. No entanto, um grande jantar e o desejo de Mamãe de ter uma casa arrumada significam que ela tem de passar muitas de suas horas de convivência com a família limpando a cozinha.

Este *insight* se tornou uma maneira poderosa para o Fairy se apresentar como uma solução para mães tradicionais. Como o produto é um removedor de gordura de alta qualidade, pode de fato ajudar as mulheres a lavar a louça mais rápido neste evento semanal especial. O Fairy e sua agência de publicidade começaram a trabalhar numa campanha que chamaram de "Venha se sentar conosco!" – uma expressão hebraica repetida com frequência – lançada em outubro de 2007.

Mas em vez de simplesmente levar ao ar comerciais de TV que alegavam que o Fairy funcionava mais rápido, a marca decidiu dar vida a esse benefício por meio do marketing com valor relacionado diretamente a este *insight*. O foco da campanha foi um programa de amostras grátis único voltado para estudantes universitários e soldados que voltavam para casa no fim de semana. A equipe responsável pela marca montou lojas em estações de trem e distribuiu embalagens em tamanho original do Fairy para esses jovens viajantes que passavam por lá, cada amostra contendo uma carta pedindo às mães para passarem mais tempo com eles enquanto estavam em casa. Milhares de filhos deram para suas mães uma amostra valiosa neste momento de grande significado. Mães céticas tiveram a oportunidade de experimentar o produto sem risco, tiveram uma experiência excelente e se sentiram especiais com o detergente líquido Fairy.

Como resultado desse poderoso *insight* de alto nível e Marketing com Valor *Agregado*, a marca Fairy finalmente acabou com o reinado de 25 anos do Palmolive, tornando-se o líder de mercado em quatro meses após o lançamento da campanha. Conscientização, intenção de compra

> **É o perfil psicológico – diferenças em coisas como hábitos, atitudes, personalidade e valores – que nos ajuda a desenvolver os planos de marketing com maior valor agregado.**

e pontuação *top of mind* atingiram níveis recordes. Meses mais tarde, a liderança do Fairy no mercado cresceu ainda mais e ele continuou liderando o mercado ao longo de maio de 2009. E o Fairy se tornou a *nova* tradição nos lares israelenses.

Refinando seu Alvo

É evidente que o papel principal de um profissional de marketing é definir um cliente-alvo para seus esforços de publicidade. Mas embora você esteja no processo de mudar seus esforços para um novo modelo de marketing com valor, provavelmente é um bom momento para reavaliar esta parte do processo também.

O principal erro que a maioria das marcas comete nesta fase é deixar de refinar sua definição de cliente-alvo. Assim como adoramos colocar cinco objetivos num *briefing*, frequentemente não conseguimos evitar de encontrar alguma maneira de incluir o maior número de pessoas possível em nosso perfil do consumidor. Nossa tendência é pensar na mesma linha do funil de vendas – quanto mais pessoas conseguimos colocar no topo, maior será o número delas que comprará nosso produto no final. E temos medo de que, se refinarmos muito nosso *pool*, teremos uma base muito pequena para alcançar o sucesso.

O segundo erro comum que as marcas cometem é basear-se primordialmente em informações demográficas para definir seu público-alvo, seja porque essas informações – como idade, sexo, renda e tamanho do domicílio – são fáceis de definir ou porque grupos demográficos são fáceis de alcançar pelos compradores de mídia. Mas só porque as pessoas são da mesma idade ou moram na mesma região, isso não significa que têm muito em comum. É o perfil psicológico – diferenças em coisas como hábitos, atitudes, personalidade e valores – que nos ajuda a desenvolver os planos de marketing com maior valor agregado, proporcionando *insights* reais e conexões com valor agregado para marcas específicas.

Microtrends, um dos mais comentados entre os livros de negócios recentemente, sugere que os consumidores no mundo estão cada vez mais se segmentando em um ou mais pequenos – mas importantes – perfis psicográficos, cada um deles com no mínimo 1% da população dos Estados Unidos. O autor, Mark Penn, que cunhou o termo "Soccer Moms" (mães futebolistas) revela novos grupos tais como "Vídeo Game Grown-Ups" [videogame de adultos] e "Young Kniters" [jovens tricoteiras]. Esses grupos restritos, porém bem definidos, oferecem oportunidades evidentes (por exemplo: desenvolvedores de games e fornecedores de novelos de lã).

> **Identifique pessoas que são o ponto de entrada de seu produto ou serviço no mercado. Alcançar os consumidores no momento de entrada é um dos truques mais antigos do roteiro de marketing.**

Há duas abordagens generalizadas que acreditamos que podem ajudar as marcas a mergulharem num mercado-alvo bem definido de forma rápida. Primeiro você pode focar nos 20% (ou – como já vimos no Capítulo 6 – 2,5%) dos clientes que impulsionam 80% de suas vendas hoje. Embora rastrear esses 2,5% para recrutar grupos de foco locais seja difícil, serviços de pesquisa quantitativa como Kantar Group e Nielsen podem ajudar você a reunir uma quantidade suficiente de pessoas para extrair suas características psicográficas comuns. Ou você pode simplesmente convidar as pessoas desses 2,5% para interagir diretamente com sua marca, garimpando seu banco de dados de contatos e convidando seus clientes existentes para participar.

Esta abordagem pode ser adaptada inclusive para marketing de produtos novos. Quando estávamos lançando o Mr. Clean AutoDry Carwash, eu e minha equipe passamos um tempo enorme nas ruas falando com homens que adoraram o produto. Perguntamos a eles por que gastavam tanto tempo lavando seus carros e eles geralmente respondiam que achavam que os carros "corriam mais quando estavam limpos". Este comentário incomum e repetido revelou que nosso produto atrairia as pessoas porque "expunha o melhor" de seus carros, em vez de simplesmente ajudar a terminar uma tarefa rápido. Isso se tornou um princípio guia de nosso marketing de lançamento e tinha relação direta com o sucesso do produto.

Outro excelente exemplo é o que o time da marca Dockers fez em 1994 quando estava lançando uma linha *casual* de roupas masculinas.

Rick Miller, que na época dirigia o escritório de São Francisco da firma de relações públicas Burson-Marsteller, descreveu como o conceito de roupas *business casual* ainda era novo na época. Seu time viu uma oportunidade de aumentar as vendas comunicando-se diretamente com os diretores de recursos humanos em corporações no país inteiro. Elas estavam com dificuldades para definir o código de vestimenta apropriado para o ambiente de trabalho, então o time de Rick compartilhou diretrizes e sugeriu que o código de vestimenta *business casual* era um excelente benefício, sem custo, e estimulador de produtividade para funcionários numa época em que a recessão estava retrocedendo.

Uma segunda abordagem, que pode ser executada como um esforço de marketing inteiramente separado, é identificar pessoas que são o ponto de entrada de seu produto ou serviço no mercado. Alcançar os consumidores no momento de entrada é um dos truques mais antigos do roteiro de marketing: a Welcome Wagon traz amostras e descontos para novos proprietários de imóveis desde 1928; a Gillette oferece um aparelho de barbear para todos os rapazes que se alistam nas forças armadas aos 18 anos. O Similac oferece amostras de leite em pó em uma útil sacola para fraldas a praticamente todas as mulheres que dão à luz nos Estados Unidos. Amostras de Tide, Downy e Bounce acompanham lavadoras de roupas novas, e computadores novos vêm com um mês grátis de proteção antivírus e acesso à Internet.

A probabilidade é que existe uma, às vezes mais, ocasião típica, muito específica, em que as pessoas ingressam na categoria de seu produto ou serviço e, ao identificar essas situações e colocar-se no lugar das pessoas que estão passando por essas mudanças na vida, você encontra uma oportunidade inestimável de começar a agregar valor à vida delas.

A General Mills é um bom exemplo de empresa que reuniu várias dessas lições e refinou o processo de alinhamento com um público-alvo. Cada uma das dezenas de marcas da General Mills criou um "campeão de marca" alvo, definido por Mark Addicks, diretor executivo de marketing da Generall Mills, como "pessoas que descobriram que a marca desempenha um papel com valor em suas vidas". A General Mills não está preocupada que seus campeões de marca sejam grupos pequenos demais para focar. Na verdade, ao empreender ações de marketing especificamente para um grupo-alvo assim, a empresa descobriu outras pessoas que se identificam com este grupo e acabam pegando carona.

No caso do Lucky Charms, a marca identificou seus campeões como crianças que adoram usar a imaginação. Você provavelmente se lembra da marca meramente pelos marshmallows incluídos nas caixas de cereal com formato de corações cor-de-rosa, luas amarelas, estrelas cor de laranja e trevos verdes. Embora esses formatos básicos pudessem ser bastante atraentes para nossa geração, não impressionavam crianças que sabem usar um computador antes dos cinco anos.

Depois de 43 anos de empreender ações de marketing objetivas para este cereal, a Generall Mills usou a dica de seus novos campeões de marca, mudando o foco para "estimular a imaginação das crianças" e agora imbui cada formato com poderes especiais: estrelas ajudam a voar, ferraduras aceleram as coisas, trevos trazem sorte, luas azuis dão invisibilidade, arco-íris permitem viajar de um lugar para outro e balões ajudam a fazer as coisas flutuarem, sem mencionar o novo formato de ampulheta, que tem o poder de controlar o tempo!

Seguindo as ideias de seus campeões de marca, o Lucky Charms também acrescentou mais experiências de marketing voltadas para entretenimento que estimulam a imaginação, incluindo episódios na web das aventuras de Lucky, o duende, e um game on-line chamado "Quest for the New Charm", que desafia as crianças a resolver problemas e enigmas para vencerem.[1]

Como Seu Consumidor-Alvo Reponde ao Marketing? (ou: Sinto Muito, Não Assisto a Seus Comerciais")

Esta é a segunda pergunta que você precisa fazer para entender melhor o que pode realizar de diferente para tornar seu marketing mais eficiente. Simplificando, o que precisa saber de fato é: seu consumidor-alvo assiste a seus comerciais? Qual é a resposta dele? Ele ama, odeia ou ignora? Você não se surpreenderá em descobrir que existe muito cinismo e negatividade por aí, e parte disso tem justificativa; afinal, a frustração reprimida causada pelo comportamento grotesco do marketing tradicional precisava ser liberada em algum momento. Mas após o "massacre" ini-

> **Os consumidores geralmente dirão honestamente que apreciam algumas formas de marketing. A questão é descobrir quais.**

cial, os consumidores geralmente dirão de forma honesta que apreciam algumas formas de marketing. A questão é descobrir quais.

Não se restrinja a perguntas focadas apenas na sua categoria: em vez disso, examine todo o espectro de marketing de produtos e serviços ao qual seu consumidor está exposto 3 mil vezes por dia. Pergunte quais os tipos de marketing ele considera mais e menos eficiente. Se ainda não fez isso, dedique algum tempo para ler estudos de casos nas revistas *Advertising Age* e *Brandweek*. Pense sobre como as lições de outras categorias podem ser eficazes em seu mundo. Lembre-se: muitas das melhores ideias já estão por aí – você só precisa encontrá-las e torná-las relevantes para seu uso.

Esses tipos de *insights* sozinhos geralmente podem impulsionar um marketing com valor para o consumidor. Lembra-se da Dove? A pesquisa feita pela marca revelou o fato de que a maioria das propagandas de cosméticos na verdade faz as mulheres se sentirem mal e deprimidas com relação a seus corpos. O Home Depot descobriu que muitos consumidores olhavam os anúncios de pessoas sorrindo, construindo varandas e reformando suas casas e diziam para si: "Tá bom. Como se eu conseguisse fazer isso sozinho". Muitas marcas descobriram que os turistas visitando Manhattan desejam fazer uma imersão no ambiente de uma marca, sendo assim criaram lojas-conceito como da M&M World na Times Square e a da Abercrombie & Fitch na Quinta Avenida. Esses são os tipos de *insight* de marketing que podem estimular a imaginação de sua equipe e os resultados da empresa.

Perguntar abertamente aos consumidores o que eles acham de seu marketing pode ser difícil, visto que usualmente nós, profissionais de marketing, não gostamos de ouvir as pessoas dizerem o quanto é ineficiente aquele anúncio que passamos seis meses desenvolvendo. Mas ao tocar nesta questão difícil, você pode começar a solucionar alguns problemas de sua empresa e começar a ver o poder do Marketing com Valor *Agregado*.

Tive que aprender isso da maneira difícil. Em 2000, enquanto conduzia a pesquisa do Tide, fiquei surpreso ao descobrir que, em praticamente todas as entrevistas com o consumidor, as mulheres me diziam sem rodeios que nunca assistiam a comerciais na TV. De início, eu simplesmente ria junto com elas e passava para a próxima pergunta sem medo. Afinal, tinha um lindo gráfico de barras colorido mostrando que, na verdade, 85% de meu público-alvo havia sido exposto a meus comerciais mais de três vezes na semana nos últimos seis meses. Meus consumidores-alvo também disseram que não acreditavam quando marcas como a minha alegavam que tinham uma fórmula "Nova e Melhorada!". Novamente, estava confiante de que isso era simplesmente um problema de recrutamento para pesquisa, pois eu tinha *dados* que mostravam uma melhora significativa na remoção de manchas e na intenção de compra coletados por minha equipe de pesquisa em experimentações nos domicílios.

Fui arrogante – e estava errado. Apenas alguns meses após esse lançamento "Novo e Melhorado!", aprendi que havia alguma verdade nas palavras delas! Nossa iniciativa mais recente não ia bem e era minha obrigação dar um jeito. Minha equipe e eu voltamos para a prancheta e pensamos a fundo sobre os tipos de ferramentas de marketing e táticas que nossas consumidoras disseram que de fato gostavam e prestavam atenção, como amostras grátis e cupons. Descobrimos que nossas clientes-alvo *estavam* sempre procurando resultados melhores e que gostavam *sim* de experimentar produtos novos – mas dadas as alegações vazias do passado, não queriam assumir o risco financeiro de comprar uma garrafa nova inteira só para depois enfiar no fundo da prateleira da lavanderia.

Para a segunda rodada de nossa iniciativa de aprimoramento de produto, escolhemos focar nossos gastos num dispositivo chamado Tide Kick, que as pessoas podiam encher com Tide líquido e usar para remover manchas antes de colocar as roupas na máquina. Isso proporcionou algo realmente novo e diferente que elas podiam experimentar em casa. Usamos um programa on-line de solicitação de amostras para fornecer o Tide Kick de graça e um cupom de US$ 0,50 para qualquer pessoa que visitasse nosso site, juntamente com muita divulgação em mídia on-line

> **Em termos de conduzir uma pesquisa, a pergunta certa é: Por que precisamos fazer pesquisa?**

e tradicional para promover esta oferta. Através do registro on-line para a amostra, pudemos mostrar ao visitante instruções sobre o produto e dados sobre sua superioridade.

Em seis meses, aproximadamente 3 milhões de pessoas pediram e receberam um Tide Kick de graça, e mais de 2 milhões delas também se registraram para receber nossa newsletter mensal. Uma nova pesquisa mostrou que essas pessoas estavam vendo excelentes resultados e comprando mais Tide do que nunca. As taxas de lealdade e *brand equity* também aumentaram, permitindo-nos alcançar uma participação recorde na subcategoria de detergentes líquidos. Ao finalmente dar atenção a como os consumidores realmente se sentiam sobre nosso marketing, conseguimos atingir o sucesso.

Existem muitas ferramentas que podem ser usadas para gerar este entendimento com valor agregado. Minha agência, assim como outras, frequentemente usam um processo de "personificação" para capturar as metas do consumidor-alvo de uma marca, que vão muito além do desempenho do produto. Conforme mencionado anteriormente, algumas marcas usam um modelo em tamanho real de papelão de seu consumidor-alvo que é levado para as reuniões. Quando precisam tomar uma decisão difícil, olham para o modelo e perguntam "O que a Suzan quer?". Claro, a Suzan é simplesmente a representação literal do consumidor, que de toda maneira será idealizado, mas a questão é que você e sua equipe devem internalizar a mentalidade de seu consumidor – não apenas na lavanderia, mas na fila do caixa do banco, ou no mercado, mas como ele interage com seu ecossistema de marketing e com o mundo em geral. Obviamente, é preciso pesquisar para realmente entender o que a "Susan" quer.

Conduzindo a Pesquisa Certa

Agora você já sabe a importância de fazer as perguntas certas. Em termos de conduzir uma pesquisa, a pergunta certa é: Por que precisamos

SIMPLESMENTE PERGUNTE   217

fazer pesquisa? Eu sei, é uma heresia sugerir isso. Para muitos de nós, a pesquisa é a etapa básica de qualquer nova campanha de marketing. Infelizmente, em geral conduzimos a pesquisa pelas razões erradas.

Em minha experiência, a pesquisa frequentemente é um passo que damos para vencer nossos medos. Às vezes, sabemos qual é a decisão certa e conduzimos a pesquisa para reunir as provas para embasá-la, mas a verdade é que todos os recursos preciosos (tempo e dinheiro) que são gastos com pesquisa não muda o fato de que seus consumidores estão ativamente evitando seu marketing interruptivo.

A realidade é que você talvez já tenha parte, ou toda, a informação de que precisa. Quando chegar à etapa da pesquisa no processo, provavelmente já passou meses ou anos respirando seu produto, sua categoria e seus consumidores. Jon Steel geralmente pede aos planejadores de sua conta para imaginarem que devem tomar uma decisão sem fazer nenhuma pesquisa. Muitos deles descartam a primeira resposta que vem à mente porque parece muito óbvia, mas ela geralmente está muito próxima da decisão final. Steel prossegue dizendo: "Praticamente todas as melhores campanhas de publicidade das quais participei basearam-se em ideias tão óbvias que é quase constrangedor ser pago para apresentá-las".

Se a sua intuição não consegue oferecer a solução imediatamente, não pegue o telefone e comece a agendar um grupo de foco ainda. Em vez disso, gaste um tempo examinando o enorme histórico de pesquisas anteriores que provavelmente estão empilhadas nas prateleiras ou armazenadas nos discos da rede de sua empresa. Mantendo alguma distância, uma nova perspectiva e a nova missão de criar marketing com valor, esses dados "antigos" (que já estão pagos e adequadamente resumidos) podem guiar você para os *insights* que está procurando numa fração do tempo e do esforço que seriam necessários para começar tudo de novo. No pior cenário, confiar na sua intuição e examinar pesquisas antigas ajudarão a preparar sua mente para a tarefa em mãos e a descobrir perguntas ainda não feitas em que você precisa focar para ir em frente. E essas duas tarefas podem ser concluídas em uma semana, senão em algumas horas.

Se decidir criar uma nova pesquisa, a próxima pergunta é: Por que conduzir as formas convencionais de pesquisa? A maioria dos profissionais tradicionais de marketing conhece o padrão clássico de pesquisa com o consumidor. Um número X de pessoas que se enquadram no perfil do consumidor-alvo são recrutadas para participar de um projeto de pesquisa. Eles vão ao escritório de uma empresa de pesquisa ou são direcionados para responder a uma pesquisa on-line com a promessa de receberem alguma recompensa pelo esforço. Os participantes respondem a uma infinidade de perguntas sobre seguro de vida, computadores ou ração para animais, pegam sua remuneração modesta e voltam para suas casas e vidas. Embora este processo seja objetivo e desenhado para coletar as informações necessárias, também deixa muito a desejar.

A maioria das pessoas não sabe disto sobre mim, mas eu adoro participar de pesquisas como entrevistado. Há muitos anos, no meu primeiro ano como profissional de marketing, um mentor me aconselhou a ser voluntário para participar como entrevistado num projeto de pesquisa para poder conduzir melhor minhas próprias pesquisas do outro lado do espelho. Seu conselho foi para eu deixar meu chapéu de marketing do lado de fora da sala e vivenciar o processo como um consumidor.

Assim, há anos aproveito as oportunidades que tenho de assumir este papel. Preencho pesquisas na Internet ou participo de grupos de foco para publicações de negócios. Sou honesto sobre minha ocupação como profissional da área, sendo assim infelizmente sou colocado para fora de muitas listas. Mas participei de pesquisas o bastante para aprender uma coisa ou duas. A maior lição? A pesquisa tradicional é problemática. Embora pensemos que o processo convencional seja a maneira mais eficaz e eficiente de arrancar de estranhos as informações de que precisamos, ele não é. A seguir estão algumas das coisas que seus entrevistados realmente estão pensando enquanto sua cara pesquisa está em andamento:

- "Realmente não ligo muito para esse produto."

- "Sinto-me muito constrangido para falar sobre isso na frente dos outros."

- "Fico imaginando o que essas pessoas atrás do vidro estão pensando."

- "Por que esse cara do meu lado não cala a boca?"

- "Isso não vale US$ 50."
- "Vou responder isso rápido para poder ir embora logo."

Sinto muito, pessoal, mas é assim que as pessoas funcionam – e você sentiria e pensaria o mesmo se estivesse no lugar delas. A realidade é que as pessoas de verdade e suas vidas de verdade são complexas, e forçá-las a estar num ambiente artificial extremamente simplificado leva a resultados artificiais extremamente simplificados. Na ciência, existe uma coisa chamada de princípio da incerteza de Heisenberg, que afirma que *o ato de medir algo tem um impacto sobre o que está sendo medido*. Nos laboratórios de ciências, por exemplo, até mesmo o ato de colocar um termômetro num líquido causa um aquecimento minúsculo – por menor que seja, esse aquecimento eleva a temperatura do líquido, portanto, distorcendo os resultados. Ao conduzir uma pesquisa, não colocamos simplesmente de forma sutil o tal termômetro no líquido – nós mexemos violentamente, chacoalhamos, enfiamos o dedo e expomos à radiação, dissolvendo qualquer *insight* que poderia ter resultado do trabalho.

	Ambiente de laboratório	Ambiente natural
Informação solicitada	• Grupo de foco • Pesquisa on-line • Pré-teste de comercial	• Nas residências • Nas lojas
Informação voluntária	• E-mail • Telefone	• Boca a boca • Monitoramento do boca a boca

Figura 7.1   **Categorizando alternativas de pesquisa**

Se você acha que precisa continuar a conduzir pesquisas em sua empreitada para ter um marketing com mais valor agregado, reavalie suas distorções e priorize as ferramentas que oferecem os *insights* certos. Sendo assim, criei uma maneira simples de categorizar alternativas de pesquisa para mostrar o nível de viés externo nos resultados (veja a Figura 7.1).

De modo geral, a pesquisa pode ser dividida em duas variáveis. Primeiro, pode ser conduzida num ambiente de pesquisa ("Ambiente de

Laboratório"), onde a atividade é controlada e as pessoas entendem que suas ações estão sendo examinadas no "microscópio", ou pode acontecer num "Ambiente Natural", onde as pessoas têm mais controle sobre a experiência e se sentem mais confortáveis no ambiente que as cerca. Segundo, a maioria das pesquisas pode ser dividida segundo a variável de como os entrevistados fornecem as informações. Ela pode ser conduzida na forma de questionários formais sob orientação direta dos próprios pesquisadores (Informação Solicitada) ou pode ser fornecida espontaneamente por iniciativa dos entrevistados, que podem fazer e dizer o que quiserem (Informação Voluntária).

Incluí na Figura 7.1 algumas das formas mais comuns de pesquisa nos quadrantes em que mais se encaixam. Como seria de esperar, as formas que apresentam menos viés estão no quadrante Ambiente Natural + Informação Voluntária. Ao monitorar o boca a boca de seus produtos e observar a vida de seus clientes sem envolvê-los diretamente, os profissionais de marketing podem ganhar *insights* realmente valiosos.

O boca a boca existe desde os primórdios da comunicação humana, mas, tradicionalmente, os *insights* de marketing a partir desta fonte ficavam limitados a informações que nos chegavam através de amigos ou familiares. Felizmente para nós, a comunicação digital tornou públicas as conversas boca a boca particulares; os profissionais de marketing que buscam um feedback verdadeiro, não filtrado, podem simplesmente navegar em fóruns, examinar críticas sobre produtos e avaliações na Amazon, pesquisar blogs no Google e até mesmo definir alertas para ver o que os usuários do Twitter estão contando uns aos outros sobre suas marcas. Melhor de tudo, estas informações podem ser enviadas diretamente para sua caixa de entrada enquanto você está dormindo. E se estiver recebendo muita informação não filtrada, existe um grupo de empresas que por uma taxa modesta irá monitorar o buchicho e ajudar você a identificar problemas e oportunidades. A Nielsen Buzz-Metrics, Cymfony e MotiveQuest vão fornecer informações sobre sua marca, competidores e qualquer outro assunto ou problema que deseje monitorar. Mas embora essas empresas ofereçam muitos benefícios, às vezes você precisa estar no meio do papo para descobrir os *insights* de que precisa, o que leva a minha segunda fonte favorita de *insights*, a categoria Ambiente Natural + Informação Solicitada.

Certamente, fazer perguntas traz risco para a equação, mas ao manter seus entrevistados num ambiente natural – sua casa, o bar que frequentam, o seu carro – você tem uma chance maior de estar dentro da realidade. Jon Steel acredita em manter os entrevistados em seu habitat natural – para criar "um ambiente que replica o máximo possível o lugar e o estado de espírito em que estarão quando entrarem em contato com uma marca ou uma propaganda, de forma que a pós-racionalização que ficam tentados a fazer sobre suas opiniões e preferências é mantida no nível mínimo".

> **Passar um tempo com qualidade com os consumidores, não apenas perguntar como eles usam seus produtos, mas como vivem suas vidas.**
> **— Jim Stengel**

Os planejadores de Steel comeram pizza com os consumidores para uma pesquisa do Pizza Hut, promoveram uma festa num barzinho para uma marca de gim e levaram passageiros potenciais a um navio para a Norwegian Cruise Line. Além de ser muito mais divertido do que observar participantes entediados através de um espelho bidirecional, essas experiências também ajudaram sua equipe a ganhar "uma perspectiva mais ampla para entender onde um produto ou categoria se encaixa no contexto da vida das pessoas, e o inverso também".

Jim Stengel, ex-diretor global de marketing da P&G, diz que grande parte da pesquisa da empresa mudou de grupos de foco para a casa da pessoa, principalmente para permitir que os profissionais de marketing observem quando, onde e como as pessoas de fato usam seus produtos. É por isso que a empresa se deu inclusive ao trabalho e ao gasto de construir um mercado completo para fins de pesquisa e instalou câmeras no chuveiro das pessoas (com o consentimento delas é claro). Muitas das mesmas empresas que organizam grupos de foco se dispõem a organizar esse tipo de estudo "mais natural". Esse tipo de pesquisa mais intimista também oferece um *insight* mais profundo sobre a vida das pessoas. Você não observa simplesmente como uma mãe tira as manchas da roupa das crianças antes de colocar na máquina, mas também tem a oportunidade de ver a lista de tarefas domésticas dela, em que websites ela navega e a

MARKETING COM VALOR *AGREGADO*

que horas os filhos chegam da escola – tudo isso é relevante para desenvolver um entendimento mais completo de quais são as necessidades de alto nível dela. Stengel direcionou sua organização para "passar um tempo com qualidade com os consumidores, não apenas perguntar como eles usam seus produtos, mas como vivem suas vidas e descobrir como é possível ter um impacto positivo [nelas]".

Um *insight* adicional pode ser conquistado na categoria Ambiente de Laboratório + Informação Voluntária. Aqui, obviamente, residem informações como o e-mail e ligações ao serviço de atendimento ao cliente que as marcas recebem diariamente. Anteriormente, citei Pete Blackshaw que disse: "O serviço de atendimento ao cliente é o novo departamento de marketing", mas eu acrescentaria que o serviço de atendimento ao cliente também deveria servir como o novo departamento de pesquisa. As pessoas que chegam até sua empresa por telefone, e-mail, SMS e até mesmo pela simples e velha carta proporcionam uma fonte imediata e gratuita de informações. E embora as mensagens recebidas tendam a ser polarizadas (geralmente, apenas as pessoas mais insatisfeitas e as mais felizes se dispõem a chegar até você), este continua sendo um bom ponto de partida e é uma maneira confiável de monitorar a receptividade de sua marca ao longo do tempo.

Uma tendência que está se firmando nesta categoria de pesquisa é o uso de comunidades coordenadas pela empresa. Ao contrário das comunidades amplas e abertas, como o fórum do TiVo mencionado no Capítulo 4, essas comunidades podem ter de algumas dezenas a milhares de membros, os temas fluem livremente e as discussões são autogeradas, permitindo que os membros se sintam como donos e dirigentes da comunidade. Novamente, devemos ser gratos à tecnologia digital por tornar fácil e barato criar uma comunidade de pesquisa privada. Em seu manifesto de marketing de mídia social, *Groundwell*, os autores Charlene Li e Bernoffjosh chamam as comunidades privadas de "um imenso e engajado grupo de foco em andamento contínuo – uma interação natural em um ambiente onde você pode monitorar". Basicamente, são grupos de discussão on-line organizados por empresas que são protegidos por senhas e com um número limitado de membros. Li e Bernoffjosh descrevem como a marca Axe criou uma comunidade privada onde os homens faziam o upload de fotos de seu quarto, conversavam entre si sobre tudo, de música a mulheres. A Charles Schwab também criou uma comunidade privada para conhecer os investidores da Geração X – influenciando seu crescimento neste segmento em 32%.

Ao longo da década de 1990, muito antes do advento do Facebook e do Second Life, a General Motors convidou um pequeno grupo de proprietários para testarem um novo modelo e ideias de propaganda sobre ele em seu Estúdio da Marca Saturn. As equipes de design e de marketing levaram os membros do painel à feira de automóveis de Detroit e perguntaram de quais carros eles gostavam mais e por quê. Como um gerente da Saturn disse, "É fácil esquecer ou ignorar uma reunião... Mas você não pode ignorar dezenas de episódios emocionalmente saturados com pessoas de verdade – pessoas que você conhece e pode facilmente visualizar nos olhos de sua mente e ouvir no ouvido de sua mente".[2]

No final das contas, haverá situações em que será necessário recorrer à seção Ambiente de Laboratório + Informação Voluntária da pesquisa. Quando feito de maneira adequada, ela também pode revelar *insights* valiosos. Mas aqui, mais uma vez, é importante perguntar "Por quê?".

Além da inércia, a principal razão por que grupos de foco permanecem com um formato padrão de pesquisa é porque são fáceis de executar. Contratamos um moderador e sentamos atrás do vidro para observar várias pessoas conversarem enquanto fazemos algumas anotações e checamos nosso e-mail. Mas para que o grupo de foco tenha valor agregado, deve ser repensado – precisamos arregaçar nossas mangas e passar um tempo realmente com qualidade com nossos consumidores.

Na minha experiência, a melhor maneira de conduzir este tipo de pesquisa é por meio de entrevistas pessoais individuais, um modelo talvez melhor descrito por Gerald Zaltman em seu livro espetacular *How Customers Think: Essential Insights into the Mind of the Market*. Zaltman constatou que 95% do que os consumidores pensam é inconsciente e que as emoções estão fortemente embutidas no processo de raciocínio. Como resultado, ele é a favor de discussões individuais – três horas por pessoa. Este tempo permite que os pesquisadores estabeleçam uma relação de confiança com os entrevistados e se aprofundem no inconsciente deles. Da mesma maneira, uma pesquisa conduzida por Abbie Griffin e

> **Sempre senti que existe uma relação inversa entre o grau de ordem e controle que alguém pode ter sobre qualquer projeto de pesquisa e a qualidade das informações que ela proporciona.**
> **— Jon Steel**

John R. Hauser mostra que oito entrevistas individuais são tão eficientes quanto oito grupos de foco (que podem compreender de 60 a 80 pessoas),[3] provando que entrevistas individuais proporcionam uma economia considerável de tempo e dinheiro também.

Em vez de ficar sentado atrás do vidro, cada membro de sua equipe deveria estar entrevistando um consumidor. Comece fazendo perguntas gerais e conversando sobre a vida de seu entrevistado, estreitando gradualmente seu foco para a categoria e produto que representa. Faça uso frequente de perguntas de resposta livre do tipo "Por quê?" em vez de perguntas do tipo "sim ou não"; essas perguntas forçam as pessoas a repensarem suas convicções e influenciam naqueles 95% do processo de decisão delas que é inconsciente. E não tenha medo de longos (até desconfortáveis) períodos de silêncio, visto que isso geralmente é um (bom) sinal de que as pessoas estão em profundo processamento.

Também não se sinta tentado a seguir à risca o roteiro ao qual você e sua equipe combinaram de antemão. Uma vez que estiver travando uma conversa com alguém, permita que esta conversa tome sua própria direção. Jon Steel ressalta "Sempre senti que existe uma relação inversa entre o grau de ordem e controle que alguém pode ter sobre qualquer projeto de pesquisa e a qualidade das informações que ela proporciona".

Depois de terminada a sessão, reúna os membros de sua equipe e compartilhe os *insights* que descobriram, preferivelmente em algum lugar fora, jantando num restaurante, onde você está mais propenso a compartilhar lembranças espontâneas. Em vez de recontar as mesmas experiências unidimensionais que todos teriam se estivessem observando o grupo de foco por trás do vidro, cada pessoa de sua equipe terá lembranças individuais únicas da pesquisa para contar. E embora suas discussões sejam distintas, é grande a probabilidade de que abordem *insights* comuns que infundirão um significado mais profundo a sua abordagem de marketing.

Até hoje me lembro de uma conversa que tive com uma mulher há quase 10 anos atrás sobre a experiência dela com o Tide. Depois de uma hora de conversa, ela revelou que o Tide era importante para ela porque havia removido uma mancha do vestido de primeira comunhão de sua filha – um vestido que ela gostaria de guardar para que sua neta usasse algum dia. Ao salvar o vestido, o Tide conquistou um lugar especial no coração desta consumidora.

Isso é apenas uma história de uma pessoa, mas me fez pensar sobre outras maneiras como o Tide poderia se conectar pessoalmente com os outros. Assim como mães repassam roupas com significado e outras peças herdadas para os filhos, também repassam lições sobre lavanderia e quais produtos preferem.

Resta pouca dúvida: os *insights* do consumidor podem de fato levar diretamente a estratégias poderosas de marketing com valor. Você só precisa saber a melhor maneira de encontrá-los.

Revelando o *Insight* para um Marketing com Valor Agregado

Ao longo de meu trabalho na Bridge Worldwide, descobri que revelar *insights* relevantes é o principal impulsionador para criar um marketing com valor para o consumidor. Infelizmente, determinar o que é um *insights* não é fácil, embora a *Enciclopédia Britânica* ofereça uma definição simples e sucinta: "Um *insight* ocorre quando as pessoas reconhecem uma relação ou fazem uma associação entre objetos e ações que podem ajudá-las a solucionar novos problemas". É importante notar que essa definição considera que um *insight* é voltado para uma meta e que ocorre quando existe a descoberta de uma relação existente, mas anteriormente despercebida.

Grandes *insights* não são necessariamente óbvios, mas, quando compartilhados, fazem perfeitamente sentido, conectando-nos uns com os outros e a nossas experiências universais e valores. Ao contrário do que se espera, grandes *insights* geralmente invocam os paradoxos que povoam nossa vida – por exemplo, *dizemos* que queremos um carro seguro e confiável, mas nossa pulsação aumenta quando ouvimos um Porsche

> **Grandes *insights* não são necessariamente óbvios, mas, quando compartilhados, fazem perfeitamente sentido, conectando-nos uns com os outros e a nossas experiências universais e valores.**

passar; *achamos* que tudo o que é saudável não têm um paladar muito bom e estamos *convencidos* de que um produto de limpeza biodegradável não consegue fazer um bom trabalho na sujeira pesada.

Mas o ingrediente mais importante de um *insight* é que ele pode desencadear ações na forma de marketing com valor.

Julgar que um *insight* é valioso é algo que tende a acontecer no nível mais profundo de nosso instinto. É necessária a exposição a muitos *insights* – e às estratégias de marketing resultantes – para se desenvolver este instinto. Nos casos descritos a seguir, observe como o marketing com valor fluiu instintivamente de uma variedade de *insights* relevantes de marcas, e onde você pode encontrar inspiração para sua própria marca.

A Palomino é uma cadeira de restaurantes com lojas em cerca de dez localidades nos Estados Unidos. No final de cada refeição, o atendente fornece uma ficha de feedback e oferece ao cliente a possibilidade de se registrar numa lista de e-mail para receber promoções e comunicados sobre eventos especiais. Isso não é incomum. O que *é* especial é que o Palomino faz uma única pergunta no formulário de registro: "Quando é seu aniversário?".

O Palomino quer ser *top of mind* para este tipo de ocasião. Sabendo que as pessoas geralmente vão jantar fora no dia de seu aniversário, e que estão inclinadas a gastar um pouco mais, e até mesmo a convidar amigos nesta noite especial, o Palomino envia um e-mail para seus clientes com duas semanas de antecedência da grande ocasião (quando as pessoas começam a fazer planos, recrutar uma babá para ficar com as crianças, e assim por diante), desejando feliz aniversário e anexando um vale de US$ 20.

O Palomino sabe que as pessoas valorizam o fato de que alguém – até mesmo um restaurante – lembrou de seu aniversário, sem mencionar o presente generoso (cujo custo é irrisório para o Palomino, e cujos resultados podem ser monitorados por cliques de e-mail e por resgates de vales). O Palomino também sabe que as pessoas se sentem mais inclinadas a retribuir o gesto escolhendo o restaurante para celebrar seu aniversário. Este *insight* simples sobre jantar de aniversário move uma estratégia de marketing singular e eficiente para esta cadeia de restaurantes.

Se o pessoal da Avis Rent a Car morasse numa cidade com um restaurante Palomino, poderiam ter aprendido a lição sobre reunir *insights* com valor agregado bem antes. No caso da Avis, a empresa buscou entender como poderia melhorar a experiência do cliente no geral, além de como poderia se conectar melhor emocionalmente com seus clientes.

Usando o aeroporto de Newark (Nova Jersey), uma das principais localidades da empresa, e um dos maiores centros de conexão de voos, a Avis decidiu conduzir uma pesquisa abrangente com seus passageiros-alvo, e fez perguntas mais detalhadas sobre as experiências e as necessidades deles. A Avis ficou surpresa ao descobrir que a principal necessidade emocional de seus clientes era diminuir o estresse associado a viagens, e que isso importava mais para eles do que outros aspectos – como agilidade do serviço, limpeza dos carros e localização das lojas.

Então a Avis começou a focar no que podia fazer para diminuir a ansiedade que envolve uma viagem. Instalou monitores de vídeo com informações sobre o horário de partida dos voos e o portão de embarque nas áreas em frente a sua loja, criou business centers que os clientes podiam usar para fazer ligações e recarregar seus laptops e aprimorou o treinamento de seus atendentes – inclusive para dar orientações melhores sobre caminhos. Os resultados foram surpreendentes: a loja da Avis em Newark passou do último lugar para o primeiro em satisfação do cliente (entre 60 localidades).

O "modelo Newark" foi estendido para toda a empresa, levando a Avis a reivindicar o primeiro lugar no setor em satisfação e lealdade do cliente.[4]

Até mesmo a Sears, que seria difícil você imaginar como líder em tecnologia, desenvolveu um uso estratégico para sua rede social no Facebook, com base em *insights* do consumidor. Após perceber que alunas do ensino médio geralmente buscavam a aprovação das amigas antes de escolher seu vestido de formatura, a Sears criou um aplicativo para o Facebook permitindo que as meninas compartilhassem fotos de vestidos usados por modelos, acompanhadas por uma descrição, para que pudessem juntar opiniões de seu grupo de amigas.[5] Ao usar o *insight* de como as adolescentes fazem compras, a Sears conseguiu criar um serviço que ajudou a atingir com valor agregado as 2,4 milhões de "Millennials", ou geração do milênio, meninas entre 15 e 17 anos de idade que usam o Facebook, impulsionando as vendas e o boca a boca.

E por falar em conectar com a geração do milênio, de novas maneiras, a marca Doritos da Frito-Lay apresenta um caso instigante da mudança de toda uma estratégia de marketing como resultado de revelar *insights* específicos sobre este grupo. Como é comum nos negócios, o primeiro sinal de mudança foi um declínio nos principais indicadores da marca. No final de 2005, o Doritos começou a ver sua penetração nos domicílios cair de 50% para 48%, um sinal claro de que a marca estava perdendo relevância entre seus compradores. O Doritos já sabia que seu público, que chama de "Hyper-Lifers" (a geração do milênio, ou Y, formada por jovens com idade entre 16 e 24 anos), impulsionava a maior parte de suas vendas. O que a marca constatou, quando fez as perguntas certas, é que os membros deste grupo não só sentiam-se extremamente confortáveis com a tecnologia digital, mas que gostavam de usá-la para criar seu próprio entretenimento – incluindo a cocriação de marcas em que acreditavam. Eles são criadores, não consumidores. O Doritos investiu na disposição e na habilidade deles – um atributo psicográfico singular – como meio de fortalecer o elo entre o consumidor e a marca, criando um marketing com mais valor e aumentando sua participação de mercado.[6]

No primeiro ano da campanha, o Doritos começou a incrementar sua equipe de marca com gerentes de marketing independentes que refletiam mais estreitamente seu público-alvo e deu a eles liberdade para fazerem suas próprias campanhas. Eles lançaram o concurso de comercial "Crash the Super Bowl", uma promoção de quatro meses que convidou os consumidores a criarem o comercial do Doritos para o Super Bowl pela oportunidade de alcançar fama mundial e ganhar um prêmio de US$ 10 mil durante o evento de janeiro de 2007. Dado o custo de um comercial para o Super Bowl – US$ 2,6 milhões na época –, o Doritos estava assumindo um risco enorme ao passar o poder criativo para as mãos de seus consumidores-alvo com idade entre 16 a 24 anos, mesmo assim a ousadia claramente compensou. Mais de mil comerciais foram enviados e cada um dos 1 milhão de visitantes passou em média cinco minutos no site da marca. Não só o comercial vencedor conquistou o quarto lugar entre os anúncios mais apreciados do *USA Today* Ad Meter e gerou US$ 30 milhões em valor de RP, mas também o volume de vendas do Doritos cresceu 12% em relação ao ano passado.[7]

> **Por causa do sucesso do envolvimento do consumidor nos esforços de marketing, [algumas marcas irão] tão longe quanto convocar a participação do consumidor para... o desenvolvimento de produto.**

Em virtude do sucesso, o Doritos deu seguimento ao concurso com outro desafio para o consumidor. Para seu concurso de música "Crash the Super Bowl Song Contest", a marca pediu a aspirantes a compositor que enviassem suas composições originais em MP3 (não necessariamente relacionadas ao Doritos). Visitantes do site da marca votaram elegendo a música "Message From Your Heart", de Kina Grannis, como vencedora. Um fragmento foi veiculado como parte do comercial do Super Bowl e Grannis ganhou um contrato de gravação como prêmio, facilitado pela Frito-Lay. Em sua terceira edição, a empresa trouxe de volta o concurso de comerciais e recebeu um número maior, e de melhor qualidade, de anúncios, pois as pessoas veem a iniciativa como uma oportunidade para lançar sua carreira cinematográfica. A marca também acrescentou um bônus de US$ 1 milhão ao prêmio se o comercial selecionado conquistasse o primeiro lugar na pesquisa anual Ad meter do *USA Today*, o que de fato aconteceu: Dave e Joe Herbert, dois irmãos na faixa dos 30 anos de idade, derrotaram a Madison Avenue em seu próprio jogo, vencendo a competição de propagandas do *USA Today* com seu trabalho amador, mas claramente eficaz.

Talvez por causa do sucesso do envolvimento do consumidor nos esforços de marketing, o Doritos foi tão longe quanto convocar a participação do consumidor para seu desenvolvimento de produto.

A marca lançou seu novo sabor numa embalagem simples preta e branca, atribuindo como nome o código X-13B. Os compradores foram convidados a descrever o gosto e sugerir um nome para o sabor; 100

pessoas das que enviaram as mais de 100 mil sugestões de nome foram selecionadas para se tornarem "Mestres de Sabor" do Doritos e receberam um ano de suprimento do salgadinho, tornando-se membros do painel de provadores de novos sabores. Mas a verdadeira compensação para o Doritos veio primeiro do buchicho que envolveu o que de outra forma teria sido um lançamento de produto convencional *e* da agitação envolvendo a escolha do nome vencedor, com cerca de 20 mil links combinados no Google.

Graças à participação talentosa do consumidor e do marketing inteligente por parte do Doritos, o X-13B se tornou o lançamento de sabor mais bem-sucedido de 2008 (mais tarde revelado como sendo sabor de "cheeseburger"), superando as vendas de todos os outros sabores já lançados pelo Doritos, com mais de 7 milhões de embalagens vendidas.

Ao basear-se no *insight* de que seu público-alvo ama criar sua própria experiência com a marca, o Doritos conseguiu colocar seu marketing de volta nos trilhos. Mais notável, a penetração do Doritos aumentou para 49% em 2007 e passou de 50% em 2008.

Provavelmente seria extrapolar tentar encontrar uma tática tradicional de marketing que funcionasse tão bem para vender assentos nos aviões quanto para vender salgadinhos – mas isso não é verdadeiro para o marketing com valor. Quando pensamos sobre a Southwest Airlines, o que vem à mente de praticamente todo mundo são tarifas baixas e atendimento ao cliente excepcional. Como você provavelmente sabe, ela cresceu como empresa e continua a ter sucesso como líder em baixo custo principalmente em rotas ponto a ponto de curta distância entre cidades pequenas e médias.

Como vimos no caso da Alaska Airlines no Capítulo 3, uma chave importante para o sucesso no negócio de empresas aéreas é variar o preço continuamente de acordo com a oferta e a demanda, sendo o objetivo preencher todos os assentos de cada voo. No caso da Southwest, o verdadeiro competidor geralmente não são outras empresas aéreas, mas as viagens de carro – ou simplesmente não viajar.

Para contrapor isso, a Southwest foi conhecer um pouco melhor seu cliente-alvo e encontrou um grupo relativamente grande de pessoas mais jovens em cada mercado atendido pela empresa que gostariam de viajar com mais frequência para visitar amigos ou familiares, mas que não tinham muito dinheiro disponível. Por exemplo, uma moça de Denver tem os pais em Albuquerque e, embora seja uma distância muito longa para dirigir num fim de semana, como ela tem poucas responsabilidades fora do trabalho, pode fazer planos de viagem de última hora. A Southwest viu este *insight* como uma oportunidade de mercado considerável.

Em fevereiro de 2005, a Southwest lançou uma ferramenta para download ou "desktop widget" que as pessoas podiam programar para alertá-las quando voos para determinadas cidades estavam com desconto.

A ferramenta permanece silenciosamente no canto direito da tela do computador até que os voos selecionados entram em liquidação. Os clientes ouvem então o "ding!" característico da marca e os detalhes da venda aparecem na tela. Normalmente, os clientes têm de 6 a 12 horas para reservar um voo.

As pessoas gostam de ser alertadas quando essas tarifas especiais ficam disponíveis. A Southwest se beneficia não só preenchendo seus assentos, mas também por poder construir perfis pessoais específicos de cada um desses clientes. A empresa pode então usar o histórico de compra dos clientes para personalizar ofertas futuras ou anunciar novas rotas.

Dois milhões de pessoas fizeram o download da ferramenta no primeiro ano, gerando US$ 150 milhões em vendas até o final do segundo ano. O uso da ferramenta continua a crescer com o tempo; no terceiro trimestre de 2008, a ferramenta conduziu *10 milhões de visitas* ao site da Southwest.

É sempre interessante ver como as ferramentas de marketing "viajam" e, no caso dos *insights*, a colônia Bruno Banani mostra como os alemães estão aplicando o que os outros fizeram para revolucionar salgadinhos e viagens aéreas para a arte da sedução.

Uma das principais ocasiões em que homens usam perfume é para ir a uma balada. Como existem centenas de fragrâncias no mercado e muitos lançamentos de produtos novos e campanhas publicitárias por ano, era importante para a Bruno Banani estimular a conscientização de sua marca se sobressaindo num mercado aglomerado e barulhento. Em vez de usar a abordagem tradicional genérica de divulgação, a marca escolheu inteligentemente o Carnaval, a temporada com maior índice de flerte do ano, para alcançar seu público-alvo – colocando-se especificamente no banheiro masculino, para onde os rapazes se retiram periodicamente não só por necessidade fisiológica, mas também para dar um tempo na pressão de paquerar as mulheres.

A Banani usou pôsteres, adesivos nos espelhos e anúncios no chão dos banheiros em bares e baladas populares – todos indicando um número de linha direta para onde os rapazes podiam ligar para ouvir sugestões de cantadas e outros conselhos masculinos. Esta campanha incrivelmente eficiente ajudo a Bruno Banani a incrementar o valor de "sex appeal" da marca e conquistar o domínio da participação de mercado na Alemanha, deixando para trás marcas globais famosas como Armani e BOSS.

Cada um desses exemplos mostra como fortes *insights* do consumidor podem ajudar sua marca a criar um marketing que agrega valor à vida das pessoas e dessa forma impulsiona o resultado de vendas. Seja para fazer a reestruturação de uma marca ou para criar uma promoção de baixo custo, um entendimento profundo de quem é seu público-alvo ajudará sua empresa a descobrir um caminho com valor agregado para a vida de seus membros.

IDEALIZE, AVALIE, LANCE

8

Com o apoio da alta administração e os *insights* em mãos, agora você está preparado para abordar o processo de desenvolvimento do marketing com valor. Provavelmente este momento será excitante e ao mesmo tempo assustador para você e sua equipe. A experiência mais próxima com que posso comparar isso é com aprender a dirigir – você está louco para se aventurar e experimentar algo novo, mas dominar esta nova habilidade é muito mais difícil do que parece e envolve muitos erros e frustrações até conseguir fazer a coisa certa. (Ao menos dessa vez seu pai não vai brigar com você por acertar a lata de lixo do vizinho.)

Muito parecido com o processo de tentar ensinar alguém a dirigir, é impossível simplesmente recontar a dinâmica de desenvolver e lançar um programa como esse de uma maneira com significado. É preciso prática e experiência para desenvolver uma abordagem sob medida para executar algo que, em última análise, é mais uma arte do que uma ciência. Mas este capítulo proporcionará uma orientação concreta sobre perigos comuns a evitar e estradas potenciais para o sucesso.

Assim como você acabou ganhando destreza na direção e passando na prova de habilitação, qualquer aluno desejoso e comprometido pode desenvolver as habilidades e os processos para ter sucesso nesta

> **É preciso prática e experiência para desenvolver uma abordagem sob medida para executar algo que, em última análise, é mais uma arte do que uma ciência.**

nova forma de marketing. E assim como é hoje dirigir para você, com o tempo criar marketing com valor agregado será também algo natural para você e para sua organização.

Gerando Ideias com Valor Agregado

Para os profissionais de marketing, a ideia de "desenvolvimento criativo" geralmente tem um ar de mistério e intriga. Lembro da minha primeira interação com a equipe de criação de nossa agência de publicidade durante meu começo como gerente de marca. Tivemos que voar até Nova York e, já no meio de nossa visita agendada, eles fizeram sua entrada triunfal, todos idênticos vestindo camiseta preta e óculos estilosos.

A finalidade da reunião era apresentar um novo projeto para a equipe de criação. Primeiro, o pessoal da agência responsável pela conta repassou cuidadosamente com a equipe de criação cada linha do *briefing* – um documento sobre o qual havíamos discutido coletivamente durante semanas. A equipe fez algumas perguntas graciosas (que mais pareciam feitas para nos mostrar que estavam ouvindo) e então saíram da sala, aparentemente para dar início ao processo de criação. Três ou quatro semanas mais tarde, eles entregaram suas ideias de comercial para TV.

Muita coisa mudou no processo de desenvolvimento criativo desde então. Agora, os clientes costumam passar mais tempo com sua equipe de criação e alguns são inclusive convidados para uma ou duas sessões de *brainstroming*. Mas para maximizar a eficácia, a mudança para o Marketing com Valor *Agregado* pode e deve ser um processo ainda mais aberto e colaborativo que rompe com as antigas regras trocadas entre marca e agência.

Por quê? Bem de certa forma poderíamos argumentar que o processo de desenvolver ideias de Marketing com Valor *Agregado* está mais próximo do desenvolvimento de produto do que da produção da publicidade tradicional. Afinal, o Marketing com Valor *Agregado* geralmente diz respeito a tornar o próprio marketing um produto ou serviço, guiado por objetivos corporativos claros e *insights* profundos do consumidor. Esse processo requer as mesmas habilidades que os profissionais de marketing usam para criar, digamos, uma oferta de extensão de linha de um produto ou um novo serviço financeiro, o que representa um alívio para você conforme segue para esta nova direção. Como resultado, no início do processo de desenvolvimento criativo, minha forte recomendação é usar um modelo semelhante àquele que você e sua organização empregam atualmente para desenvolver novos produtos ou serviços. Ao reduzir as direções que seu Marketing com Valor *Agregado* pode tomar, você se encontrará numa posição melhor para fazer o *briefing* para sua agência de publicidade e proporcionar a eles um foco para facilitar o pensamento criativo.

Assim como para o desenvolvimento de produto tradicional, geralmente faz sentido criar uma equipe específica para esta etapa do processo de desenvolvimento. E ainda assim, embora isso faça sentido e possivelmente seja uma das etapas mais importantes do processo, é também uma das mais ardilosas de se executar. Você terá de administrar os egos daqueles que *não* fazem parte da equipe e recrutar os melhores talentos para o trabalho – pessoas que terão muitas outras vantagens e prioridades justificáveis.

As melhores equipes para este tipo de trabalho incluem um punhado de pessoas (geralmente cinco ou seis) que trazem perspectivas diferentes para a mesa. Procure formar um grupo de pessoas com as mais diversas bagagens e formação e que se sintam confortáveis em desempenhar múltiplos papéis e trabalhar em campos especializados. Evite chamar pessoas que já tenham uma relação de subordinação entre si ou que criam barreiras em vez de encontrar soluções. Um único líder deve ser nomeado, mas os membros do grupo devem ser tratados como iguais. É importante selecionar pessoas que, além de suas qualidades individuais, são intelectualmente curiosas, estão dispostas a assumir riscos e possuem fortes relacionamentos na organização. Elas devem se sentir confortáveis em trabalhar juntas e devem ter disponibilidade de se dedicar ao processo integralmente durante um período concentrado de tempo.

Para iniciativas que abrangem toda uma organização ou muitas marcas (como o programa Comece a Fazer Escolhas, da ConAgra, des-

> **Os melhores produtos novos e programas de marketing não necessariamente vêm de momentos Eureka. Pelo contrário, são as conclusões lógicas de uma pesquisa detalhada e muito raciocínio.**

crito no Capítulo 5), geralmente é mais eficaz criar uma "equipe de marca" totalmente nova e dedicada. E esse é um momento excelente para trazer uma ou duas agências de publicidade – preferivelmente um forte planejador de conta ou estrategista que possa equilibrar o que a empresa precisa com o que o projeto necessita, para que o pessoal de criação possa agregar o máximo de valor mais adiante.

Uma vez que sua equipe esteja organizada e a par do objetivo da empresa e do trabalho de *insight* que você fez até o momento, é hora de colocar tinta em seu quadro branco, na esperança de desenvolver ideias de Marketing com Valor *Agregado*. A esta altura, você e sua equipe já devem ter algumas ideias provenientes da enorme quantidade de tempo gasto conhecendo as pessoas que compram seus produtos e serviços – e o que é importante na vida delas. Isso é bom, porque os melhores produtos novos e programas de marketing não necessariamente vêm de momentos Eureka. Pelo contrário, são as conclusões lógicas de uma pesquisa detalhada e muito raciocínio.

Novamente me sinto tentado a convocar o mestre planejador Jon Steel, que oferece excelente orientação para processos de desenvolvimento de estratégias e de ideias. No livro *The Perfect Pitch*, Steel compartilha uma abordagem que o ajudou, junto com sua equipe, a desenvolver ideias excepcionais para marcas como Nintendo, Porsche e a NBA sob a mira do novo processo de promoção corporativa. Se ele consegue identificar grandes ideias no período de duas semanas de promoção com pouca ou nenhuma pesquisa disponível, certamente sua equipe pode fazer o mesmo com anos de conhecimento interno.

A principal convicção de Steel é que as ideias criativa vêm de ligar os pontos entre a empresa, a marca e os *insights* do consumidor, e ele compartilha a excelente orientação de outro mestre, Kenichi Ohmae, que escreve em *The Mind of the Strategist*:

As melhores soluções possíveis vêm somente de uma combinação da análise racional baseada na natureza das coisas e da reintegração imaginativa de todos os diferentes itens em um novo padrão, usando o poder não linear do cérebro.

Ambos, Steel e Ohmae, recomendam reservar tempo para devaneios e distrações, que também descobrimos ser úteis.

A seguir está nosso processo de quatro passos para a geração de uma ideia com valor agregado, que devem fazer você e sua equipe pensar na direção certa:

1. *Ponderação*. O primeiro passo envolve despejar propositadamente dados na cabeça dos membros de sua equipe. Em vez de saltar direto para a geração de ideias, dê um passo atrás e mergulhe mentalmente em cada informação que já tem e que levou você até este ponto. Esse é um bom passo para garantir que todos os participantes da equipe – alguns dos quais serão novos no grupo – estejam igualmente informados no momento em que o processo de criação começar. Steel recomenda que os membros da equipe escrevam perguntas e observações importantes e ideias anteriores em blocos adesivos, do tipo Post-it, e colem num lugar visível para a equipe a fim de estimular a ponderação.

2. *Busca por valor agregado*. A seguir, você deve começar a procurar conexões entre sua pesquisa, perguntas e observações. Os Post-its começam a ganhar vida própria, transformando-se em ideias e *insights* que podem ser organizados de acordo com o que têm em comum. Ainda não há necessidade de correr para uma ideia aqui, portanto seja paciente e simplesmente deixe as diversas informações que estão na sua frente sedimentarem. Você pode optar por conduzir uma sessão de *brainstorming* com a equipe neste passo. Sou a favor do "Full-Contact Brainstorming", um método criado por Todd Copilevitz, diretor de estratégia digital para JWT/RMG Connect.[1] Os membros da equipe deveriam ter como lição de casa trazer ideias para a mesa e estarem preparados para defendê-las. O líder da equipe deve ficar

posicionado no quadro, direcionando a discussão e registrando os melhores pensamentos à medida que surgem. Ideias ruins não ganham um lugar no quadro branco e as poucas melhores devem ser eliminadas como um grupo. Esteja preparado: pode ser necessária mais de uma reunião de uma hora comendo pizza para chegar aonde quer.

3. *Largue tudo.* Isso mesmo – deixe seus Post-its colados no quadro, saia do escritório e faça algo completamente diferente. Vá ao cinema, ao shopping. Você pode não acreditar, mas quando seu lado consciente se distrai, 95% de seu subconsciente continua trabalhando tentando resolver o problema. Este é o mesmo processo que, aparentemente do nada, lhe traz à mente um nome que ficou tentando lembrar horas antes. Steel recomenda que a equipe inteira saia do escritório junta, assegurando que todos tenham um descanso mental e proporcionando uma maior oportunidade para o entrosamento.

4. *Adapte e destile.* Uma ou duas pessoas da equipe começam a classificar ideias, perguntas e comentários e a focar no que parece ter o maior potencial para o sucesso. Steel recomenda "editar sem piedade, eliminando o que é irrelevante e moldando o que acredita ser útil". Comece escrevendo suas ideias na forma de conceito e compartilhe com os colegas cuja opinião você respeita, mas que não estão diretamente envolvidos no projeto. Enxugue sua lista gradativamente até ficar convencido de que está pronto para a pesquisa.

Caso esteja travado na etapa de geração de ideias, simplesmente volte para o que sabe melhor, encontrando maneiras de "ativar" os benefícios de sua campanha publicitária atual ou de seu produto de tal maneira que o marketing propriamente dito se torne de valor para seu mercado-alvo. Por exemplo, por décadas, a De Beers veiculou comerciais na TV e anúncios impressos que nos dizem "Um Diamante é para Sempre". Esses anúncios tinham o objetivo de aflorar nossas emoções – de nos fazer pensar sobre aquela pessoa especial e nos levar até a joalheria para comprar aquele presente memorável, antecipando o momento mágico que viria a seguir. Comerciais de TV recriam os assim chamados momentos memoráveis de alguém fazendo um pedido de casamento ou dando um anel como presente de bodas de prata, mas esses "falsos" momentos mostrados nos anúncios durante o jogo de futebol de domingo são tão pessoais, memoráveis e significativos quanto as fotos de mentira que vêm nos porta-retratos comprados nas lojas.

Em dezembro de 2008, numa iniciativa rumo ao significado, a De Beers fez algo mais: ela de fato ajudou a criar esses momentos para pessoas de verdade. A empresa lançou a campanha "Quando o *Para Sempre* Começou", na qual montou uma guirlanda enorme no Madison Square Park em Nova York. Um conjunto de diversas câmeras fotográficas dispostas ao redor do palco tirava fotos em 360 graus de casais se beijando, que ficavam disponíveis on-line para download e compartilhamento com familiares e amigos. A De Beers "ativou" seu lema criando um momento especial que as pessoas se lembrarão para sempre.

Outro exemplo vem da cadeia de hotéis e resorts Westin. Durante anos, viajantes a negócios desfrutaram de um aspecto em particular da cadeia Westin que a diferencia das demais – você adivinhou: a Cama Divina. Para aqueles que não experimentaram sua maravilha, a Cama Divina, introduzida em 1999, tem um colchão customizado, um edredom macio, cinco travesseiros de espuma, lençóis de 200 fios. É uma inovação brilhante que encontra uma solução para uma das necessidades mais importantes dos viajantes de negócios. Depois de um longo dia na estrada, tudo o que mais queremos é cair na cama, e antes de uma reunião importante de manhã, cada minuto a mais de olhos fechados pode nos ajudar a estar em plena forma.

Até 2007, a Westin custeou uma campanha publicitária na TV que apresentava a Cama Divina juntamente com outras afirmações não memoráveis sobre como é ótimo se hospedar nos hotéis e resorts Westin. Mas os resultados desta campanha foram medíocres, pois não havia uma conexão com o público-alvo do hotel. Então, a Westin mudou para o que agora chama de "propaganda ambiente", na qual a empresa mostra o que tem de melhor para executivos em viagens de negócios, onde e quando pode agregar o máximo de valor para a vida deles. Um exemplo é uma parceria com a United Airlines, na qual a Westin colocou seus cobertores e travesseiros divinos na classe executiva e nas salas do Red Carpet. Sue Brush, vice-presidente sênior de marketing da Westin, adora este marketing porque "é de alto impacto e ainda não é muito usado no nosso segmento". E os clientes amam os momentos de conforto extra proporcionados pela Westin numa viagem que, de outro modo, seria estressante.[2]

Por fim, algumas marcas tiveram sucesso no desenvolvimento de programas de marketing com valor ao "voltar para o futuro" – usando sua história e expondo o que os tornava especiais e diferentes da concorrência antes de tudo. Um exemplo excelente são as autoescolas Land Rover Experience, que ensinam para as pessoas como guiar seus veículos esportivos nos ambientes naturais desafiadores para os quais foram desenhados, proporcionando ao mesmo tempo uma plataforma de construção da marca e lealdade.

Segundo Bob Burns, gerente da experiência 3-D para o programa Land Rover Experience, quando a marca Range Rover da empresa foi lançada nos Estados Unidos em 1987, ela não tinha um orçamento de marketing grande para o lançamento, mesmo assim precisava de alguma maneira apresentar para as pessoas uma nova marca no mercado de luxo dos SUVs. Então a empresa voltou para suas origens. Os primeiros Land Rovers foram vendidos principalmente como veículos de frota para o exército britânico. Como parte de sua estratégia inicial de vendas, a empresa ministrou aulas de treinamento para seus compradores militares. Os soldados aprenderam como conduzir os veículos apropriadamente nos terrenos acidentados ao redor do mundo. Este foco em treinamento se tornou parte do DNA da marca.

Avance para 1987, quando a empresa usou uma abordagem semelhante para vender a marca para motoristas do segmento de alta renda na América do Norte. As revendedoras Land Rover instalaram uma pista com pequenos obstáculos em seu estacionamento, e viagens de aventura de duas semanas foram organizadas para os proprietários. Essas experiências singulares, que testavam os limites do veículo, ajudaram a marca a se sobressair num mercado competitivo e os compradores a tirar mais proveito de sua aquisição. Por sua vez, esses consumidores extremamente satisfeitos geraram um boca a boca positivo e vendas repetidas.

Em 1996, a Land Rover abriu sua primeira autoescola independente para proprietários de qualquer tipo de SUV. Os participantes pagam algo que vai de US$ 225 por uma aula introdutória de uma hora a US$ 850 por uma experiência avançada de um dia inteiro. Eles aprendem como guiar em subidas íngremes, descidas acentuadas, terrenos rochosos e riachos. Os alunos da autoescola ganham habilidades realmente especiais, maior confiança e experiências de vida que nunca esquecerão.

> **Um processo de desenvolvimento de produto/serviço tradicional resultará num punhado de conceitos escritos..., mas descrições simples e objetivas do programa que você deseja criar comunicam o benefício final.**

Para a Land Rover, isso representa um test-drive pelo qual as pessoas de fato pagam. Os instrutores focam em habilidades-chave que podem ser aplicadas a qualquer veículo, mas também ressaltam algumas das características únicas que os Land Rovers possuem, como por exemplo, ao contrário da maioria das SUVs, os diferenciais dianteiro e traseiro estão deslocados para o lado, permitindo passar sobre obstáculos com 30 centímetros de altura sem danos ao veículo.

Bob Burns diz que os cursos apresentam a marca a clientes potenciais de uma maneira com valor agregado singular, reiterando a escolha do comprador por um veículo Land Rover. Segundo Burns, "Quanto melhor a instrução que damos, maior é o número de pessoas que optam por nossas SUVs".

Assim como muitos exemplos neste livro, o programa Land Rover Experience continuou a ser ajustado e expandido ao longo do tempo, crescendo para 30 autoescolas ao redor do mundo. A Land Rover agora promove eventos de criação de equipes e iniciou uma série de excursões de férias em lugares como Moab, em Utah, e Mascate, no Omã. Cerca de 5 mil pessoas participam das aulas por ano e mais de 10 mil já experimentaram o Land Rover dessa maneira única desde a criação do programa.

Outras marcas de SUV, como Jeep e Hummer, tentaram seguir os passos da Land Rover, mas nenhuma delas chegou perto de seu sucesso.

Ao ater-se à sua diferenciação histórica e ao modelo de sucesso, a Land Rover esculpiu um nicho valioso com uma fração dos gastos de marketing dessas outras marcas.

Desenvolvendo Declarações de Conceito Comprováveis

Se optar por usar um processo de desenvolvimento de produto/serviço tradicional para seu Marketing com Valor *Agregado*, o resultado de suas sessões de idealização será um punhado de conceitos escritos que representam o programa e seus benefícios para os consumidores. São as descrições simples e objetivas do programa que deseja criar que comunicam o benefício final do marketing para os consumidores e as razões para se acreditar que este benefício será entregue conforme prometido.

Para esclarecer melhor esta forma de escrever conceitos, usarei um exemplo fictício de uma empresa verdadeira que poderia fazer uso de um pouco de Marketing com Valor *Agregado*: a Visa. Não tenho uma perspectiva interna da Visa, mas posso supor que o objetivo-chave da marca seja maximizar sua participação nas compras dos associados do cartão. Também posso supor que seja um *insight* da Visa que as pessoas usarão o cartão da bandeira com mais frequência se o virem como uma parte de valor agregado do processo de compra. Além disso, a publicidade atual da Visa sugere que a marca quer se conectar com os associados num nível emocional ao oferecer experiências de vida. Slogans no site da Visa, por exemplo, incluem "Poder para fazer as coisas que você quer", "Aproveite as oportunidades da vida" e "A vida pede Visa". O cartão de fidelidade Visa Signature foca pessoas de alto poder aquisitivo com uma mensagem de marketing ainda voltada para experiência e oferece acesso a eventos especiais e a um serviço de *concierge*.

A Visa fez um dos melhores comerciais de TV da história, e está no momento mais propício para alguns serviços de Marketing de Valor *Agregado* que a ajude a entregar o que seus *slogans* prometem.

Título do conceito	"Travel Smart"	"The Hot List"
Benefício	A nova ferramenta on-line Visa Travel Smart faz sugestões sobre os melhores lugares para conseguir o necessário quando está viajando.	A Visa apresenta o "The Hot List" – uma aplicação para iPhone que mostra os melhores restaurantes, baladas e lojas, para que você possa estar onde as coisas acontecem o tempo todo.
Razão para acreditar	Porque toda vez que você usa seu cartão Visa, compilamos um perfil de seus lugares e atividades preferidos e os comparamos com os dos outros membros e com que está disponível nas cidades que você visita.	A Visa garimpa continuamente dados de milhões de transações ao redor do mundo todos os dias, permitindo ver e até prever padrões de popularidade. Vemos onde a ação está antes do boca a boca se espalhar.
	Por exemplo, se seu histórico de compras com o Visa inclui vários restaurantes de comida japonesa, quando seu voo aterrissa, recomendamos um restaurante japonês próximo a seu hotel.	Por exemplo, se você está numa cidade procurando uma balada, use o aplicativo "The Hot List" e ele mostrará os lugares mais populares perto de onde você está, e os horários em que são mais agitados.

Figura 8.1 **Dois conceitos potenciais de Marketing com Valor *Agregado* para o Visa Signature explorar.**

A Figura 8.1 mostra dois conceitos potenciais criados para mostrar conceitos de Marketing com Valor *Agregado* que a marca Visa Signature pode explorar mais a fundo em pesquisas.

Esses são apenas dois entre dezenas de conceitos potenciais para serviços que o Visa Signature pode oferecer. Note que esses dois conceitos são diferentes quanto à comprovação (no sentido de que são únicos e podem ser comparados em perguntas de preferência), são atraentes para os assinantes de formas diferentes e proporcionam apenas as informações suficientes para que as pessoas entendam o que o serviço oferece.

Assim como qualquer conceito bom de produto novo, eles são concisos e simples. Se há um excesso de benefícios e de razões para se acreditar num conceito, fica difícil executar de maneira convincente a lista resultante de itens.

Pesquisar ou Não Pesquisar

Um passo seguinte importante é obter o feedback de seus consumidores-alvo para garantir que se está no caminho certo, priorizar a melhor ideia e revelar problemas que precisam ser tratados na execução final. Recomendo a pesquisa qualitativa em primeiro lugar, por meio de entrevistas individuas que proporcionam um feedback útil e evitam a tendência de conformidade sem questionamento dos grupos de foco. Refine seus conceitos escritos e dê prosseguimento nas entrevistas com pesquisas quantitativas para testar o interesse geral no marketing e a probabilidade de o consumidor optar por interagir com ele. A pesquisa quantitativa pode ajudar você a estreitar suas opções entre múltiplos conceitos e definir expectativas para resultados de mercado. Saiba que talvez seja necessário começar de novo, usando a pesquisa para ajudar a refinar seu pensamento, antes de finalmente chegar ao resultado desejado.

No final das contas, é preciso avaliar e dar o sinal verde para um direcionamento. A recomendação definitiva deve ser uma que esteja alinhada com a avaliação de sua equipe como um todo. Confie que a abundância de dados de pesquisa garimpados e a profundidade de entendimento adquirido estão fazendo horas extras. E que 95% do seu subconsciente está alimentando seu processo de tomada de decisão agora e provou ser um termômetro muito confiável.

Mas devo advertir que isso pode ser traiçoeiro. Como disse David Ogilvy anos atrás, "Noto uma relutância crescente por parte dos executivos de marketing em usar o julgamento. Eles se valem cada vez mais da pesquisa e a usam da mesma maneira que um bêbado usa um poste para se apoiar, ignorando que ele serve para iluminar".

Aqui, novamente a alta administração e outros em sua organização com interesses especiais podem defender o *status quo* e questionar sua nova abordagem. Às vezes, essas pessoas podem atrasar seu trabalho pedindo ainda mais pesquisas e dados. Mas com boas justificativas e apoio ao longo do caminho, você pode vencer esta inércia.

Mesmo seguindo esta orientação, a garantia de sucesso ainda está longe. Mas nenhum modelo de marketing que seguimos até hoje na história já garantiu sucesso. Meu melhor conselho é que você faça *algo* para direcionar sua marca para um rumo com valor agregado e observar o que acontece. Entre no mercado e comece a aprender fazendo. Você cometerá erros da primeira vez, mas depois aprenderá a evitá-los. Descobrirá sucessos casualmente e entenderá como reconhecê-los e alavancá-los para os próximos anos. Não posso garantir que alcançará o topo da fama no marketing e ficará rico da noite para o dia, mas ao comprometer-se com o primeiro passo e iniciar a jornada, você estará mais próximo disso do que muitos.

> **Noto uma relutância crescente por parte dos executivos de marketing em usar o julgamento. Eles se valem cada vez mais da pesquisa e a usam da mesma maneira que um bêbado usa um poste para se apoiar, ignorando que ele serve para iluminar.**
> **— David Ogilvy**

Execute com Excelência

Existe um número infinito de conceitos aos quais você e sua equipe podem chegar, e quanto mais se avança na estrada rumo ao marketing que de alguma forma tenha valor agregado para sua marca e seu consumidor, menos orientação específica será necessário, conforme domina o que realmente é significativo para sua marca, produto ou serviço e público em particular. Entretanto, existem várias considerações específicas, sugestões e coisas a observar que serão úteis para dar vida a seu programa de Marketing com Valor *Agregado*.

Preparando sua Agência para o Sucesso

Infelizmente, uma das principais barreiras ao valor agregado pode ser uma agência de publicidade que ainda esta focada em aperfeiçoar um comercial de 30 segundos. Por mais que queira, você não pode simplesmente entrar na sua agência e dizer que espera um Marketing com Valor *Agregado* de agora em diante. Embora acredite que qualquer agência de publicidade *possa* mudar para esse tipo de modelo de marketing, isso não acontecerá se a agência meramente seguir o mesmo processo criativo dos anúncios de TV ou impressos.

Entretanto, este não é necessariamente o momento para começar o processo de escolha de uma nova agência. Se você tem um forte relacionamento com sua agência, a jornada para o Marketing com Valor *Agregado* deve ser algo com comprometimento mútuo – se por nenhuma outra razão do que a agência conhecer a fundo seu negócio e seus consumidores (geralmente mais do que os profissionais de marketing da marca na equipe, que podem mudar com frequência). Trabalhe em conjunto com sua agência para criar um novo processo apropriado ao modelo de Marketing com Valor *Agregado*, oferecendo um direcionamento claro e feedback ao longo do caminho. Um excelente planejador estratégico de sua agência deve ser incluído na equipe principal, e o pessoal de criação de sua agência deve assumir depois da etapa de conceitualização para dar vida às ideias. Se a agência não atender as suas necessidades logo de início, dê a ela uma chance de aprender e melhorar para a próxima rodada.

Embora seus parceiros na agência precisem de um pouco mais de orientação, tome cuidado para não prescrever demais durante a fase de criação. Os clientes às vezes podem ser muito ditatoriais sobre o direcionamento do trabalho e, como resultado, podem perder a oportunidade de ter programas mais originais e surpreendentes. Uma das minhas histórias favoritas vem de Ryan Turner, diretor de mídia social da agência digital ZAAZ. Há algum tempo, seu cliente Microsoft pediu ajuda para lançar o aplicativo Office 2008 para o Macintosh. A empresa procurou a ZAAZ em busca especificamente de uma campanha de vídeo gerada pelo usuário. Embora isso pudesse ser um sucesso, a equipe de Ryan pediu para pensar um pouco mais sobre a estratégia antes de mergulhar de cabeça numa execução específica.

Ryan e sua equipe focaram no objetivo de ajudar os usuários do Mac a enxergar o valor do Office da Microsoft. Dedicaram tempo para refinar o insight (e o desafio) de que os usuários do Mac são criativos e individualistas, e que não pensam na Microsoft como uma marca que representa suas convicções. A equipe de criação da ZAAZ decidiu fazer algo que confrontasse o pensamento desses incrédulos e mostrasse aos usuários fiéis do Mac que o Microsoft Office *era* capaz de algo especial. Eles criaram um programa de marketing chamado Arte do Office,

Tome cuidado para não prescrever demais durante a fase de criação.

um museu on-line de código aberto em que pessoas criativas são convidadas a fazer o upload de seus trabalhos criados com o Office. No início, o site foi auxiliado por alguns trabalhos encomendados, mas logo se tornou autossuficiente com pessoas carregando suas obras todos os dias.

Graças à equipe de criação da ZAAZ, e a disposição do cliente Microsoft em deixar o processo criativo florescer, a campanha Arte do Office ajudou a remodelar a marca na mente dos usuários de Mac e produziu resultados de lançamento consistentes do Office 2008 para Mac.

Unindo-se para um Significado Mútuo

Como você provavelmente notou, este livro traz muitos exemplos de duas (ou mais) marcas que se unem para criar marketing com valor para seus clientes em comum. Parcerias podem ajudar marcas a penetrar num novo mercado ou facilitar o ingresso numa área nova – como desenvolvimento de tecnologia ou serviços –, levando a um impacto maior, menos investimento e um lançamento mais rápido.

Uma das melhores ilustrações é a parceria entre o iPod da Apple e o tênis da Nike no desenvolvimento do produto Nike+ descrito anteriormente. Este é um exemplo óbvio de duas marcas, cada qual com suas qualidades únicas, que agregam valor para os clientes de ambas – muitos dos quais têm em comum.

Neste caso, cada parceiro contribuiu com um valor exclusivo para o relacionamento. A Apple contribuiu trazendo o software e o hardware do iPod para a Nike, uma base estabelecida usada ativamente por dezenas de milhares de pessoas diariamente. A Nike contribuiu para a Apple trazendo mais um benefício de produto para o sistema iPod juntamente com milhões de dólares em suporte de marketing. As marcas têm um consumidor-alvo comum – pessoas ativas de alto poder aquisitivo – e compartilham alguns elementos de sua *brand equity*.

Outro ótimo exemplo é o que encontrei ao me hospedar em meu hotel favorito da rede W em Nova York. No meu quarto havia um folheto oferecendo uma carona grátis num Acura MDX:

> Você precisa de uma carona? Vá aonde quer ir com Acura e W.
>
> Aonde quer que você vá, o Acura e o W se uniram para levá-lo a seu destino com estilo por meio da *Experiência Acura*, um serviço exclusivo Whatever/Whenever®. Seja para compras na Quinta Avenida, para passear na Rodeo Drive ou visitar a Bourboun Street, prepare-se para a carona perfeita num Acura MDX. Visite o balcão da *Experiência Acura* no lobby, reserve sua carona com um motorista particular e deixe o Acura levá-lo aonde quer ir.

Este é um exemplo claro de uma oportunidade vencer-vencer para as três partes: o W Hotel oferece mais um serviço no guarda-chuva "Whatever/Whenever", uma maneira excelente de diferenciar seus hotéis dos incontáveis competidores ao redor do mundo sem nenhum custo adicional. A Acura tem a oportunidade de se conectar com os clientes da cadeia W, provavelmente apenas a população de jovens de classe alta que são o alvo perfeito para seus carros, e que podem ser difíceis de atingir com anúncios interruptivos tradicionais. Por fim, há o benefício para o cliente: ele ganha uma carona grátis num caro sofisticado com um motorista atencioso que conhece a cidade. O cliente também se sente valorizado e especial como alguém influente ou uma celebridade do cinema. É uma experiência com valor agregado ao cliente para conectá-lo mais intimamente com ambas as marcas – Acura e W Hotel.

Existem outros exemplos de sucesso de várias marcas se unindo para construir experiências mútuas valiosas: a Honda e a Mattel uniram suas forças para criar uma edição especial dos carros de coleção Hot Wheels; a Fox e a rede 7-Eleven fizeram uma parceria para criar uma dezena de Kwik-E-Marts em apoio ao lançamento do filme *Os Simpsosns*; e a Victoria's Secret apresentou um desfile de moda na ala da Virgin Airways.

Esses vínculos de experiência parecem funcionar melhor quando as marcas têm tanto clientes quanto elementos de *brand equity* em comum – o público-alvo do filme *Os Simp-sosns* e da rede 7-Eleven são homens com idade entre 18 e 34 anos, por exemplo. Mas eles também requerem organizações que estão dispostas a abrir mão de algum controle e domínio. Cada um dos parceiros deve flexibilizar algumas regras e conviver num alinhamento mútuo em vez de num processo de decisões unilaterais.

> **Pense em outras marcas relevantes na vida do seu cliente e considere as sinergias que uma parceria pode criar.**

Este é um exercício excelente para você aplicar à sua marca: pense sobre outras marcas relevantes na vida de seu cliente e considere as sinergias que uma parceria pode criar, então pegue seu celular e vá à caça. É grande a chance de que existem outros profissionais de marketing por aí também à procura de ideias para algo novo e com valor agregado.

Conteúdo com Valor Agregado – Criar ou Licenciar?

Grande parte dos exemplos apresentados até agora foram de marcas que desenvolveram conteúdo original de algum tipo, sejam eles artigos informativos, jogos interativos ou experiências pop-up no varejo. Uma das grandes dúvidas dos profissionais de marketing que buscam criar valor agregado é se devem entrar no negócio de criar conteúdo – a despeito do fato de que todo marketing de alguma forma abrange "conteúdo". A única diferença é torná-lo mais interessante para o seu cliente.

Os profissionais de marketing se preocupam com o fato de que suas marcas e as agências com as quais trabalham não conseguem criar vídeos que competem com o que os produtores de Hollywood planejam durante o almoço, tampouco se sentem confiantes de que podem desenvolver aplicativos para o iPhone que cheguem à altura daquilo que o pessoal do Google cria nos 20% de seu tempo dedicado ao pensamento livre. Embora seus temores possam ser reais e fundamentados, a única maneira de superá-los é conduzir uma análise de custo-benefício e tomar uma decisão baseada na lógica do que é melhor – tomar emprestado ou desenvolver sua entrada num veículo de marketing com valor.

Existem vários argumentos a favor do desenvolvimento de conteúdo de marca original próprio. Primeiro, o conteúdo original que sua marca desenvolve por conta própria é um patrimônio poderoso que continuará a proporcionar resultados por anos. O efeito de simplesmente emprestar artigos ou vídeos de outras marcas ou de empresas de mídia quase sempre é temporário e pode vir a um preço, que pode subir por lances de seus competidores. Os esforços da Special K focados na perda de peso foram hospedados quase que inteiramente na plataforma do Yahoo!, que amarrou a marca a uma relação contínua com o conteúdo desenvolvido pelo Yahoo!. O YouTube atraiu marcas logo no princípio com hospedagem de vídeos e páginas personalizadas para empresas a um custo baixo, mas conforme este canal de mídia ganhou popularidade (e a necessidade de mostrar lucro), aumentou o preço desse serviço para centenas de milhares de dólares. O conteúdo próprio da marca (*brand-owned*) também maximiza o controle criativo e assegura que a própria marca receba o crédito (não o Yahoo! ou o YouTube) na mente dos consumidor.

Uma das grandes histórias de sucesso de conteúdo proprietário de marca é o site BabyCenter.com. Após o estouro da bolha ponto.com em 2001, a Johnson & Johnson comprou uma plataforma de mídia on-line com três anos por US$ 10 milhões – um valor bem abaixo do que uma marca grande gasta com comerciais de TV em um trimestre. Como disse na época Christian Koffmann, presidente mundial de produtos para cuidados pessoais, "A Johnson & Johnson se sentiu atraída pelo conteúdo superior e pelo relacionamento personalizado que o BabyCenter, como marca líder de *parenting* on-line, criou com milhares de pais desde a concepção, abrangendo toda a infância".

Atualmente, o BabyCenter proporciona sem custos para J&J uma plataforma de marketing de relacionamento proprietária em suporte a suas marcas, muitas das quais costumavam pagar milhões de dólares por ano pela oportunidade de se conectar com mães difíceis de alcançar. Seu alcance foi ampliado de 11 para 18 países em 2008, e recebe mais de 1 milhão de visitantes por dia. A empresa consegue reunir *insights* das atividades dos membros que proporcionam um diferencial neste mercado extremamente competitivo. E graças à sua fatia de 78% do mercado entre os sites de *parenting* nos Estados Unidos, o BabyCenter tem inclusive um lucro adicional vendendo serviços de publicidade tanto para os competidores como para não competidores.[3]

> **A marca em si deve ter algum tipo de papel de liderança na ação se o resultado almejado for crescimento nas vendas.**

Obviamente, existem benefícios correspondentes em licenciar ou emprestar conteúdo de especialistas externos e detentores de direitos autorais. Por exemplo, empresas de mídia que vão da Cooking Light à ESPN podem proporcionar conteúdo de alta qualidade, reconhecimento de marca e acesso a seus leitores e espectadores. Por um determinado preço, elas podem inclusive construir e hospedar seu website e garantir um certo tráfego para ele.

Por exemplo, a rede de blogueiros Federated Media trabalhou em conjunto com seus escritores para ajudar na compilação do Guia de Compras de Outono da JCPenney para a temporada de festas de fim de ano. Sugestões foram postadas por blogs populares, como Dooce, The Mommy Blog e Confessions of a Pioneer Woman. Isso ajudou a JCPenney a atingir rapidamente resultados consideráveis de busca, com o site subindo para o número 2 numa busca no Google por "guia de compras de outono" (entre quatro milhões de resultados).[4]

Algumas marcas estão obtendo o melhor dos dois mundos encontrando um conteúdo sem custo e o hospedando em seu próprio *footprint* (sistema). A Purina (marca de ração para animais de estimação), por exemplo, viu um interesse crescente e insaciável por fotos cativantes de animais de estimação na Internet. Então criou o Pet Charts, um site que reúne o que há de melhor em fotos de cães e gatos disponíveis on-line. A Purina afirma que são necessários apenas 30 minutos por dia para uma pessoa treinada encontrar conteúdo e atualizar o site. Como compensação por este modesto investimento, a Purina consegue conectar sua marca com milhares de donos apaixonados por animais de estimação por mês.

Assegure que a Marca Seja Parte do Entretenimento

Independentemente de estarem criando um conteúdo novo ou licenciando conteúdo de terceiros, muitas marcas ficam tentadas a partir para o mundo do entretenimento para ter uma dose de conexões com valor agregado com seus consumidores. Um aspecto importante a atentar aqui é que a marca em si deve ter algum tipo de papel de liderança na ação se o resultado almejado for crescimento nas vendas.

Infelizmente, alguns criadores de conteúdo e novos gurus do marketing alegam que é praticamente impossível para as marcas serem parte do show. Eles alegam que, se o envolvimento da marca na ação for muito óbvio, as pessoas perceberão, ficarão desestimuladas e desviarão sua atenção. Mas marcas como a BMW provaram que os opositores estão errados, como provou a campanha para o "lançamento" do modelo 1-Series da marca nos Estados Unidos. A peça central da campanha é um "falsumentário" [*mockumentary* em inglês] que a marca criou sobre uma pequena cidade fictícia na Alemanha que construiu uma rampa gigantesca que catapulta o carro para cruzar o oceano Atlântico e chegar aos Estados Unidos. A cidade criou um evento em torno do lançamento, chamado de Rampenfest, na esperança de atrair turistas. Naturalmente, foi lançado no YouTube e causou muita discussão sobre se tinha ou não o suporte do departamento de marketing da BMW.

A princípio, a empresa se recusou a admitir seu papel no trabalho, o que aumentou o interesse e a especulação, mas por fim a BMW assumiu a participação na campanha e foi largamente elogiada por criar uma iniciativa entretenedora que coloca sua marca no centro da atenção. Segundo Patrick Mckenna, gerente de marketing de comunicação da BMW, o objetivo era atingir um público ligeiramente mais jovem com seu novo carro mais econômico. A campanha de entretenimento "custou uma fração de um anúncio convencional de 30 segundos", e Mckenna descobriu que "o pior dos cenários é que poucas pessoas assistam ao vídeo e que ele desapareça silenciosamente".[5] Em vez disso, a campanha ganhou grande atenção da mídia e milhares de visualizações, e ajudou o modelo 1-Series a arrancar na partida.

Não se Contente com Menos

Marketing com Valor *Agregado* quer dizer que você precisa fazer mais do que se contentar com uma iniciativa de curto prazo destinada mais a gerar atenção da mídia do que de fato ter um impacto na vida de um número significativo de pessoas. Drew Neisser, da Renegade, cita um par dos principais transgressores, um deles sendo o punhado de "Warming Taxis" [taxis aquecidos], patrocinados pelo Tylenol, que oferece corridas grátis aos habitantes de Manhattan durante uma única semana no início de novembro (quando ainda nem está frio). Outro transgressor é a marca Stove Top Stuffing, da Kraft, que instalou abrigos aquecidos em apenas dez pontos de ônibus de Chicago, enquanto, nos outros 49 pontos de ônibus da cidade anunciados pela marca, os passageiros foram deixados no frio. Neisser chama isso de "compromisso duvidoso... uma iniciativa não sincera por meio da qual a Kraft espera inspirar centenas de RPs".

Compare essas iniciativas com o programa criado pela agência de Neisser de corridas de taxi grátis oferecidas pelo HSBC, que já acumula seis anos em operação, o CVS Samaritan Van, um serviço que oferece assistência nas estradas e vias expressas em nove grandes áreas metropolitanas. O programa CVS começou em Rhode Island durante a "Nevasca de 78" com uma van de assistência e continua em plena atividade após mais de trinta anos e mais de um milhão motoristas assistidos.

Outro erro comum é "lançar e largar" seu programa de Marketing com Valor *Agregado*. Com muita frequência, os profissionais de marketing partem para o próximo projeto no dia seguinte ao lançamento do atual. O resultado é que o programa de marketing é negligenciado exatamente no momento em que talvez mais precise de atenção. Piers Fawkes, um estrategista de primeira de marketing digital, sugere que os clientes de fato farejam a falta de compromisso: "Um dos problemas... é que as marcas veem as campanhas como um projeto de prazo extremamente curto. Se você cria algo para o qual não liga, os consumidores percebem".

Lance, Aprenda e Ajuste

Quando seu programa finalmente chegar ao mercado depois de meses de trabalho duro, reserve alguns minutos para estourar o champanhe e então volte rapidamente ao trabalho duro de garantir que o programa tenha o melhor desempenho possível. Em vez de lançar e largar, profissionais de marketing inteligentes fazem o investimento extra de lançar, aprender e ajustar.

> **Certifique-se de que está acompanhado os dados do resultado, refinando o programa e testando melhorias. Acrescente um mês ou dois no cronograma de seu projeto e reserve uma verba extra para essas mudanças.**

Certifique-se de que está acompanhado os dados do resultado, refinando o programa e testando melhorias. Acrescente um mês ou dois no cronograma de seu projeto e reserve uma verba extra para essas mudanças. A despeito de toda a pesquisa e esforços de modelagem antes do lançamento, você nunca sabe o que vai acontecer até que os consumidores de verdade comecem a interagir com sua campanha e a adotem como deles.

Em nossa campanha "Working Lunch" para a Healthy Choice, por exemplo, dividimos o programa em duas "temporadas", uma em novembro de 2008 e outra em janeiro de 2009. A principal razão para isso é que sabíamos que as festas de fim de ano representariam pouca visualização para nosso programa, pois muitas pessoas saem de férias nesta época, mas aproveitamos o intervalo de dezembro para examinar, aprender e adaptar tudo, da aquisição de espaço na mídia ao casting final. Nossa segunda temporada experimentou resultados melhorados em virtude de nossas mudanças.

Embora no Capítulo 6 eu tenha chamado o programa "Elf Yourself", da OfficeMax, de uma iniciativa que precisa de um vínculo mais direto com as vendas, ele serve como um forte exemplo de uma maneira alternativa de deixar o mercado decidir qual deles é mais merecedor de comentários. Bob Thacker, vice-presidente sênior da OfficeMax, originalmente encomendou 20 viral games a um custo aproximado de US$ 20 mil cada para as festas de fim de ano de 2006. O "Elf Yourself" foi aquele que decolou e resultou em 250 milhões de elfos após três anos de programa. A história sugere que o mercado pode ser uma maneira melhor de determinar os vencedores e os perdedores do que uma sessão de grupo focal ou uma sala de diretoria corporativa.

Steve Sullivan, vice-presidente sênior de comunicações da Liberty Mutual, conta uma história igualmente interessante. Um player relativamente pequeno no mercado extremamente competitivo dos seguros para automóveis, a Liberty Mutual estava procurando uma nova maneira para aumentar as vendas. A empresa não dispunha dos gigantescos orçamentos de marketing de marcas como a GEICO e a State Farm, então buscou um ângulo diferente de abordagem.

A marca e sua nova agência, a Hill Holliday, foram bastante inteligentes em começar o processo olhando para dentro. Elas se voltaram para a declaração de missão da empresa, que terminava com a frase "Ajudar as pessoas a terem uma vida mais segura". Em seguida, entrevistaram funcionários para entender o que eles sentiam sobre a Liberty Mutual. Esta pesquisa levou a uma forte crença geral de que "No final das contas, fizemos a coisa certa".

Por meio desta pesquisa interna, a Liberty Mutual chegou a uma conexão entre seus funcionários e os clientes que mais cobiçava: a crença comum sobre a importância da responsabilidade pessoal. Felizmente, a equipe foi esperta o bastante para perceber que outro anúncio de 30 segundos não seria suficiente. As perguntas desafiadoras, segundo Sullivan, eram: "Como você de fato torna algo assim tangível?" e "Como você se conecta com as pessoas de uma maneira que não seja mais uma alegação de uma grande companhia de seguros na qual as pessoas não acreditarão?".

A solução da equipe de marketing foi usar anúncios na TV e impressos para aumentar a conscientização da importância da responsabilidade pessoal, e depois estimular as pessoas a discutirem sobre os problemas inerentes a isso. O centro deste engajamento foi um website chamado Projeto Responsabilidade. E a Liberty Mutual propõe questões para discussão em sites novos populares – por exemplo, perguntando se o governo deve ser responsável por controlar a quantidade de gordura trans nos restaurantes.

Novas oportunidades de ajuste surgiram logo no início desta campanha – em poucos meses após o lançamento, mais de 3 mil solicitações foram enviadas agradecendo a empresa por promover esta mensagem e pedindo cópias do comercial para serem exibidas em escolas e empresas. Um homem que nem mesmo tinha carro enviou uma doação de US$ 20 para a "causa" da Liberty Mutual. Sullivan diz que as pessoas "começaram um diálogo que elas obviamente queriam ter. Eu digo 'obviamente' porque elas continuam nos contatando".

Então a Liberty Mutual passou a deixar seus vídeos mais amplamente disponíveis em seu site e em outros locais e criou outras peças

> **Uma das maiores tragédias do desenvolvimento de marketing com valor agregado acontece quando as empresas deixam de usar o planejamento de cenário para prever resultados tremendamente positivos.**

educativas que as pessoas podiam baixar gratuitamente de seu site. Além disso, fez uma parceria com a NBC para desenvolver dois filmes voltados para a TV que promovem o tema da responsabilidade pessoal. No final das contas, essa campanha tornou-se um impulsionador significativo do negócio. A receita da Liberty Mutual com seguros de automóveis cresceu 17,4%, para US$ 3,6 bilhões, nos seis meses seguintes ao lançamento da campanha, em parte devido à "forte retenção de clientes e nova expansão do negócio". O benefício adicional é que, ao criar um laço com pessoas que acreditam na responsabilidade pessoal, a Liberty Mutual está mantendo e atraindo os clientes mais lucrativos – aqueles que assumem a responsabilidade pessoal de não se envolver em acidentes de carro antes de tudo! (Sem dúvida, os números desses seis meses mostram que as despesas com sinistros diminuíram.)

Existe um forte benefício de longo prazo a ser observado no Marketing com Valor *Agregado* e neste exemplo especificamente. Embora a GEICO possa ser sempre lembrada por seus personagens, a Liberty Mutual tem a oportunidade de estabelecer um vínculo profundo com nossas mentes como uma empresa que representa algo que é extremamente importante para nossas vidas e para a sociedade em geral.

Prepare-se para um Grande Sucesso

Uma das maiores tragédias do desenvolvimento de Marketing com Valor *Agregado* acontece quando as empresas deixam de usar o planejamento de cenário para prever resultados tremendamente positivos. Estas situações podem transformar seu sucesso mais irrestrito num terrível pesadelo.

Suponha, por exemplo, que sua loja on-line saia do ar no principal dia de compras do ano. No varejo on-line, a primeira segunda-feira depois do dia de Ação de Graças é conhecida como "Cyber Monday" – um dia em que as pessoas voltam ao trabalho após alguns dias de folga e aproveitam um tempo livre para fazer compras on-line. Neste dia em

2008, tanto o site da Old Navy quanto o da Gap ficaram temporariamente fora do ar para manutenção. Mesmo que durasse alguns minutos ou horas, essa manutenção deveria ter sido planejada com antecedência e realizada tarde da noite.

Mas o grande prêmio para oportunidades perdidas provavelmente deveria ir para o Dr. Pepper. Em março de 2008, um indivíduo da equipe de marketing da marca do Dr. Pepper lançou um blog que prometia um refrigerante grátis para todo mundo nos Estados Unidos se o álbum do Guns N'Roses *Chinese Democracy*, protelado há um bom tempo, fosse lançado antes do final do ano. Isso não parecia ser uma iniciativa oficial do Dr. Pepper, mas o buchicho cresceu, e as pessoas começaram a prever uma grande recompensa da marca. Como era esperado, em outubro, a banda anunciou que o álbum chegaria às lojas em novembro, e a blogosfera estava curiosa para ver se o Dr. Pepper cumpriria o prometido ou não. Duas semanas depois da divulgação do desafio, a marca recebeu 300 milhões de impressões de RP.[6]

O Dr. Pepper certamente precisava do buchicho. A marca continua a desaparecer do cenário dos refrigerantes, tanto devido ao ininterrupto poder das franquias Pepsi e Coca, como pela ascensão de novas estrelas como Red Bull e Monster. O Dr. Pepper agora está usando uma lenda do basquete há muito fora das quadras, Dr. J, em seus comerciais de TV, o que não está ajudando muito, visto que grande parte do público-alvo da marca nunca o viu jogar. Então, em agosto de 2008 quando o principal vocalista do Guns N'Roses, Axl Rose, anunciou oficialmente que o álbum seria lançado em novembro, o Dr. Pepper atraiu mais notícias e prometeu manter o combinado. Tudo o que precisava fazer era cumprir sua promessa e colocar os cupons de refrigerante grátis nas mãos agradecidas dos consumidores.

Mas a marca conduziu pessimamente a recompensa. Anunciou em cima da hora que as pessoas teriam que se registrar num período de 24 horas para receber os cupons. E quando as pessoas obedientemente tentavam acessar o site da marca, descobriam que o servidor permanecia continuamente fora do ar. A marca respondeu ineficientemente estendendo a promoção por algumas horas a mais no dia seguinte, mas o servidor continuava a falhar com frequência. Aqueles poucos que conseguiram se registrar tiveram que esperar de quatro a seis semanas para o cupom chegar.

Então aqui, no colo da equipe de marketing, caiu o clímax de uma campanha de buchicho muito bem-sucedida e de baixo custo – uma campanha que conseguiu atrair a geração jovem conectada que todas as marcas de refrigerantes cobiçam. (Havia mais de 100 mil resultados no Google para "Chinese democracy Dr. pepper", e 7 dos 10 primeiros tinham relação com a suposta recompensa.) O processo de registro para o cupom, se tivesse sido conduzido corretamente, teria dado ao Dr. Pepper a grande chance de colher o endereço de e-mail de novos fãs da marca. A equipe de marketing da marca deveria estar comemorando, mas em vez disso parecia estar invisível.

Naturalmente, a mesma blogosfera que promoveu a marca começou a condená-la por sua ineficiência em cumprir o prometido. Como disse o líder da agência de marketing viral Ted Wright, "Ninguém na verdade fica louco por US$ 0,89 [em refrigerante]. As pessoas só queriam se divertir – e eles acabaram com toda a diversão.". Até mesmo Axl Rose – que apoiou o buchicho da amostra grátis – entrou na ofensiva, exigindo que o Dr. Pepper retomasse a promoção e publicasse um pedido de desculpas de página inteira nos principais jornais do país. Infelizmente, suas exigências foram ignoradas.

Institucionalize as Lições

Conforme seu programa de Marketing com Valor *Agregado* se consolida (assim esperamos) provando ser bem-sucedido no mercado, é importante parar e avaliar cuidadosamente o que você como organização realizou. Voltando às lições do Capítulo 6, é essencial assegurar que suas mudanças estejam se consolidando e que as lições grandes e pequenas aprendidas sejam amplamente institucionalizadas. Isso manterá sua empresa atenta ao processo de mudança e será mais fácil dar os mesmos passos no próximo programa que lançar.

Um exemplo de organização que aprendeu e compartilhou amplamente as lições internas de sua mudança para o Marketing com Valor *Agregado* é a marca Levi's. No Forrester Marketing Forum em abril de 2008, Patrice Varni, vice-presidente do Levi.com, compartilhou a experiência de sua equipe no lançamento de um concurso de criação de um modelo de jeans pelo usuário como parte de um tie-in em um episódio da série de TV *Project Runway*.

Varni descreveu como ela herdou o projeto depois que este já estava em andamento. Um grupo diferente da Levi's havia negociado a inclusão no programa, mas não tinha nenhum outro *tie-in* para a marca. Patrice e sua agência digital, Razorfish, correram para construir um tie-in de valor agregado. Eles desenvolveram a ideia do concurso e criaram uma mapa detalhado de todos os pontos de interação (*touchpoints*) do programa, assegurando que todos eles tivessem relação com a venda do jeans em questão.

Quando a promoção foi lançada, a equipe da Levi's constatou que o boca a boca nos blogs e nas redes sociais tinha mais impacto em estimular a conscientização do que a série em si, visto que 38% tomaram conhecimento da promoção por meio da mídia social digital, enquanto apenas 30% tomou conhecimento pelo programa de TV (que tinha uma audiência semanal de 3 milhões espectadores). Essa revelação ajudou a gerenciar as expectativas da marca para trabalhos futuros e a dar uma prioridade clara para as mídias sociais.

Depois que a marca escolheu um vencedor, houve comentários negativos por parte dos perdedores (e dos fãs dos modelos desclassificados) no site da Levi's, mas a equipe de Varni decidiu deixar a conversa prosseguir intacta. Em pouco tempo, outros apoiadores da marca na comunidade vieram em defesa da Levi's e derrotaram os desdenhosos.

Durante as cinco semanas da promoção, a Levi's viu suas vendas aumentarem consideravelmente e mudarem para um público mais jovem. Entretanto, embora a campanha tenha superado as expectativas, as tendências voltaram ao normal quando a promoção terminou. Agora a marca está tentando descobrir como manter as vendas em alta e o público jovem depois do período promocional.

Varni disse que o projeto foi um ponto crucial para toda a estrutura de marketing. Agora as equipes de marketing tradicional e digital trabalham juntas e esperam produzir mais Marketing com Valor *Agregado* com resultados ainda melhores.[7]

Este estudo de caso, assim como muitos outros, mostra um elemento comum entre as atividades de Marketing com Valor *Agregado* – eles contam com o aprendizado e o aprimoramento dos gerentes de marca e dos parceiros da agência de publicidade a partir de seus esforços. Como esse tipo de trabalho é novo para praticamente todos os envolvidos, espera-se estar em intenso aprendizado o tempo todo. Mas para avaliar melhor seu sucesso e aprender com seus erros, você deve se assegurar de que está *mensurando* seu trabalho com base em diversas variáveis.

MEÇA, AJUSTE E CONTINUE CRESCENDO

9

Se este livro obteve sucesso em alguma coisa até agora, que seja, espero, em ilustrar como muitos dos processos e modelos de marketing nos quais nos baseamos durante anos se tornaram (e estão se tornando cada vez mais) obsoletos. Portanto, conforme o processo de criar e distribuir marketing tradicional entra em extinção, os métodos que usamos para mensurá-lo também necessitam desesperadamente de uma atualização.

Peter Daboll, um veterano em mensuração de marketing que passou grande parte de sua carreira na Information Resources Inc., e atualmente é CEO da Bunchball, uma empresa que permite às marcas medir e estimular os comportamentos mais valiosos do consumidor, talvez expresse isso de forma melhor: "Estudo o comportamento do consumidor há 25 anos... Uma coisa é inegável: em qualquer conjunto de indicadores e resultados de testes, o impacto e a influência das abordagens atuais de publicidade estão diminuindo". Claramente, uma mudança para o Marketing com Valor *Agregado* exige um novo conjunto de variáveis, a fim de medir o impacto que esta nova abordagem está tendo tanto em seu negócio como na vida dos consumidores. Criar planos de mensuração para esses objetivos e transformar seus esforços iniciais em um ativo de longo prazo para o crescimento da empresa é essencial para se alcançar o sucesso.

> *Se o beisebol fosse medido como um anúncio, você só contaria os lançamentos.*
>
> — Peter Daboll, um veterano em mensuração de marketing

Por que se preocupar em formular um plano de mensuração? Eles ajudam sua equipe a provar, tanto para a alta administração quanto para o resto da organização, que esta abordagem tem resultados positivos. Resultados excelentes podem ajudar a convencer os incrédulos e assegurar que esta nova abordagem é mais do que simplesmente um teste de aplicação única. A mensuração ajuda você a saber o que especificamente deu certo, o que deu errado e por quê. Conforme parte para essa nova jornada rumo ao Marketing com Valor *Agregado*, esses dados iniciais são críticos para ajudar sua equipe a entender como conectar *brand equities* de alto nível com necessidades de alto nível. E esses resultados iniciais se tornam a base de comparação para trabalhos futuros.

Infelizmente, muitos profissionais de marketing e suas agências deixam de fazer um acompanhamento com um programa de mensuração robusto. Às vezes, não é incluído como ingrediente da previsão de custos do projeto, e pedir dinheiro depois do lançamento requer coragem. Outras vezes, a equipe simplesmente não consegue chegar a um consenso sobre uma maneira apropriada de monitorar e medir o sucesso, o que é vergonhoso, mas, no entanto, uma realidade. Números consistentes como GRPs e CPMs são difíceis de substituir por número de visitas a um site, visualizações no YouTube e amigos no Facebook, no entanto, a despeito do desconforto de explorar novos territórios, os dados estão lá. Na verdade, não deveria ser surpresa saber que o Marketing com Valor *Agregado* frequentemente gera mais dados úteis do que os dados acumulados da forma tradicional costumam proporcionar.

Existem três áreas-chave nas quais o Marketing com Valor *Agregado* deve ser medido, cada qual fornecendo evidências de que você está ou não atingindo seus objetivos (veja a Figura 9.1). O engajamento é a medida do envolvimento do consumidor com seu marketing. É uma medida única com grande potencial para substituir alcance, frequência e impressões. Também é uma medida que pode ser usada para comparar todas as mídias de modo equivalente.

Figura 9.1   Engajamento é a medida do envolvimento do consumidor.

Engajamento é seu pé na porta da mente do consumidor. Uma vez que você captura uma atenção positiva consciente, as mensurações de *valor agregado* são usadas para determinar se seu marketing, em si, está ou não melhorando a vida das pessoas e ajudando-as a alcançar seus maiores objetivos. Por fim, e mais importante, as mensurações de *marketing* são usadas para garantir que este novo modelo de marketing mais amável e suave está de fato impulsionando resultados consistentes de negócios.

Medindo o Engajamento

O engajamento é a peça-chave para definir um Marketing com Valor *Agregado* de sucesso – e certamente não sou o único que pensa assim. Nos últimos anos, basicamente se chegou um consenso em torno da importância do engajamento, a ponto de que é rápido substituir mensurações tradicionais da publicidade, como alcance, frequência e conscientização – instrumentos insípidos que mostram apenas a exposição a um anúncio, em vez da verdadeira disposição de se conectar por parte do consumidor. A hipótese que as marcas ao redor do mundo estão provando a cada dia é que uma experiência positiva, consciente, do consumidor com o marketing é muito mais valiosa do que uma impressão de propaganda interruptiva inconsciente.

Embora não exista consenso entre os gurus da mídia sobre a definição de "engajamento", três fontes (veja a Figura 9.2) apontam para um tema comum.

O que é "Engajamento"?	
Advertising Research Foundation	"Estimular o interesse de um prospecto para uma ideia de marca intensificado pelo contexto que o cerca."
Forrester Research	"O nível de envolvimento, interação, intimidade e influência que um indivíduo desenvolve por uma marca ao longo do tempo."
Bridge Worldwide	"Quando os consumidores prestam atenção à interação deles com uma marca."

Figura 9.2 **Definição de engajamento.**

Num modelo em que almejamos agregar valor através de nosso marketing, precisamos primeiro medir se as pessoas consideram este marketing digno ou não de ter acesso a suas vidas. Quando as pessoas se sentem atraídas por suas mensagens de marketing e dirigem sua atenção especificamente a elas, você alcançou o engajamento. Para tornar a questão um pouco mais complicada, porém intelectualmente rigorosa, o *grau* de engajamento do consumidor pode ser medido de diferentes maneiras, dependendo do tipo de marketing e da mídia através dos quais é apresentado, tal como:

- Ler um texto (conscientemente)
- Ouvir um áudio (conscientemente)
- Assistir a um vídeo/ação e som (conscientemente)
- Jogar jogos
- Encaminhar/compartilhar
- Votar
- Comentar
- Criar texto/imagens/áudio/vídeo
- Participar de uma comunidade

Cada item desta lista requer que o consumidor *decida* prestar atenção a seu marketing – alguns mais do que outros. Por exemplo, escrever um comentário demonstra um engajamento mais profundo do que simplesmente ler um texto. No Marketing com Valor *Agregado* de nossa agência, constatamos repetidas vezes que quanto mais os consumidores se engajam pessoalmente, mais produtos eles compram (e maior é a lealdade que se forma). Uma de nossas agências irmãs, a ZAAZ, de Seattle, criou um índice de engajamento que mede a correlação entre o grau de engajamento em uma atividade e a probabilidade de compra. Por exemplo, é possível estimar as vendas que resultarão de um consumidor que despende tempo para ler um artigo num e-mail e comparar isso com o tempo gasto em outra atividade, digamos, assistir a um vídeo on-line. Essas mensurações podem ajudar a proporcionar o retorno estimado pela criação desses tipos de conteúdo, assim como ajudar a priorizar onde a próxima verba será melhor utilizada ou como direcionar o tráfego.

Embora reconhecidamente imperfeito, o engajamento é o que temos de mais próximo do futuro santo graal da mensuração no marketing e atende às expectativas dos holofotes que recebeu. Primeiro, o engajamento se encaixa com a abordagem de aceitação comum na qual o Marketing com Valor *Agregado* se baseia. Ela sugere que se as pessoas se envolvem mais pessoalmente com seu marketing, ficam mais propensas a desenvolver uma impressão mais favorável sobre sua marca e a conhecer algo importante sobre seu produto ou serviço que, por sua vez, as motive a comprar de você.

O engajamento também destaca a importância da escolha do consumidor. Qualquer um pode facilmente bombardear o consumidor com spams, mas se ele não estiver interessado no que está oferecendo (ou estiver muito saturado para dar atenção), você realmente não tem a mínima chance de influenciar o comportamento dele.

Segundo, o engajamento é altamente mensurável. Praticamente todo dispositivo digital disponível atualmente permite registrar algum tipo de engajamento. Websites monitoram o número de visitantes, a duração da visita e o número de páginas visitadas. Banners em *rich media* agora podem ser expandidos para permitir que os consumidores assistam a um vídeo, joguem um game, participem de um concurso, conversem,

> **O engajamento é a nova métrica do marketing.**
> FORRESTER RESEARCH

ou peçam uma amostra grátis, tudo isso sem sair do site em que estão – e toda essa interação é monitorável.

Uma empresa chamada NuConomy oferece um serviço que apresenta aos profissionais de marketing um painel de indicadores de engajamento, permitindo que as marcas customizem o peso de cada medida. Se, por exemplo, você acha que os visitantes do site que deixam uma avaliação do produto são mais engajados (e, portanto, mais valiosos) do que aqueles que indicam para um amigo, pode ajustar a fórmula apropriadamente. O software também pode calcular correlações entre atividades. Por exemplo, pode mostrar que visitantes que fazem upload de conteúdo estão mais propensos a clicar em mensagens promocionais ou comprar produtos, o que pode ajudar você a priorizar quais características criar ou dar destaque.

Terceiro, o engajamento é versátil o bastante para ser aplicado em todos os tipos de mídia. Um dos obstáculos de anunciar nas novas mídias tem sido a falta de bons dados comparativos. Mas com o engajamento, este obstáculo desaparece. Por exemplo, banners e *search ads* [publicidade em buscadores/links patrocinados] podem ser inseridos em qualquer website, página da web para celular, site de rede social ou leitores de RSS – e permitem comparar o monitoramento de cliques. Desenvolvedores de widgets e de aplicações para o Facebook podem saber instantaneamente quantas pessoas estão usando seu código e quais são as ações do consumidor resultantes. A Apple pode ler dados do iPod para ver quais podcasts são mais populares. Qualquer um pode ver exatamente quantas visualizações no YouTube seu vídeo viral ganhou. A TiVo e a Nielsen estão reportando agora inclusive quais comerciais de TV são mais e menos pulados, e quais o consumidor realmente escolhe ver de novo. Até mesmo a mídia tradicional pode ser estudada através das lentes do engajamento.

Por fim, mudanças nos hábitos de mídia do consumidor sugerem que o engajamento irá se tornar cada vez mais importante daqui para frente. Estamos gastando mais de nosso tempo com mídia on-line. Segundo um relatório da Forrester Research que chamou o engajamento de a nova métrica do marketing, "O consumo passivo da mídia está minguando. As pessoas descartam ou ignoram mensagens de marketing trocando-as por informações disponíveis em um número cada vez maior de recursos como sites de críticas sobre produtos, fóruns e vídeos on-line".[1] E até mesmo o mundo tradicional da TV está incluindo uma participação ativa através de votação por intermédio do celular e de respostas por e-mail durante programas de entrevista.

A principal desvantagem de medir o engajamento é que ele requer reflexão prévia e processamento, em vez de apenas contar visualizações ou acessos. O engajamento é multidimensional, o que pode se traduzir em diferentes resultados para mensurações de valor agregado e de marketing. Você e sua agência precisam dedicar esforços para definir as variáveis de mensuração do engajamento apropriadas para cada programa que estiverem desenvolvendo.

Mas existem pontos de partida simples e o bom senso normalmente é seu melhor guia. Nossa empresa em geral agrupa e mede o engajamento segundo três categorias (veja a Figura 9.3), indo do menor para o maior engajamento (e usualmente do menor para o maior impacto nas vendas).

Consumo	Customização	Criação
• Ler o texto	• Jogar	• Deixar comentários
• Ouvir áudio	• Usar aplicativos	• Criar texto/áudio/vídeo
• Assistir a vídeo e ouvir música	• Compartilhar conteúdo	• Participar de comunidades
	• Votar	• Liderar comunidades

(baixo) •••➤ (alto)

Trajeto do Grau de Engajamento

Figura 9.3   **Intervalo de engajamento.**

A extensão do engajamento e a medição que pode derivar de um único programa podem ser vistas num programa que nossa agência desenvolveu para a Folgers. Trabalhando como parte de uma equipe integrada formada por várias agências, desenvolvemos uma campanha para o Folgers Gourmet Selections, uma nova extensão de marca da categoria de cafés refinados. Nosso principal *insight* era que o consumidor-alvo de cafés gourmet preparados em casa era alguém disposto a pagar um pouco mais para agregar uma experiência mais enriquecedora à sua rotina diária.

Desenvolvemos conjuntamente uma campanha que evidenciava os hábitos matinais de celebridades mais acessíveis e receptivas, e que sugeria que o Folgers Gourmet Selections podia ajudar as pessoas a tornarem cada dia especial. Uma campanha para a TV apresentou as celebridades Lisa Ling e Chandra Wilson permitindo aos espectadores matutinos dar uma espiada em como elas se preparavam para o dia que tinham pela frente – e como tornavam suas rotinas um pouco mais especiais com seu sabor favorito do Folgers Gourmet Selections. Uma chamada no final do anúncio direcionava os espectadores para o site www.wakeupspecial.com, onde os visitantes podiam solicitar uma amostra grátis e mostrar para os outros como tornavam suas manhãs especiais. O papel específico de nossa agência era produzir esta experiência on-line com valor agregado.

No www.wakeupspecial.com, as pessoas podiam fazer o upload de algumas fotos pessoais, digitar uma pequena descrição de sua rotina matinal, acrescentar música e então escolher o sabor do Folgers que mais lhes agradava. O resultado foi uma apresentação de slides personalizada que as pessoas podiam baixar, postar ou compartilhar com amigos. Enviamos para essas pessoas uma amostra do sabor favorito delas e todas as entradas foram postadas em tempo real, onde era possível votar nos favoritos. Demos aos visitantes o código para publicarem suas apresentações em seus próprios sites, blogs ou páginas de redes sociais. Paralelamente, uma campanha de banner em *rich media* era veiculada de manhã nas principais redes on-line. Pessoas que clicavam no anúncio podiam assistir ao comercial de Chandra Wilson, pedir uma amostra e escrever sobre o que torna suas manhãs especiais enquanto liam os comentários dos outros – tudo dentro do próprio banner.

Este programa permitiu diversas mensurações de engajamento, incluindo:

- Visitas ao site que coincidiram com a veiculação na TV (o URL era fornecido no final do comercial).

- Número de visitas ao site e tempo de permanência.

- Número e tipo de amostras solicitadas.

- Tempo gasto vendo apresentações de outras pessoas e número de votos enviados.

- Número de apresentações criadas.

- Número de e-mails "Envie para um Amigo" enviados e postagens em blogs ou em páginas do MySpace.

- Porcentagem de pessoas que interagiram com nosso banner.

Pudemos comparar esses dados com aqueles de outros programas de dentro e de fora da empresa. Ao monitorar os resultados, constatamos que:

- Cerca de 10% dos consumidores interagiram com nosso banner.

- O site recebeu aproximadamente um milhão de visitantes.

- Em média, as pessoas gastaram cinco minutos criando suas apresentações.

- As impressões de postagens de blogs chegaram a centenas de milhares.

- Foram solicitadas 1,5 milhão de amostras no site e nos banners nas primeiras nove semanas.

Os resultados nos ajudaram a confirmar que o programa estava ajudando a impulsionar o sucesso da iniciativa Gourmet Selections e, por sua vez, serviu como base para definir futuras metas e objetivos. Melhor de tudo, o lançamento do produto em si foi um grande sucesso.

Embora seja importante, o engajamento é meramente o principal indicador de sucesso num programa de Marketing com Valor *Agregado*, e é apenas o começo do diálogo de sua marca com os consumidores.

> **Não se esqueça de que este novo modelo de marketing baseia-se na premissa de que, ao criar significado através de seu marketing, você ganhará tanto resultados de negócio imediatos *como* lealdade de longo prazo.**

Uma vez confirmado que as pessoas estão prestando atenção voluntariamente, você precisa passar para a mensuração do primordial – a melhora na vida delas e a venda dos produtos.

Medindo o Valor Agregado

É tentador considerar medir apenas o engajamento; também é natural querer avançar e avaliar os resultados para o negócio do plano de marketing que você lançou. Mas não se esqueça de que este novo modelo de marketing baseia-se na premissa de que, ao criar valo agregado através de seu marketing, você ganhará tanto resultados de negócio imediatos *como* lealdade de longo prazo. Cada perna do tripé da mensuração – engajamento, valor agregado e marketing – atua em conjunto para apresentar um retrato claro do que está funcionando, do que não está e por quê.

A boa notícia é que, novamente, sua intuição e bom senso sobre o que faz as pessoas se comportarem de uma determinada maneira podem se traduzir em indicadores reais e quantitativos do sucesso. A má notícia? Assim como acontece com o engajamento, você vai precisar de um pouco mais de reflexão prévia sobre quais variáveis são mais apropriadas para usar. Em nossa experiência, existem três maneiras gerais de medir e avaliar o valor agregado.

Tivemos um Impacto Positivo na Vida dos Consumidores?

Você precisa saber como os participantes se sentem com seu marketing. Aqui, a mensuração deve abranger tanto a extensão (número) de consumidores atingidos quanto a profundidade em que são afetados. Para a extensão, você pode monitorar o número de participantes através de visitas ao site, registros e o número de vezes que uma ferramenta é usada. Para a profundidade, você pode usar pesquisas de satisfação para avaliar o impacto das experiências do consumidor. Uma boa pesquisa de satisfação começa na base da Hierarquia do Marketing com Valor *Agregado* e avança para o topo – primeiro com perguntas sobre relevância e interesse e depois passando para aspectos mais elevados tais como se o programa levou ou não a uma experiência ou a uma mudança de vida significativa.

Ao trabalhar com um de nossos clientes da área de saúde, por exemplo, pedimos aos participantes do programa para preencher uma pesquisa de satisfação para sabermos como se sentiam antes e depois de sua experiência, e constatamos que eles se sentiam melhor sobre as decisões que estavam tomando em relação a sua saúde e mais confiantes sobre quais passos dar daqui para frente. Para outro cliente, criamos um jogo on-line: além de medir o número de participantes e o tempo gasto jogando, perguntamos a eles o quanto se divertiram e se jogariam de novo.

A Marca É uma Parte do Impacto Positivo?

Você pode gastar rios de dinheiro tentando ajudar seus consumidores a alcançarem o nirvana pessoal, mas se sua marca não estiver se beneficiando diretamente de seu marketing, você não consegue pagar as contas. Sendo assim, é importante medir a extensão do crédito que as pessoas estão dando para sua marca pelo conteúdo significativo que você criou. Um número positivo aqui aumenta a confiança de que eles recompensarão você com vendas e lealdade.

Os profissionais de marketing às vezes sentem que os consumidores não confiarão ou se engajarão com um marketing que introduz uma marca abertamente na equação. E embora, de fato, talvez seja mais difícil fazer os consumidores aprovarem algo que percebem como uma promoção ostensiva de produto, às vezes é a única maneira de realmente impulsionar as vendas. Um cliente (que não será identificado) gastou milhões num vídeo viral e obedeceu a exigência de sua agência de que praticamente não haveria *branding* no esforço. O trabalho foi extremamente brilhante e conseguiu um buchicho razoável, mas a marca em si não ganhou nenhum crédito e suas vendas na realidade caíram durante o esforço.

Você pode ficar surpreso em saber que os consumidores às vezes estão mais que dispostos a se envolver com as marcas diretamente – e as recompensarão pelos benefícios que recebem por fazer isso. Por exemplo, recebemos centenas de canções e vídeos originais criados pelo consumidor para a campanha "Jingles for Pringles" que usou uma promoção cruzada no programa *American Idol*. Gostemos ou não, as marcas nos acompanham praticamente desde o nascimento (o primeiro outdoor que minha filha reconheceu foi o do McDonald's); são parte de nossa vida e as pessoas estão dispostas a interagir com elas diretamente desde que sintam que as marcas estão agregando valor.

Então certifique-se de que seu programa de mensuração inclui uma pesquisa de lealdade, indicadores de *equity* e o grau de reciprocidade que as pessoas sentem em relação a sua marca.

As Pessoas Recomendam Você para os Outros?

Um dos impulsionadores mais importantes do sucesso de um programa de Marketing com Valor *Agregado* é fazer com que seus consumidores-alvo espalhem a novidade por você. Afinal, com a mídia de massa desempenhando um papel secundário e as pessoas recorrendo cada vez mais ao boca a boca e a redes sociais para selecionar o que é importante, uma boa mensuração tanto do valor agregado de seu programa como o potencial de disseminar um buchicho positivo é essencial.

Uma ferramenta que está sendo cada vez mais utilizada nas mais variadas empresas é o Net Promoter Score (NPS), criado por Fred Reicheld e foco de seu livro *A Pergunta Definitiva*. A pergunta (definitiva) é, simplesmente, "Quais são as chances de você recomendar este (produto/serviço/marca/marketing) para um amigo ou colega no trabalho?". Essa ferramenta é usada por organizações como GE, Intuit, American Express e por nossa própria agência. Qualquer produto ou serviço pode usar pesquisas com o consumidor para fazer a pergunta. Os entrevistados devem atribuir uma nota de 0 a 10, sendo 10 a mais alta. Os entrevistados podem então ser divididos em três grupos com base em suas notas: Detratores (notas 0-6), Neutros (notas 7-8) e Promotores (notas 9-10). O Net Promoter Score é o número de Promotores menos o número de Detratores. Qualquer resultado na casa de dois dígitos elevados é uma excelente nota, e qualquer coisa abaixo de 0% é motivo para grande preocupação. A pesquisa de Reicheld mostra que um NPS alto está relacionado a um crescimento sustentável em diversos setores.

O interessante do NPS é que ele pode ser comparado entre uma ampla gama de pontos de engajamento do consumidor, desde registros de e-mail a troca de informações em SACs. Você pode avaliar as notas de maneira generalizada em larga escala no longo prazo, ou pode se aprofundar examinando detalhadamente numa base individual de consumidores. E é possível medir a eficácia de uma tática de marketing específica assim como as percepções dos consumidores sobre a marca no geral.

As respostas para essas perguntas sobre engajamento e sobre o impacto na vida das pessoas leva à última peça do quebra-cabeça da mensuração: avaliar o impacto no negócio.

Medindo os Resultados do Negócio

A última perna no tripé do processo de mensuração leva você de volta, num círculo completo, aos objetivos da empresa descritos no Capítulo 6, para avaliar se foi alcançado o que se pretendia com seu programa. Lembre-se dos oito impulsuionadores-chave empresariais:

- Conscientização
- Consideração
- Experimentação
- Lealdade
- Defesa
- *Equity*
- Confiança
- Identificação

É possível que já tenha um modelo preferido para medir esses impulsionadores que está usando para dimensionar o desempenho do marketing tradicional que faz hoje. A diferença é muito pequena no marketing com valor; conscientização, consideração, experimentação, *equity* e confiança também podem ser medidas através de uma pesquisa em âmbito nacional ou pesquisas pré/pós com pessoas que se engajam com seu marketing.

Praticamente qualquer sistema de mensuração usado atualmente será adequado para um programa de marketing com valor. O modelo mix de marketing, que busca examinar o histórico passado e medir o ROI para cada dólar investido numa tática de marketing, também pode englobar muitos dos parâmetros de um programa com valor agregado. E se sua empresa vende direto via telefone ou Internet, você já sabe que pode parametrizar seus esforços de marketing para mostrar como táticas de marketing específicas estão gerando leads [clientes potenciais] e aumentando as vendas.

De certa maneira, o Marketing com Valor *Agregado* pode levar a dados e informações mais precisos e detalhados ainda. Como geralmente existe um engajamento individual direto com os consumidores, as marcas têm a oportunidade de monitorar as interações de marketing ao longo de todo o processo até a finalização da venda. Por exemplo, se as pessoas gostarem de seu programa, elas fornecerão o nome e o endereço para participarem de uma promoção, receber uma amostra ou pedir mais informações. O banco de dados de domicílios resultante pode ser comparado com dados em painel de uma empresa como a ACNielsen, e isso pode ajudar sua marca a revelar dados ainda mais precisos sobre mudanças no comportamento de compra dos consumidores em seu programa.

A despeito de todos os aspectos positivos e consistências na mensuração, o maior choque para a maioria das organizações de marketing é a pequena escala de engajamento em comparação a indicadores do marketing de massa tal como alcanço. Em vez de atingir muitos milhões de pessoas, os programas de Marketing com Valor *Agregado* geralmente apresentam resultados de engajamento da ordem de dezenas ou centenas de milhares. O Nike+, inquestionavelmente um dos melhores exemplos de programa de longo prazo de Marketing com Valor *Agregado*, mostra essa diferença. Enquanto um comercial de TV no Super Bowl pode atingir 100 milhões de pessoas, o programa Nike+ tem apenas pouco mais de 1,2 milhão de membros no mundo, e somente pouco mais de 250 mil membros registraram ao menos 100 milhas. Um profissional de mídia de massa sem dúvida perguntaria: Como isso pode agregar valor para o crescimento do negócio?

Lembre-se de que o marketing com valor baseia-se na premissa de que engajamentos de alta qualidade com um pequeno grupo de pessoas irá gerar mais vendas no curto prazo e lealdade no longo do que uma mensagem interruptiva que atinge (mas não necessariamente é notada) de 10 a 100 vezes mais pessoas. Para a Nike, ROI pode significar fazer a maioria de seus membros Nike+ gastar US$ 100 em tênis e roupas por ano. Para a Healthy Choice, provavelmente significa vender apenas uma refeição a mais por mês.

Um exemplo do poder do pequeno, porém altamente engajado, público da Nike vem de seu evento Human Race 10K em 2008. A marca aproveitou sua rede social Nike+ e investiu apenas US$ 450 mil em mídia para promover o evento. A corrida foi realizada em 25 cidades grandes e os usuários do Nike+ podiam participar da corrida virtualmente em casa. Todos os tempos de corrida foram armazenados num único site. Um total de 780 mil pessoas em 142 países participaram da corrida real e da virtual no mesmo dia, sugerindo que uma grande porcentagem de um grupo pequeno, mas poderoso, pode se reunir para um evento com valor agregado.

> *O evento Human Race foi uma experiência do cliente que não podíamos obter em nenhum outro lugar. Nossa receita aumentou, visto que corrida se tornou nossa categoria de crescimento mais rápido. E, mais importante, mostrou como podíamos combinar as experiências físicas e digitais do consumidor para criar novas conexões poderosas com nosso público.[2]*
>
> — JOAQUIN HIDALGO, DIRETOR-EXECUTIVO DE MARKETING, NIKE

Os resultados na iniciativa da Nike para aprofundar o relacionamento com um número menor de pessoas foram incrivelmente poderosos. Segundo o serviço de monitoramento de mercado SportsOneSource, as vendas globais da empresa de tênis de corrida saltaram de US$ 8 bilhões em maio de 2006 para US$ 9,7 bilhões em maio de 2008 – um aumento de 21%. A participação de mercado também cresceu de 48% para 61% neste período.

O peso dos resultados de venda amealhados com uma campanha de Marketing com Valor *Agregado* pode ser o único problema maior para sua organização superar. Admito, é preciso apostar um pouco no escuro para acreditar que o engajamento com algumas centenas de pessoas pode mover o indicador da balança tanto quanto ou mais do que um comercial de 30 segundos assistido por milhões. Mas nossa experiência – e a de todas as empresas apresentadas neste livro – prova que este é um modelo de ROI que se pode construir e uma premissa em que se pode acreditar. Nunca vimos uma iniciativa substancial de Marketing com Valor *Agregado* deixar de trazer recompensas. Além disso, com os custos elevados e os resultados irrisórios da mídia de massa, talvez você não tenha outra escolha.

Alavancando o Marketing com Valor *Agregado* para um Sucesso de Longo Prazo

Se tudo sair conforme planejado, seu novo programa de marketing com valor resultará numa alta porcentagem de engajamento, clientes muito satisfeitos e um óbvio empurrão em seu resultado. A essa altura, como de costume, você provavelmente começaria do zero o próximo programa a ser lançado dentro de alguns meses. Mas não tão rápido – se você pular este próximo passo, talvez deixe de tirar proveito de um dos maiores benefícios do Marketing com Valor *Agregado*. O Marketing com Valor *Agregado* pode ajudar você a conquistar um retorno semelhante no longo prazo se assumir um compromisso de não abandoná-lo e de acrescentar continuamente novos elementos.

Manter o programa vivo pode beneficiar sua marca de várias maneiras. Primeiro, se o programa funcionou no passado, há menos risco em expandi-lo do que começar do zero com algo totalmente novo. Segundo, programas existentes indicam que existe uma base de interesse do consumidor – e se os consumidores se registraram em sua lista de mala direta ou instalaram seu *widget*, você já tem um público cativo para levar o programa adiante. As pessoas que tiveram uma experiência positiva no passado vão querer saber o que fazer a seguir. Terceiro, programas existentes permitem que se recicle alguns dos ativos já criados, o que possibilita gastar menos ou destinar dinheiro para novas táticas que trarão retornos adicionais.

O Charmin é uma marca que está investindo na plataforma com um ano de sucesso para ir ainda mais além. A equipe de marketing não só levou os banheiros patrocinados pela marca de volta à Times Square pela terceira temporada consecutiva de festas de final de ano, mas também esta terceira edição foi maior e melhor do que todas as outras. Melhorias incluíram uma área para fotos da família com o trenó do Papai Noel e um urso da Charmin em tamanho natural. A marca também convocou uma marca companheira na P&G, a Duracell, para patrocinar o Duracell Power Lodge, onde as pessoas podiam recarregar seus celulares e câmeras fotográficas. Esta parceria com outra marca mostra como programas bem-sucedidos podem recrutar outros para ajudar a diluir custos e agregar mais valor à experiência do consumidor.

O NIKEiD, com o programa "crie seu próprio tênis" mencionado no Capítulo 4, é outro excelente exemplo de programa de Marketing com Valor *Agregado* que, ao evoluir, continua a atrair usuários novos e repetidos. Após o lançamento do programa em 1999, a Nike logo percebeu que ele podia se estender além de uma novidade de curto prazo. O NIKEiD está investindo no programa fazendo uso das tecnologias mais modernas para tornar a experiência mais recompensadora. O último capítulo chegou em junho de 2008, quando a Nike lançou o PHOTOiD, uma ferramenta para telefone celular que analisa qualquer foto, compara as duas cores mais dominantes com a palheta de cores disponível para o NIKEiD e aplica as cores ao design de um tênis personalizado. A ideia geral é que as crianças, ao andarem pela rua, possam transformar a imagem de uma grafitagem ou de um carro customizado numa definição de tênis pessoal em segundos. Isso é muito legal – e merecedor de buchicho.

As marcas também podem desenvolver programas duradouros para alcançar novos níveis na Hierarquia do Marketing com Valor Agregado. O site Kraftfoods.com oferece um excelente exemplo disso, começando com uma revista focada em receitas e evoluiu para incluir não só ideias sobre o que cozinhar mas aulas sobre como realmente cozinhar. A Escola de Culinária on-line da Kraft inclui vídeos do tipo "como fazer", instruções passo a passo, informações sobre técnicas de cozimento, dicas

> **Um benefício final de um compromisso de longo prazo a uma única plataforma de Marketing com Valor *Agregado* é que ela pode se tornar uma ferramenta convidativa à participação e ao investimento de outras marcas.**

para criar pratos étnicos genuínos e fóruns onde os visitantes podem ajudar uns aos outros a adquirir as habilidades necessárias para preparar "aquele" almoço ou jantar. Isso não só leva a um engajamento e a uma lealdade mais profundos do que uma simples receita, mas também ajuda a Kraft a tratar com valor agregado do problema do declínio das refeições preparadas em casa.

As marcas estão cada vez mais incorporando desde o princípio um pensamento de longo prazo em seus esforços de Marketing com Valor *Agregado*. O game on-line "Dewmocracy" do Mountain Dew foi uma maneira engajadora para os fãs da marca se envolverem na escolha de um novo sabor. Segundo Frank Cooper, vice-presidente de marketing do Mountain Dew, "a ideia baseou-se no fato de que sabemos que os consumidores querem se envolver mais na criação de seu próprio conteúdo assim como desenvolver seus próprios produtos". No Dewmocracy, os jogadores ajudavam um herói em sua busca por um elixir que "mudaria tudo".

Depois de apenas algumas semanas, o jogo já dá sinais de sucesso. A primeira fase atraiu mais de 700 mil visitantes únicos e 200 mil jogadores que gastaram em média 28 minutos numa sessão de jogo. Combina perfeitamente com o público-alvo do Mountain Dew formado por jovens do sexo masculino que amam ficar acordados a noite inteira jogando games (e precisam de cafeína para isso). O negócio também respondeu. Segundo John Sicher, editor da *Beverage Digest*, o Mountain Dew teve um desempenho "significativamente superior" ao de seus competidores em 2008 e aumentou sua participação num mercado acirrado.[3]

Mas isso não é meramente uma promoção do tipo uma-vez-e-pronto. O game foi desenhado para ser massivamente multiplayer, ao qual os jogadores podem acrescentar níveis e desafios ao longo do tempo. Ele certamente deve incrementar os resultados no curto prazo, mas Cooper está pensando no longo prazo: "Se tivermos uma reação significativa, achamos que existe uma oportunidade para expandir esse game para um ativo on-line mais amplo. Estamos buscando o feedback do consumidor sobre quais partes do jogo eles gostam mais. O tema está agradando? E se estiver, temos sim planos para expandi-lo".[4]

Um benefício final de um compromisso de longo prazo a uma única plataforma de Marketing com Valor *Agregado* é que ela pode se tornar uma ferramenta convidativa à participação e ao investimento de outras marcas. Num mundo onde a atenção do consumidor é de importância crítica, mas está dividida entre muitas mídias, as marcas que conseguem atrair e prender o consumidor geralmente se veem inundadas de ofertas de outros profissionais de marketing. A associação do Charmin com a Duracell é um bom exemplo, assim como a plataforma BabyCenter da J&J com a Coke Rewards. Com mais de 7 milhões de membros visitando seu site semanalmente, a Coca-Cola de repente tem seu próprio canal de mídia que compete com revistas e redes de TV importantes em termos de tamanho e engajamento. A empresa usa seu público para atrair ofertas favoráveis e descontos de marcas como Xbox e Southwest Airlines, o que por sua vez torna o programa mais valioso para os membros do Coke Rewards e ao mesmo tempo reduz o custo de resgatar pontos de fidelidade.

Juntando Tudo: Diabetes Control for Life

Praticamente toda agência de publicidade bem-sucedida pode traçar sua evolução e crescimento em relação a seus clientes e projetos mais importantes. Estes poucos relacionamentos preciosos impulsionam o sucesso para ambos, cliente e agência, e em última análise se tornam matéria para incontáveis estudos de *cases*. Por exemplo, a agência Grey Advertising ganhou seu primeiro cliente grande, a Procter & Gamble, em 1956. A Ogilvy aponta para sua conquista da Maxwell House e da Kraft em 1959. A TBWA\Chiat\Day cresceu com a Apple na década de 1980. A Crispin Porter + Bogusky chegou ao topo com o lançamento do MINI em 2001.

Para a Bridge Worldwide, o relacionamento com a Abbott Nutrition foi uma dessas parcerias decisivas. Compartilho com vocês essa história de um programa que ajudou a nos definir como agência, definir a Abbott

Nutrition como um líder de marketing e definir o caminho para o Marketing com Valor *Agregado* aqui porque serve como um excelente resumo de praticamente todas as lições dos capítulos anteriores, e ilustra um exemplo excepcional de como medir o sucesso no significado e no negócio.

Conhecida anteriormente como Ross Products, a Abbott Nutrition desenvolve e comercializa uma ampla gama de produtos nutricionais com embasamento científico que estimulam a saúde e o bem-estar de pessoas de todas as idades. Localizada em Columbus, Ohio, é uma divisão do Abbott, um dos maiores e mais diversificado laboratório farmacêutico do mundo. A Abbott Nutrition fabrica e comercializa diversas marcas institucionais e de varejo de produtos nutricionais, como Similac, Ensure, EAS e Pedialyte.

Em 2004, a Abbott Nutrition escolheu a Bridge Worldwide para a tarefa de atuar como agência de marketing interativo e de relacionamento para suas marcas de produtos nutricionais para adultos principalmente devido a nossa crença comum na importância do marketing de relacionamento. Para a Abbott, o marketing de relacionamento tem sido a filosofia dominante para todas as suas marcas, baseada em seu crescimento com um programa do Similac existente há décadas que coloca amostras do leite diretamente nas mãos das novas mamães em todos os hospitais dos Estados Unidos. Na Bridge Worldwide, vimos o modelo de marketing tradicional desmoronar, e conforme os dólares digitais chegavam a nós, acreditávamos que o sucesso no longo prazo estava em usar a mídia digital para construir relacionamentos diretos profundos com os consumidores individualmente. Desde nossa primeira reunião, a conexão Abbott/Bridge foi uma combinação perfeita.

Uma de nossas primeiras tarefas foi ajudar a marca Glucerna a decifrar sua estratégia de marketing. A Glucerna é uma marca lançada para atender às necessidades nutricionais de pessoas portadoras de diabetes e sua linha de produtos inclui suplementos nutricionais, shakes, barras e cereais, os principais benefícios da linha Glucerna? Destina-se a suprir as necessidades de dieta de pessoas com diabetes, tem um sabor excelente e não aumenta o nível de glicose no sangue.

Quando começamos a trabalhar juntos, descobrimos que a marca Glucerna tinha uma conscientização respeitável na comunidade de diabéticos, mas que as pessoas tinham dúvidas sobre como, quando e por que usar o produto para lidar com sua doença. As iniciativas de marketing eram voltadas para anúncios impressos em publicações relacionadas ao diabetes e para cupons do produto enviados frequentemente para pessoas que optaram por receber uma comunicação contínua.

> **Era necessária uma mudança, e nosso programa de marketing de relacionamento era o foco. Isso nos dirigiu para objetivos que envolviam educar novos consumidores... e converter membros com baixo consumo em domicílios com alto consumo.**

Nos últimos anos, no entanto, as vendas da marca estavam aquém das expectativas e os concorrentes estavam chegando perto do Glucerna, a despeito de sua posição como líder de mercado e do crescente número de novas pessoas diagnosticadas com diabetes (especialmente resultante de uma epidemia de obesidade). Um aumento nos anúncios impressos direcionados não estava funcionando; na verdade os consumidores estavam se tornando menos responsivos e a conscientização assim como as vendas estavam diminuindo.

Era necessária uma mudança, e nosso programa de marketing de relacionamento era o foco. Logo no princípio, uma equipe da Abbott e uma Bridge trabalharam juntas para estabelecer objetivos para o projeto. Focamos nos problemas e oportunidades os quais acreditávamos que um programa de marketing de relacionamento podia tratar especificamente. Isso nos dirigiu para objetivos que envolviam educar novos consumidores sobre como incorporar o produto em seu estilo de vida e converter membros com baixo consumo em domicílios com alto consumo. Acreditávamos que a comunicação contínua teria uma boa chance de alcançar estes objetivos. Sabíamos também que a alta administração estava sempre em busca de incrementar a eficiência e que o histórico de resultados da marca estava piorando. Isso nos levou a focar em maneiras de melhorar a eficiência dentro do orçamento já gasto com marketing de relacionamento. Jason Ruebel, diretor responsável pela conta da Abbott na Bridge, resume o processo de planejamento estratégico: "Quando examinamos o programa impresso existente, os desafios da marca e os dados clínicos disponíveis, percebemos que havia uma oportunidade não só para aumentar o consumo e a retenção ao agregar valor à vida dos consumidores, mas para criar um patrimônio diferenciado na categoria".

Desde o princípio, definimos o objetivo de criar um programa que se tornasse um patrimônio valioso para a marca e que seria reconhecido pela comunidade de diabetes por sua importância. Lembro-me claramente de bater o punho na mesa de uma sala de reunião da Abbott alguns anos atrás, prometendo ao diretor de marketing da Glucerna, Brian Woo, que "vamos criar um programa tão grande e bem-sucedido que as empresas de mídia vão *nos* ligar para saber como podem fazer parte disso".

Por fim, como uma equipe única cliente/agência, nos comprometemos a atingir metas de mensuração numérica claras no início de nosso trabalho, muito semelhantes à Figura 9.4.

Objetivos	Metas/mensuração
Converter consumidor de experimentação para alto consumo.	• Aumento significativo no consumo geral de produtos. • Aumento de 50% no consumo entre membros do programa.
Melhorar consideravelmente a eficiência dos gastos com marketing.	• Aumento significativo no ROI das despesas de marketing. • Retorno acima de US$ 1 para cada US$ 1 gasto.
Construir uma plataforma viável para produtos e iniciativas de marketing futuros.	• Conscientização significativa sobre o programa na comunidade de diabetes e entre os formadores de opinião. • Associação de mais de 100 mil consumidores.

Figura 9.4 **Objetivos e metas de mensuração numérica da Bridge Worldwide para a marca Glucerna.**

Com nossos objetivos e metas em mãos, o próximo passo foi entender profundamente nosso consumidor. Sendo a nova agência da marca, foi mais fácil começar sem preconcepções. Mergulhamos em centenas de páginas de histórico de pesquisas de consumidor sem convicções prévias nem vínculos com decisões passadas. Também ajudou o fato de que toda nossa cliente/agência foi capaz de fazer uma mudança mental para "experimentar algo novo" com relação ao marketing de relacionamento.

Voltamos nossa atenção para as experiências de pessoas que haviam sido diagnosticadas com diabetes recentemente (o ponto de entrada no mercado, discutido no Capítulo 7), e nos fizemos a seguinte pergunta "O que uma pessoa com diabetes precisa na vida?". Como você pode imaginar, este diagnóstico é um alarme significativo. Geralmente as pessoas procuram o médico com sintomas como tontura e urinação frequente e saem sabendo que têm uma doença crônica que deverão cuidar o resto da vida.

Nos dias e semanas seguintes ao diagnóstico, os diabéticos aprendem que devem testar seu nível de glicose no sangue com frequência e que devem usar uma combinação de refeição balanceada e medicamentos para garantir que a doença não evolua para estágios mais complicados, ou até a morte. São aconselhados a praticar exercícios físicos e a limitar a quantidade de calorias ingeridas para perder peso, mas, ao mesmo tempo, são informados que o exercício e a dieta podem fazer com que o nível de glicose aumente ou diminua vertiginosamente.

Constatamos que, com o passar dos meses, as pessoas com diabetes logo se posicionavam em um dos segmentos da cadeia de gerenciamento da doença. Numa extremidade, estão cerca de 20% dos diabéticos do tipo A que testam o nível de glicose três vezes por dia e sabem exatamente o que mudanças em sua dieta, exercícios e humor causarão em seu corpo. Na outra extremidade da cadeia estão os 20% dos diabéticos que ou negam a doença ou se resignaram a um declínio natural. Eles não têm interesse em monitorar sua doença e não querem ajuda. Decidimos que havia pouca oportunidade de criar um Marketing com Valor *Agregado* para esses dois grupos, então escolhemos focar num grupo que chamamos de Controladores Confiantes. Os Controladores Confiantes se situam em algum ponto no meio da cadeia de gerenciamento. Eles fazem algum monitoramento, mas sem consistência suficiente. Eles temem que sua doença avance e sabem que deveriam se empenhar mais. Buscam ativamente dicas, conselhos e outros tipos de ajuda e valorizam a assistência que recebem.

284 MARKETING COM VALOR *AGREGADO*

Comida é o Principal Problema para Pessoas com Diabetes

Problema	%
Comida (o que vou comer agora?)	75,2%
Atividade física	19,5%
Controle de açúcar no sangue	12,2%
Tomar as medicações	12,0%
Monitorar o açúcar/teste	11,0%
Gerenciamento de peso	8,5%
Tomar injeções de insulina	6,2%
Fraqueza/cansaço	5,2%
Tomar medicação seguindo um cronograma	4,8%
Picar o dedo/colher sangue	4,8%
Problemas no pé/perna	4,2%
Neuropatias	4,0%

0% 10% 20% 30% 40% 50% 60% 70% 80% 90% 100%

Figura 9.5 Problemas das pessoas com diabetes.
Nota: Este gráfico está baseado nas resposta para a pergunta:
"Quais são para você as maiores dificuldades em conviver com seu diabetes?"

Especificamente, constatamos a necessidade deles não atendida de ajuda no planejamento de refeições. Conforme a Figura 9.5 mostra, esta foi de longe a principal preocupação – e a necessidade que levou a Abbott Nutrition a lançar a linha Glucerna antes de tudo.

Embora escolher os alimentos seja importante, as necessidades dos Controladores Confiantes vai muito além de seu cardápio diário. No todo, os problemas de um diabético envolvem uma longa lista de questões e preocupações, que vão desde criar hábito de praticar atividades físicas, encontrar lugares alternativos para testar o nível de açúcar no sangue a observar sinais de diabetes nos filhos. Receber uma ajuda nas opções de alimentos é um começo, mas vimos uma oportunidade de ajudar as pessoas com diabetes a controlar uma ampla gama de situações inerentes a sua doença.

É importante notar aqui que idade, renda e o tamanho do domicílio não interferiu em nossa decisão – pelo contrário, uma observação sem preconcepções de atitudes, percepção e significado orientou nosso caminho. Dados demográficos são mais um subproduto do modelo baseado em alcance com o qual crescemos. São os hábitos, atitudes e psicografia que irão mover o marketing baseado em engajamento do futuro.

Em seguida, consideramos como as marcas e o marketing se encaixavam na vida das pessoas com diabetes. Aprofundamos em avaliações competitivas e examinamos categorias relacionadas, tais como medicamentos à base de insulina e medidores de glicose. Também perguntamos para as pessoas o que elas achavam de nosso produto e de nossa propaganda. Ouvimos de maneira clara, consistente e em bom e alto som que as pessoas entendiam que Glucerna era "a bebida para pessoas com diabetes", elas não entendiam muito por que era especial ou como se encaixaria em suas vidas. Elas achavam que o Slim-Fast apresentava os mesmos benefícios, quando, na verdade, o Slim-Fast e outros shakes para perda de peso podem elevar consideravelmente o nível de glicose no sangue.

Os médicos advertiram seus pacientes que o ganho de peso provavelmente contribuiria para o avanço do diabetes. Alguns médicos distribuíam amostras, mas esses médicos não ofereciam aos pacientes muitos conselhos sobre alimentação, e muito menos sobre como os shakes e as barras do Glucerna complementariam um plano de alimentação saudável. Os consumidores que recebiam nossos cupons de alto valor eram instruídos a esperar até o recebimento dos próximos cupons antes de irem à loja. Certamente não era bom ouvir isso, mas nos proporcionou o *insight* que precisávamos para mudar o desenvolvimento de nossa estratégia.

Os diabéticos nos contaram que às vezes visitavam websites em sua busca frequente de conhecimento sobre como lidar com a doença. Na verdade, o diabetes é um dos cinco principais tópicos de saúde pesquisados on-line. Mas achavam que muitos dos sites existentes eram incompletos ou muito comerciais. Começamos a enxergar uma oportunidade.

Com nossa pesquisa completa, passamos para o processo de desenvolvimento de estratégia. Assim como acontece em qualquer projeto de estratégia, dedicamos um tempo para analisar a *brand equity* do Glucerna, que como de costume parte dos atributos e benefícios básicos e avança para valores de alto nível e personalidade da marca. A *brand equity* do Glucerna posicionava a marca com controle com excelente sabor – algo agradável com o qual os pacientes podiam contar para ajudá-los a controlar seu nível glicêmico. Conforme analisávamos o programa, percebemos que havia um benefício importante que chamamos de "Enlightened Diabetes Management". Embora não tivéssemos utilizado especificamente o diagrama de hierarquia das necessidades de Maslow, a esta altura tínhamos internalizado a gama de necessidades de nosso Controlador Confiante. Se essas necessidades fossem colocadas num diagrama de Maslow, provavelmente teriam o formato da Figura 9.6.

Colocando essas estruturas lado a lado, você pode ver uma conexão poderosa. A marca Glucerna visava proporcionar controle a seus consumidores, enquanto o Controlador Confiante desejava um controle pleno de sua doença – uma vida completa sem limitações.

Figura 9.6 Conceito "Enlighted Diabetes Management" da Bridge Worldwide incluído num diagrama de Maslow

A personalidade da marca Glucerna, de "positiva e didática", corresponde bem ao desejo do consumidor de se conectar com amigos, familiares e com uma comunidade que os ajudaria a controlar sua doença.

Tudo o que precisávamos era uma centelha de estratégia e criatividade para energizar nosso processo de desenvolvimento de programa.

E, como muitos profissionais de marketing sabem, às vezes a sorte nos ilumina. (Louis Pasteur acreditava que "a sorte favorece mentes preparadas.") Enquanto analisávamos as pesquisas e desenvolvíamos estratégias, ficamos sabendo que a Abbott Nutritional havia conduzido um estudo clínico através de um programa de dieta e exercícios físicos de 24 semanas com centenas de pessoas, na esperança de que isso pudesse proporcionar dados para serem utilizados no marketing do Glucerna.

Os resultados dos participantes foram muito positivos. Uma maioria deles reduziu o nível de glicose, tornou-se mais ativo fisicamente, fez escolhas alimentares melhores, manteve ou perdeu peso e melhorou a taxa de seu teste A1C (um teste de controle de níveis glicêmicos de longo prazo). Ao ajudar as pessoas a tomar decisões melhores sobre suas refeições, o estudo realmente ajudou os diabéticos a entender como o Glucerna poderia auxiliá-los no controle de sua ingestão calórica e do nível de glicose no sangue. Portanto, além de melhorar a saúde das pessoas, podíamos vender mais embalagens do produto.

Este estudo potencializou nossa percepção e nos conduziu a um poderoso ângulo para nosso programa de marketing de relacionamento.

Juntando tudo, decidimos criar um programa abrangente, customizável que ajudaria os diabéticos a conhecer e controlar melhor sua doença. Iríamos usar o programa gratuito, clinicamente testado, de 24 semanas de dieta e exercícios físicos como nosso "killer application". Este programa inovador e eficaz atrairia um amplo interesse e diferenciaria nossa campanha daquelas de players líderes na mídia, como o WebMD e dLife.

Decidimos criar uma nova marca – Diabetes Control for Life – para comunicar o principal propósito do programa, e para assegurar que os consumidores não confundissem nossas intenções com mais um programa de marketing do Glucerna. Paralelamente, identificamos claramente o Glucerna como fonte do programa, apresentamos mensagens da marca de formas com significado (receitas, sugestões e soluções) e incluímos a marca no plano de refeições como uma alternativa. Passamos todo o programa para a Internet em www.diabetescontrolforlife.com para reduzir as despesas e permitir uma experiência mais profunda.

Em questão de meses, fizemos turnos de pesquisas com o consumidor para refinar a ideia e chegar mais perto do mercado. Testamos conceitos anteriores, pedimos aos consumidores para priorizarem características e funções e obtemos seu feedback sobre o design e a facilidade de uso do site. Além do programa de dieta e de bem-estar físico de 24 semanas, acrescentamos outros conteúdos que ajudariam a cumprir a missão do site. Uma newsletter mensal incluía artigos originais sobre diabetes e seu controle. Acrescentamos ferramentas úteis como um localizador de receitas, um calculador de queima de calorias, um teste de controle de porções, um glossário de diabetes e um guia de vitaminas.

Quando o Diabetes Control for Life foi lançado, parecia como o fim de uma grande jornada, mas na verdade era o começo. Tínhamos um novo negócio nas mãos e começamos imediatamente a conhecer melhor e aprimorá-lo.

Os dados chegaram imediatamente à medida que os consumidores tomavam conhecimento do programa através de mensagens nas embalagens do produto, e-mails enviados para nosso banco de dados existente e um espaço significativo na mídia on-line. Os resultados de engajamento entraram imediatamente para a liga dos melhores programas de marketing de relacionamento já vistos. No e-mail, por exemplo, registramos 39% de taxa de abertura na comunicação semanal e 46% de cliques para o site. Isso nos deixou confiantes de que o programa era de fato altamente valioso para nosso consumidor-alvo. Também começamos a monitorar o conteúdo que os visitantes do site achavam atraente, e observamos de perto como os consumidores aderiam e permaneciam no programa de 24 semanas.

Com o tempo, usamos pesquisas de satisfação para medir quanto valor agregado o programa tinha na vida das pessoas. Primeiro, recebemos a confirmação de que os resultados do programa on-line correspondiam àqueles do estudo conduzido pela Abbott Nutrition. Na verdade, 75% das pessoas estavam verificando seu nível de glicose mais consistentemente, houve uma média de 5% de perda de peso e 65% afirmaram que se sentiam melhor no geral. Enquanto isso, nosso número de associados ultrapassou a marca dos 100 mil.

Por fim, e mais importante, pudemos avaliar o impacto do programa no negócio Glucerna. Esperávamos aumentar o consumo em 50% entre os membros – mas vimos um aumento de 400%. Esperávamos ter mais de US$ 1 de lucro para cada US$ 1 gasto no programa – mas em vez disso tivemos US$ 3. Esperávamos criar um programa líder com 100 mil membros – mas atraímos 250 mil.

Nos dois anos desde que o programa foi lançado, nossa equipe cliente/agência continuou a investir em seu sucesso e progresso. Assim como fazemos com um verdadeiro "ativo de mídia" (*media property*), redesenhamos e aprimoramos o programa anualmente para aproveitar os avanços mais recentes da tecnologia e estética. Acrescentamos recursos como um serviço de SMS que permite que as pessoas conversem com nutricionistas sem custo e um *mashup* usando o Google Maps para traçar roteiros de caminhada e calcular a distância percorrida.

Os hospitais nos Estados Unidos estão encaminhando os pacientes diagnosticados com diabetes para o Diabetes Control For Life. Grandes redes de varejo pediram uma versão do programa que possam oferecer aos clientes. Outros fabricantes não concorrentes de produtos para diabéticos nos contataram para saber como podem participar do programa. E até mesmo a mídia de diabetes nos contatou pedindo para tomar parte no site.

Com base em nosso sucesso e no de outros, estou plenamente confiante de que você vai achar o Marketing com Valor *Agregado* revolucionário no conceito e simples e objetivo em termos de processo, concepção e mensuração. O maior desafio que enfrentará será mudar os hábitos mentais que você, seus parceiros e sua organização seguem a tanto tempo. Mas uma vez que superar isso e abrir sua mente para traçar um novo caminho, seu sucesso pessoal e o de sua empresa crescerão como uma bola de neve.

10

O FUTURO DO MARKETING COM VALOR *AGREGADO*

Nós, seres humanos, sempre tivemos fascinação por previsões; desde as músicas dos oráculos gregos ao visionário calendário Maia, e das profecias de Nostradamus à edição anual "What's Next" da *Business Week*, somos instigados a tentar entender o que virá a seguir para ganhar vantagem no futuro. O mundo do marketing com certeza não é diferente: também olhamos para o horizonte na tentativa de prever aonde devemos empregar nosso tempo e dinheiro para maximizar o retorno sobre nosso investimento.

Nos últimos anos ouvimos muito sobre como o surgimento da Web 2.0 mudaria tudo (cujas implicações ainda não entendemos). Outros têm alegado que o marketing está no auge da "Era da Transparência" ou "Conversa" ou da "Abertura". Alguns vão tão longe quanto sugerir que estamos na iminência de atingir a "singularidade" – o momento transcendental quando a inteligência artificial evoluirá a num ritmo acelerado exponencial, superando em pouco tempo o poder do cérebro humano. Nessa altura, ou faremos o download de nossas mentes em chips de computador e viveremos para sempre, ou o Skynet tomará o controle do arsenal nuclear da humanidade e mandará Arnold Schwarzenegger de volta para o passado.

> **Acredito que o Marketing com Valor *Agregado* se tornará um pilar que você, caro leitor, pode implementar para realizar uma mudança real em sua marca.**

A previsão de marketing mais fácil de fazer – e provavelmente a mais precisa – é que a maioria dessas previsões, se não todas, cairão por terra. Certamente, existem elementos de verdade nesses conceitos. As marcas bem-sucedidas no futuro provavelmente serão mais acessíveis, mais transparentes e mais humanas. Mas nenhum desses conceitos oferece um novo modelo de marketing que aqueles de nós que se encontram nas trincheiras podem transformar num modelo de sucesso *hoje*.

Tomando como base minha experiência, e aquela das outras marcas apresentadas neste livro, acredito que o Marketing com Valor *Agregado* se tornará um pilar que você, caro leitor, pode implementar para realizar uma mudança real em sua marca. Mas o velho ditado "a única constante é a mudança" (que, talvez apropriadamente, é atribuído a Isaac Asimov) é verdadeiro e minha esperança é que, além de revolucionar seu resultado de vendas no curto prazo e a lealdade do cliente no longo prazo, o Marketing com Valor *Agregado* pode servir também como uma lente útil através da qual você pode avaliar quais tendências e ferramentas novas realmente merecem sua atenção.

A seguir, sem uma ordem em particular, estão algumas mudanças que acredito que experimentaremos nos próximos três ou cinco anos, um período de tempo longo o bastante para permitir que ocorra a mudança de um hábito, mas que não requer aventurar-se demais no desconhecido.

O Padrão Subirá Para Todos

Sem dúvida você já notou que seus clientes estão cada vez mais exigentes. Talvez você até tenha se pegado criticando mais as empresas de quem é cliente. O fato é que o que era aceito como um bom serviço ontem talvez não seja mais amanhã, e os profissionais de marketing que oferecem valor agregado talvez sejam os únicos preparados para estar à altura da ocasião.

Múltiplas fontes de dados sugerem que as pessoas estão se tornando consumidores mais rígidos em geral. Uma pesquisa de opinião conduzi-

O FUTURO DO MARKETING COM VALOR *AGREGADO* **293**

da pela Harris Interactive em 2007 constatou que 80% dos mais de dois mil adultos entrevistados juraram nunca mais comprar de uma empresa em particular depois de uma experiência negativa. Isso foi muito acima dos 68% de 2006 – um aumento de 12% em apenas um ano. Outro estudo global conduzido pela Accenture em 2007 constatou que 52% de mais de 3.500 pessoas entrevistadas disseram que suas expectativas quanto a serviços aumentaram nos últimos cinco anos. E um terço afirmou que suas expectativas aumentaram no último ano.

Acredito que um serviço melhorado em alguns setores está aumentando as expectativas dos clientes para todos os ramos de negócios. As lojas da Apple definiram o padrão ao qual todos os outros varejistas, independentemente do que vendem, são comparados; e se o Twitter pode deixar você atualizado via celular sobre o que seus amigos estão fazendo, é melhor as companhias aéreas enviarem alertas sobre mudanças em voos. As marcas não estão mais competindo apenas com outras marcas ou serviços que têm contato com seu cliente-alvo. Seja uma companhia aérea, um varejista, ou uma empresa de software, esperamos que qualquer empresa que nos queira como clientes nos trate com respeito e num padrão de alta qualidade – atenda nossas ligações prontamente, estejam disponíveis 24 horas e criem um marketing que acrescente valor a nossas vidas.

Isso significa duas coisas para os profissionais de marketing. Primeiro, sugere que o marketing de interrupção pode morrer bem antes do que achamos conforme as pessoas se mostram menos dispostas a serem incomodadas e mais inclinadas a um marketing com valor. No outono de 2008, por exemplo, a Toyota bombardeou as redes de TV com sua campanha "Saved by Zero." Era realmente mais uma propaganda irritante de uma marca de automóvel oferecendo financiamento com zero por cento de juros, acompanhada por uma interpretação pobre da canção "Saved by Zero" da banda alternativa Fixx da década de 1980. As pessoas têm absorvido milhares de anúncios como este há anos, ainda assim este anúncio foi a gota d'água. Gerou um grupo de protesto no Facebook com mais de 10 mil membros. E esse grupo de protesto no Facebook por sua vez gerou cobertura da mídia no *New York Times*, no *Wall Street Journal* e na revista *Time*. O anúncio causou fúria, e essa fú-

> **O Marketing com Valor *Agregado* cria um tipo de meritocracia de marca, onde é literalmente possível para uma marca surgir do nada com um serviço novo melhorado e vencer a concorrência.**

ria foi merecedora de virar notícia porque as pessoas hoje estão exigindo mais dos profissionais de marketing e podem acessar as redes sociais para tornar suas exigências mais veementes.

Segundo, essas exigências cada vez maiores significam que os profissionais de marketing que oferecem valor agregado devem investir continuamente na melhoria dos serviços que oferecem. Vemos isso com frequência em nossos programas de marketing de relacionamento para marcas como Similac e ConAgra Foods. Em vez de olhar para os concorrentes no mercado, modelamos nossas melhorias nos últimos recursos oferecidos pelo Google ou pelo WebMD. Sabemos que estamos competindo com todos esses "ativos" (properties) para fornecer informações e conquistar visitantes que retornam, e isso vai muito além da Web. Sem dúvida, uma das razões por que o papel higiênico Charmin aprimora suas instalações na Times Square a cada ano é que o padrão para experiências de marca continua aumentando – especialmente no centro ultracompetitivo de Nova York.

Embora isso represente mais trabalho duro para nós, profissionais de marketing exaustos, a boa notícia é que o Marketing com Valor *Agregado* cria um tipo de meritocracia de marca, onde é literalmente possível para uma marca surgir do nada com um serviço novo melhorado e vencer a concorrência.

Observe o que pode estar faltando aos líderes de categoria atuais e você ficará surpreso com a rapidez com que você pode ultrapassá-los.

Leapfrog Marketing: Nova Mídia

Assim como os buchichos promocionais, os prognosticadores da nova mídia amam trombetear as tecnologias de ponta que certamente vão virar o mundo do marketing de cabeça para baixo. Já vivenciei diversos desses ciclos de sensacionalismo, que parecem sempre seguir um padrão semelhante: um punhado de gurus se apaixona pelo mais recente *killer appl* (em primeira mão: seu apoio geralmente surge quando ingressam em start-ups ligadas ao tal aplicativo) e o veneram como a próxima grande solução para os males do setor. Depois de um ano ou dois, uma das publicações semanais de negócios transforma a novidade numa história de capa que apresenta o conceito para o público de marketing de massa. Então ou o buchicho falha ou a tecnologia se estabelece, oferecendo alguma utilidade módica para as marcas ou iniciativas certas. Dois exemplos bem-sucedidos são os blogs e o e-mail. Dois fracassos incluem as lojas do Second Life e os anúncios no MSN.

Curiosamente, nos últimos tempos parece que quanto mais nova é a mídia, maior é o nível de fúria que ela provoca no consumidor. Veja por exemplo o marketing móvel. Claramente, o celular e outros dispositivos móveis estão se tornando uma parte mais integral de nossas vidas, e essa tecnologia continuará a se aprimorar nos próximos anos. O relatório Pew Internet de dezembro de 2008 previu que, até 2020, os dispositivos móveis serão a principal ferramenta de conexão com a Internet para a maioria das pessoas ao redor do mundo. Como resultado, profissionais de marketing das novas mídias foram rápidos em saltar no vagão do móvel, vislumbrando um sistema para incluir microbanners de anúncios em todas as páginas que visitamos com nossos aparelhos. Eles riem de alegria ao pensar nas imensas possibilidades de geo-alvo – enviar um alerta para seu celular quando você passa em frente a um Starbucks, digamos, convidando você para 25 centavos de um Venti Latte.

Mas os consumidores não querem nada disso, e estão claramente preocupados com que este mais pessoal dos dispositivos caia nas mãos dos profissionais de marketing errados. Um estudo conduzido pelo AC-Nielsen em outubro de 2007 que selecionou percepções do consumidor sobre diferentes formas de propaganda em 47 mercados, constatou que o marketing móvel foi considerado como o "menos confiável". Outro estudo da Nielsen, chamado de "alvos prováveis de anúncios móveis", visto que as pessoas estão usando os celulares para mais do que apenas falar (como navegar na Internet, enviar mensagens de texto, jogar games ou comprar ringtones), constatou que as pessoas mais ativas em seus celulares são, na verdade, as mais resistentes a anúncios:

- Apenas 10% responderam a anúncios em seus telefones celulares.

- Cerca de 11% visualizaram o anúncio mas não responderam.

- Consideráveis 79% nem mesmo visualizaram o anúncio.

- Uns 67% acharam inaceitável receber anúncios em seu celular.

Conclusão? *Essas pessoas podem parecer seu público-alvo ideal, mas elas não querem de forma alguma anúncios em seus telefones.* Curiosamente, esta atitude anti-anúncio reteve os provedores de serviços de criar uma plataforma para marketing. Num mundo em que os provedores de serviços estão guerreando entre si numa competição acirrada, não podem se dar ao luxo de enfurecer seus clientes só para ganhar uns trocados a mais. Um porta-voz da Verizon confirmou que "o valor incremental em receita desaparece frente ao custo de perder clientes que não gostam de anúncios".

Então o que um profissional de marketing deve fazer? Na verdade você pode pular o marketing interruptivo e ir direto para o Marketing com Valor *Agregado*. Já existe um consenso geral na indústria do marketing móvel de que a única maneira de conquistar esta esfera e agregar valor à vida dos consumidores é oferecendo serviços úteis e ferramentas divertidas. Segundo Zao Thet, CEO da 4INFO, uma empresa líder em mídia móvel, "As marcas não podem mais simplesmente aparecer e esperar que sua mensagem seja ouvida. Os consumidores negociam atenção por valor, seja o entretenimento de um jogo ou economias através de um programa de fidelidade".

Vários profissionais de marketing inteligentes entraram no jogo móvel oferecendo valor agregado. A CoverGirl criou uma aplicação chamada "ColorMatch" que recomenda tonalidades de sombra com base no tom da pele e na cor da roupa e dos acessórios. Segundo o porta-voz da marca, "As mulheres não levam seu computador para a loja, fazendo do celular a opção ideal". A AT&T usou o marketing móvel para criar ferramentas que permitem aos espectadores do Campeonato de Mundial de Triatlo no Havaí acompanhar o progresso dos participantes, resultando em 15 mil registros e 100 mil impressões de marca. O Visa criou uma

O FUTURO DO MARKETING COM VALOR *AGREGADO* **297**

ferramenta que sugere combinações de queijos e vinhos para clientes nos supermercados em nome de seu produto de luxo, o Visa Signature.

A chegada do iPhone e de sua App Store pode impulsionar esta oportunidade. A Kraft, por exemplo, já desenvolveu o iFood Assistant, que inclui mais de 7 mil receitas, uma lista de compras inteligente e um localizador de lojas. Ela está inclusive vendendo o aplicativo por US$ 0,99 e as pessoas estão provando este exemplo de Marketing com Valor Agregado. Apenas um mês depois de seu lançamento, o iFood Assistant se tornou um dos primeiros entre os 100 aplicativos pagos mais populares e o segundo melhor na categoria estilo de vida. Segundo o diretor de inovação da Kraft, Ed Kaczmarek, a aplicação iFood trouxe para a marca milhões de dólares em cobertura de RP, atingiu sua meta de download estimada para três anos numa questão de semanas e conquistou um alto percentual de consumidores homens e da Geração Y.

> *A aplicação iFood nos deixa mais perto de ser um recurso indispensável para o consumidor no planejamento de refeições e de compras de supermercado.*
>
> — ED KACZMAREK, DIRETOR DE INOVAÇÃO, KRAFT

Outro exemplo é a Vicks, que financiou um aplicativo de rastreamento de resfriados e gripes que a cada dia envia uma atualização baseada em CEP sobre condições do tempo e a gravidade de surtos de gripe e resfriados. A empresa de seguros Nationwide lançou recentemente uma aplicação para iPhone que orienta as pessoas sobre o que fazer quando se envolvem num acidente de carro.

O termo *leapfrog technology* (salto tecnológico) está sendo cada vez mais usado para se referir à maneira como os países em desenvolvimento estão se beneficiando do processo de tentativa e erro das tecnologias em desenvolvimento, saltando os passos intermediários e indo direto para o padrão "melhor da classe". Na África, por exemplo, os vilarejos estão passando de nenhum telefone para telefone celular, sem se incomodar em instalar redes de telefonia fixa. No Brasil, os consumidores saltaram direto do dinheiro em espécie para cartões de débito, pulando principalmente o talão de cheque e o cartão de crédito. No Paquistão, vilarejos rurais estão deixando de lado a geração cara de energia com carvão e poluente e indo direto para a energia solar.

O Marketing com Valor *Agregado* pode igualmente facilitar um salto para os profissionais de marketing. Ao invés de regredir para a propaganda interruptiva quando essas novas opções de mídia surgem, podemos saltar diretamente para o Marketing com Valor *Agregado* porque ele simplesmente faz muito sentido tanto para os consumidores quanto para as empresas.

Os videogames, um meio maduro que continua crescendo e se diversificando, oferece outro exemplo do conceito de salto (*leapfrog*). Em 2008, já se jogava games nos Estados Unidos há 12 anos e a idade média do jogador americano era de 35 anos. Mas o fato é que pessoas de todas as idades e demografias estão jogando inúmeros jogos em diversas plataformas – de adolescentes atirando granadas em *Halo* a mulheres de meia idade jogando *Bejeweled* em seus laptops.

Assim como o celular, este aumento no tempo de visualização deixou os profissionais de marketing babando. Segundo a Nielsen, os consoles são efetivamente a quinta maior "rede" em termos de audiência noturna. Empresas grandes e pequenas estão construindo sistemas que permitirão aos profissionais de marketing comprar espaço em games, assim como fazem na televisão e nos jornais. Na verdade, o presidente Obama atraiu alguma atenção para as possibilidades quando sua campanha comprou um outdoor virtual no jogo de corrida *Burnout Paradise* do Xbox 360. Mas como o analista chefe global da Millward Brown, Nigel Hollis, observa, "Afixar um... logo na beira da estrada num jogo de corrida não é nem de longe tão instigante quanto integrar uma marca no conteúdo do game para que o jogador interaja com ela... o grande desafio para os anunciantes é usar a interatividade do jogo para engajar as pessoas em suas marcas, não simplesmente usá-la para apresentar um outdoor virtual.

Existem muitas maneiras de se envolver em games com valor agregado, como visto no suporte da Paramount Pictures para o filme *Trovão Tropical* e em seu *tie-in* no game *Rainbow Six Vegas* da Ubisoft. O filme realmente patrocinou um novo nível de "caça ao tesouro" para o game que os jogadores podiam baixar de graça, cuja missão era procurar uma série de nove pistas de marca. Aqueles que completaram a missão ganharam a oportunidade de concorrer a nove prêmios, tais como um mapa VIP do jogo e outros jogos da Ubisoft.

O importante aqui é que o marketing do filme *Trovão Tropical* de fato agregou valor à experiência do game. A Paramount percebeu que esses tipos de download criam um imenso boca a boca entre os jogadores e fariam com que eles falassem sobre o filme exatamente antes do fim de semana crítico de estreia.

Marketing para a Geração do Milênio

O conceito de saltar direto para o Marketing com Valor *Agregado* também oferece uma maneira poderosa de examinar como as marcas devem abordar a geração dos consumidores do milênio. Você provavelmente agora já sabe quem eles são, graças ao sensacionalismo da mídia e ao fato de que estão começando a ingressar no quadro de sua empresa. É possível até que tenha um ou dois deles vivendo sob seu teto – o que proporciona objetos perfeitos de pesquisa. A ideia de colocar 80 milhões de pessoas nascidas entre 1977 e 1998 num mesmo saco de tendências pode ser problemático, mas existem algumas generalidades que são relevantes para profissionais de marketing.

A primeira coisa a observar sobre as pessoas dessa geração é que elas têm plena consciência de que estamos ávidos por tê-las como clientes e não temem jogar duro para isso. Este novo grupo cresceu sob o microscópio da atenção da propaganda, que tinha como rival apenas o excesso de atenção dada por seus pais superprotetores. Como resultado, eles já são escolados no fato de que as empresas são motivadas principalmente pelo desejo de arrancar um dinheirinho de suas mãos.

Tampouco você consegue enganar esses consumidores de que seu vídeo viral criado de maneira profissional foi feito amadoristicamente; estes são os mesmos consumidores que a marca Doritos da Frito-Lay descobriu terem habilidade de usar tecnologia não só para criar seu próprio entretenimento, mas também para contribuir com o marketing de suas marcas favoritas (lembre-se de "Crash the Super Bowl"). Essa disposição de participar demonstra uma abertura para o marketing quando feito direito.

> *A geração do milênio... jamais conheceu um mundo em que não controla sua experiência. Sempre foram estimulados a acreditar que estão certos, de que não existem perguntas ruins e que tudo tem importância.*[1]
>
> — JOHN GERZEMA E ED LEAR, AUTORES DE *THE BRAND BUBBLE*

Uma característica da geração do milênio é ser orientada para grupo, uma geração com tendência de se definir por afiliação, o que proporciona para as marcas a oportunidade de desempenhar um papel fundamental. Um grupo no Facebook de amantes das batatas Pringles, por exemplo, alcançou mais de 1 milhão de fãs ao redor do mundo antes mesmo que a equipe de marketing da marca tivesse conhecimento de sua existência.

Como aqueles que têm crianças em casa sem dúvida sabem, a geração do milênio também está saltando sobre os formatos tradicionais de mídia. Muitos deles não assistem mais à televisão, preferindo o laptop, onde podem assistir a videoclipes, bater papo com amigos e atualizar seus blogs ao mesmo tempo. Também são adeptos ao uso da tecnologia, como o DVR, que seus pais ainda não entendem por completo. Portanto, não é um bom começo pensar que você terá alguma chance de atingir esta geração usando veículos tradicionais de publicidade.

O Capri Sun oferece um excelente exemplo de como os profissionais de marketing estão pensando diferente para alcançar esta geração. Após um hiato autoimposto na propaganda, durante o qual reformulou seu produto para reduzir a quantidade de açúcar, o Capri Sun precisava reconquistar a atenção das crianças. Começando de certa forma do zero, a marca deu a sua equipe de marketing alguma liberdade para ignorar o caminho da mídia tradicional.

Numa iniciativa que ilustra a discussão sobre videogames na seção anterior, o Capri Sun usou os games para se conectar com valor agregado com as crianças. Sabendo que seu alvo, as crianças de 8 a 12 anos, são aficionadas em games (98% dos meninos e 94% das meninas jogam), a marca fez uma parceria com o jogo *Rayman Raving Rabbids TV Party* para o Wii para incluir minigames com personagens criados especialmente para a marca. O game foi promovido em 50 milhões de caixas do Capri Sun em âmbito nacional e num microsite.

Os resultados desbancaram todas as promoções da história da marca e aumentaram as vendas significativamente. Segundo Maria Mandel, diretora executiva de inovação digital da Olgivy, que criou o *tie-in* para esta marca da Kraft, foi difícil vender a ideia a princípio. Mas a marca assumiu um risco, viu resultados incríveis e agora está trabalhando em promoções relacionadas a games ainda maiores usando esta sua experiência recente como guia.

> A geração do milênio está cada vez mais decidindo viver sua vida de maneira transparente... [o que] abre um leque de oportunidades para os profissionais de marketing.

Paralelamente a ser a geração mais analisada da história, a geração do milênio está compartilhando mais de suas vidas do que qualquer grupo que já existiu antes. Independente de seus pais e futuros chefes gostarem ou não das fotos e comentários que encontram, a geração do milênio está cada vez mais decidindo viver sua vida de maneira transparente – usando ferramentas digitais como Facebook e Twitter para compartilhar seus triunfos e tragédias com o mundo. Isso na verdade abre um leque de oportunidades para os profissionais de marketing, visto que podem usar esta abertura para saber o que estes consumidores procuram e ajudá-los a encontrar.

À parte do salto sobre os hábitos da mídia tradicional, a diferença mais significativa entre a geração do milênio e qualquer geração anterior é sua propensão a saltos culturais, deixando de lado carreiras tradicionais e o acúmulo de bens materiais, e passando diretamente a uma missão pessoal na vida com maior valor agregado. Jovens que se formam no ensino médio estão cada vez mais tirando um ano para viajar pelo mundo ou fazer trabalhos voluntários antes de entrar para a faculdade. Um estudo conduzido pelo Instituto de Pesquisa de Educação Superior da UCLA constatou que 66% dos alunos do primeiro ano afirmaram que é "essencial ou muito importante" ajudar os outros – a maior porcentagem em 25 anos.

Esta tendência voltada para o atendimento e o valor agregado é o que me empolga mais em relação ao futuro, tanto como autor deste livro quanto como cidadão do planeta. Se a geração do milênio exigir que as marcas devolvam valor para o mundo, pode desencadear uma força poderosa para mudança positiva, recompensando aquelas empresas mais comprometidas em melhorar a vida de seus clientes e em criar marketing com valor agregado.

Marketing nos Países em Desenvolvimento

Embora a maior parte dos exemplos usados neste livro até agora tenha focado em marketing de marca em países desenvolvidos, não há motivo para supor que o Marketing com Valor *Agregado* pare na fronteira – tampouco que seja limitado a países ricos onde, digamos, a maioria dos lares têm conexão de banda larga. A realidade é que este modelo pode ser aplicado em qualquer lugar que uma empresa possa identificar *insights* úteis e encontre uma maneira de o marketing de marca entregar valor.

Como se pode esperar, usar o meio digital nem sempre é a primeira opção para os consumidores em países em desenvolvimento. Isso é triste, porque o meio digital é uma maneira eficiente de fornecer informação ou de se conectar com pessoas de maneira individual. A boa notícia, no entanto, é que nos países em desenvolvimento a mão de obra é geralmente mais acessível e pode proporcionar uma experiência mais pessoal do que a Web.

Alguns dos marketings com mais valor agregado que já conheci se deram em países em desenvolvimento, onde a interação pessoal ocorre rotineiramente. Por exemplo, a marca de detergente Ariel proporcionou um lugar seguro para as mulheres lavarem suas roupas durante a comoção civil na Venezuela. E na África, as marcas da P&G de produtos femininos ensinam as meninas sobre seus ciclos menstruais – um tema que é deliberadamente ignorado pela maioria das escolas das aldeias.

Criar e distribuir conteúdo valioso pode ser uma maneira poderosa de conquistar esses consumidores. Por exemplo, a rede Caltex de postos de combustível na África do Sul lançou um livro cômico gratuito sobre um time de futebol fictício chamado Supa Strikers. A série de livros cômicos ajudou as crianças a aprenderem inglês e criou um laço entre a marca e os pais. A iniciativa foi tão bem-sucedida que a estenderam para mais 21 países, adaptando ao esporte favorito de cada localidade (inclusive um time de críquete no Paquistão).

Às vezes, as marcas podem agir rápido para globalizar ideias de conteúdo. Um de meus exemplos favoritos é um programa de televisão na China chamado *Shining Journey*, criado pela marca Pantene e por sua agência MediaCom. Este *reality show* buscou participantes no país inteiro que competiram para mostrar melhoras em sua beleza física e interior. O programa atraiu 40 milhões de espectadores por semana, que acompanharam a transformação de beleza dos participantes e eles próprios aprenderam os segredos dessa transformação. As vendas por toda a China aumentaram 10% durante o programa.

Embora adotar o meio digital nem sempre seja a primeira escolha para o Marketing com Valor *Agregado* nos países em desenvolvimento, a verdade é que a penetração da mídia digital nos domicílios está crescendo *rapidamente* e as pessoas são ágeis em acompanhar novas tecnologias. Na China, por exemplo, onde há mais usuários da Internet do que nos Estados Unidos, as pessoas estão engajadas nos mais avançados hábitos digitais. Uma pesquisa da Netpop mostra que conteúdo gerado pelo consumidor, como críticas e blogs, influencia 58% dos usuários chineses da Internet, em comparação com 19% nos Estados Unidos, e 47% dos usuários de banda larga na China postam regularmente comentários, em comparação com apenas 25% das pessoas nos Estados Unidos.

Os profissionais de marketing também devem lembrar que "digital" não significa necessariamente apenas banda larga e websites. Nas Filipinas, por exemplo, mais de 46 milhões de pessoas possuem telefone celular (60% de penetração), e as pessoas usam mensagens de texto baratas para um número crescente de serviços. (Esta é uma das razões pela qual o papa Bento XVI começou a enviar mensagens de texto para correligionários católicos em 2008.)

Planejamento de Mídia Baseado em Engajamento

Outra previsão: a adoção do engajamento pelos profissionais de marketing como a melhor mensuração do sucesso de campanhas publicitárias gerará (outro) modelo de revolução no mundo do marketing – desta vez,

Profissionais de marketing engajos... irão [influenciar] a maneira como a publicidade é planejada e adquirida ao redor do mundo.

na maneira como a publicidade é planejada e adquirida ao redor do mundo.

Tradicionalmente, as agências de publicidade quase sempre usam um planejamento "baseado em alcance". Isso significa que seu trabalho é identificar o consumidor-alvo da maneira mais clara possível e em seguida identificar os veículos de mídia que irão maximizar a porcentagem de consumidores que verão a mensagem publicitária (alcance). A falta de visão disso não é culpa dos planejadores; afinal, eles estão simplesmente seguindo o modelo de marketing que suas marcas ditam há décadas. No entanto, planejadores de mídia excelentes começaram a ir mais fundo do que simplesmente os olhos do consumidor e podem usar a pesquisa de "receptividade" para entender que tipos de mídia interruptiva têm a melhor chance de vencer as barreiras do consumidor.

Avançando, no entanto, o modelo de planejamento de mídia se afastará da abordagem baseada em alcance rumo a um planejamento baseado em engajamento. Conforme descrito no Capítulo 9, o engajamento depende de atrair pessoas que escolhem prestar atenção e interagir diretamente com sua marca. Um plano baseado em engajamento identifica lugares onde as marcas podem encontrar pessoas que estão buscando um Marketing com Valor *Agregado*, o que pode levar a mudanças bastante significativas na forma de pensar. Ao invés de comprar espaço em revistas, por exemplo, ele pode direcionar as marcas para a construção de um banco de dados de e-mail, criar um grupo no Facebook, ou tentar ganhar um espaço como patrocinador de produtos no Coke Rewards.

Sob a perspectiva da agência de mídia, isso representa uma oportunidade enorme de sair na frente dos demais e ajudar os clientes a mudar. O fato de que o planejamento baseado em engajamento requer mais trabalho e inteligência do que o desenvolvimento de planos baseados em fórmulas de alcance significa que os profissionais de marketing estarão dispostos a pagar um prêmio por habilidades específicas de planejadores talentosos.

Enquanto isso, os produtores de mídia terão que se adaptar para oferecer vias que engajem o consumidor de maneiras reais, mensuráveis. As revistas, por exemplo, estão perdendo anunciantes para a Web, em parte porque esta última tem a chance de ganhar conexões mais profundas com consumidor. Observe como as revistas estão avançando mais rapidamente para dar prioridade à Web e aderindo aos novos dispositivos de leitura digital, tais como o Kindle da Amazon e o Sony Reader, que proporcionam experiências mais engajadoras tanto para os consumidores como para os anunciantes.

De modo geral, o planejamento baseado em engajamento ainda está em seu estágio inicial. Por ora, peça a suas agências de planejamento e compra de mídia para direcionar a abordagem que utilizam mais para a receptividade de seu mercado-alvo. E se sua agência de publicidade ainda não ouviu falar de planejamento baseado em engajamento, é hora de buscar um novo parceiro.

Mais Conteúdo e Canais Desenvolvidos pelo Anunciante

A despeito de alguns dos problemas descritos no Capítulo 8, a balança do Marketing com Valor *Agregado* parece estar pendendo para empresas que entram no negócio de criação de conteúdo. A tecnologia está barateando a produção e a distribuição de conteúdo para as marcas e o custo de patrocinar ou anunciar através da mídia de massa tradicional continua aumentando.

Um dos lugares em que o conteúdo criado por marca é mais visível é no surgimento de novas marcas. Mesmo que os ame ou odeie, a marca Crocs é uma novata que está criando um novo modelo de marketing voltado para conteúdo. Em 2008, a marca criou o "Cities by Foot", um hub para vídeos de guia turístico com sugestões de lugares onde fazer compras, comer e se divertir em cidades como Las Vegas, Denver, São Francisco e Nova Orleans. Segundo Tom Flanagan, CEO da Red Robot, a agência por trás da iniciativa, "Em vez de alocar verbas adicionais de marketing para a mídia tradicional, achamos que é mais relevante e oportuno criar uma plataforma de vídeo on-line que proporcionará consistentemente algo de verdadeiro valor tanto para as empresas quanto para os viajantes".

Até mesmo as assim chamadas tentativas fracassadas de criação de conteúdo podem ser mais inteligentes do que os cínicos supõem. Veja por exemplo o Bud.TV, um "ativo" (*property*) on-line da Budweiser que inclui conteúdo original como um programa de entrevistas, vídeos virais e um seriado de ficção científica/drama. O Bud.TV foi uma tentativa das marcas Budweiser e Bud Light de disseminar o humor que torna as marcas especiais sem ficarem presas ao limite de 30 segundos, espaços caros na mídia e a crescente pressão dos pais que não gostam que seus filhos vejam anúncios de cerveja durante o jogo de futebol.

Os analistas criticaram duramente os esforços da empresa, sugerindo que ela não assegurou uma massa crítica de visitantes para seu investimento de US$ 30 milhões. No entanto, caro como possa parecer, o programa foi um experimento válido. Para começar, US$ 30 milhões é uma gota no oceano para duas marcas com um orçamento médio anual combinado de US$ 550 milhões. Além disso, os erros iniciais da empresa proporcionaram oportunidades de aprendizado. Por exemplo, quando sua programação original teve dificuldade em ganhar admiradores, a marca ressuscitou e promoveu comerciais populares como o "Swear Jar" e o "Real Men of Genius" da Bud Light. A Budweiser considerou que o Bed.TV era uma maneira de esses vídeos estimularem o buchicho e atraírem um interesse maior para a iniciativa on-line.

A lição aqui é não deixar que as dificuldades do Bed.TV ou um investimento de US$ 30 milhões detenham você de mergulhar de cabeça no desenvolvimento de conteúdo. Conforme os custos diminuem e o alcance mundial do conteúdo aumenta, o maior risco não está em experimentar e aprender hoje para que sua marca esteja pronta para o inevitável amanhã.

Levando os Recursos da Internet para o Mundo Físico

Os recursos continuamente aprimorados e a penetração da tecnologia digital irão obviamente inspirar uma migração consistente para o marketing on-line, mas nos próximos anos observe como essas experiências on-line também se infiltrarão em nosso mundo físico. Uma das principais áreas em que on-line e offline se mesclarão uniformemente é o varejo, onde podemos esperar que os melhores recursos do e-commerce cheguem às lojas de tijolo e cimento. A Microsoft já firmou uma parceria com a rede ShopRite em cinco estados do noroeste americano para criar carrinhos de compra inteligentes, que os clientes ativam com seus cartões fidelidade ao entrar na loja.

> **Os dispositivos móveis tendem a ser a tecnologia *killer*, ou vencedora, que possibilita uma ampla gama de serviços.**

Os carrinhos oferecem informações úteis como onde encontrar um item difícil de localizar e um registro do custo total dos itens que serão comprados. E assim como uma aplicação de e-commerce de primeira linha, esses carrinhos inteligentes podem apresentar ofertas com base no histórico de compra dos clientes e localização na loja.

Mas em vez dos carrinhos de compras inteligentes, os dispositivos móveis tendem a ser a tecnologia *killer*, ou vencedora, que possibilita uma ampla gama de serviços como este. Por exemplo, cupons personalizados podem ser enviados para um celular ou diretamente para o cartão do cliente, ou um código de barras multidimensional como o UPC poderia ser incluído ao lado das etiquetas de preço nas lojas. Uma leitura do código de barras poderia exibir no browser do celular mais detalhes do produto, críticas e, digamos, uma sugestão de vinho para acompanhar.

A tecnologia já está disponível – simplesmente não disseminada. Ambas, Sephora e Intuit, estão experimentando a consulta de críticas em dispositivos móveis que permitem às pessoas verem o que os outros pensam antes de comprar, proporcionando taxas mais altas de fechamento e de satisfação do cliente. Placas nas lojas da Sephora e da Home Depot estimulam os clientes a lerem críticas em m.sephora.com e m.turbotax.com, respectivamente. "Esta é uma plataforma que as pessoas já trazem para a loja e o varejista não tem nada a fazer", disse Sam Decker, diretor executivo de marketing da Bazaarvoice.[2]

Os dispositivos móveis ficarão cada vez mais inteligentes também, oferecendo aos usuários uma ferramenta sempre ativada, sempre à mão para quaisquer que sejam suas necessidades. Meu exemplo favorito é um aplicativo grátis para o iPhone chamado Shazam, que pode reconhecer uma música que você esteja ouvindo e abrir uma página com o nome do cantor e um link para comprá-la do iTunes. Imagine uma ferramenta da *Motor Trends* que permita tirar uma foto de qualquer carro com o celular e incluir um link para uma página com a marca e o modelo exatos, juntamente com críticas de proprietários e outras informações comparativas.

Ganhar Dinheiro Assistindo a Comerciais?

A despeito de minha inclinação para o Marketing com Valor *Agregado*, seria omisso se deixasse de mencionar algumas das inovações que estão acontecendo no mundo do marketing de interrupção. Como você pode imaginar, os líderes desse mundo não estão dormindo tranquilamente, e a movimentação de bilhões de dólares de propaganda em direção à nova mídia atraíram muitas ideias novas. Talvez o conceito mais interessante seja a ideia de compensar diretamente as pessoas por se engajarem com anúncios.

Conforme fica cada vez mais difícil atingir as pessoas e obter sua atenção, o valor de uma verdadeira interação de marketing aumenta rapidamente. Não é um salto grande imaginar uma "troca de valor" mais direta entre profissionais de marketing e consumidores, e diversos serviços estão se aventurando nesta área. Por exemplo, a Blyk é uma rede móvel que atua na Europa completamente financiada por anúncios. Quanto mais anúncios você vê, mais serviços grátis ganha. O alvo da Blyk são consumidores jovens, que são os mais difíceis de atingir e os que mais precisam de serviços de celular grátis. Ela veiculou anúncios para marcas como Coca-Cola, L'Oreal e NatWest Bank. A empresa alega estar crescendo mais rapidamente do que o esperado – atingindo mais de 100 mil assinaturas no Reino Unido nos primeiros nove meses, praticamente seis meses antes do planejado.

Este tipo de troca às vezes pode parecer como uma repaginação da propaganda tradicional que simplesmente mostra para as pessoas o que um profissional de marketing está fazendo por elas. Por exemplo, a Dell recentemente patrocinou acesso livre para a seção exclusiva do assinante da revista *The Economist*. E em 2007, a Philips comprou espaço de publicidade na revista *Fortune* e no *NBC Nightly News*, deliberadamente "doando" parte desse espaço para a inclusão de mais conteúdo como parte de sua campanha "Sense and Simplicity". (A iniciativa na NBC resultou em 8% mais audiência e mais de 9 mil e-mails de agradecimento.)

No topo desta tendência está uma empresa chamada Apex no Japão, que serve bebidas grátis em máquinas dispensadoras patrocinadas por anúncios. O cliente é exposto a um vídeo publicitário de 30 segundos enquanto a bebida está sendo preparada e servida em copos descartáveis com o logo das marcas. Já existem 35 mil dessas máquinas instaladas no país.

Será interessante ver se isso se torna uma tendência legítima, com notícia de capa na *BusinessWeek* e uma safra de sart-ups "eu também". É claro, acho que tem potencial porque é realmente uma forma de Marketing com Valor *Agregado*: em vez de tentar roubar nossa atenção, é o marketing em si que acrescenta valor diretamente, e é obviamente um modelo *opt-in*. O que é questionável aqui é se apelar para o nível básico de valor – itens grátis – permitirá às empresas estabelecer as conexões com mais significado com o tipo de consumidor que desejam atingir.

Google Life

Embora a publicidade pay-per-view ofereça algum potencial de sucesso nos anos vindouros, a verdadeira esperança da indústria do marketing de interrupção é que alguém descubra como associar múltiplas mídias à personalização. Atualmente, esse alguém parece ser o Google, que ao que tudo indica está trabalhando ininterruptamente para entregar a solução. O futuro do "Google Life" pode ser alcançar o topo do significado ou se transformar no maior pesadelo de interrupção, ou ambos, dependendo de como as marcas vão usá-lo.

É possível argumentar que o Google é o primeiro canal de mídia importante do futuro do Marketing com Valor *Agregado*, visto que a empresa chegou à proeminência proporcionando um mecanismo de busca incrivelmente útil financiado por anunciantes em links patrocinados. Quando as pessoas pesquisam informações, às vezes acham estes pequenos anúncios/links listados pela busca úteis e clicam neles. O resultado é que saem ganhando o consumidor (que obtém a informação que estava procuran-

> **O futuro do "Google Life" pode ser alcançar o topo do significado ou se transformar no maior pesadelo de interrupção, ou ambos.**

do), o profissional de marketing (que gera tráfego e vendas) e o Google (que cobra uma taxa por cada clique). Claramente, esses links de busca são um marketing com que as pessoas escolhem se engajar e que podem proporcionar valor sem exigir uma compra.

O Google se tornou uma empresa de US$ 100 bilhões graças a lucros gerados quase que inteiramente por seu negócio de motor de busca. No entanto, a empresa vê um limite na receita originada por pesquisa no futuro e está trabalhando para diversificar e crescer em novos mercados. Observando o número de empresas atrás de um novo modelo de marketing, o Google decidiu perseguir novas maneiras de gerar receita com publicidade.

Os brilhantes desenvolvedores de software do Google continuaram a criar novos serviços como o Gmail, Google Maps e Android – uma plataforma para celulares –, todos eles permitindo apresentar conteúdo e exibir anúncios. E a empresa está gastando seus bilhões em caixa com aquisições como o YouTube (US$ 1,65 bilhão em 2006) e o servidor de anúncios on-line DoubleClick (US$ 3,1 bilhões em 2007). O Google também comprou players menores para suprir necessidades de nicho em áreas como games on-line, telefonia na Internet, microblogging e redes sociais móveis.

E seu avanço na indústria da propaganda não está limitada ao âmbito digital. Após adquirir um sistema para comprar anúncios no rádio, o Google experimentou a revenda de espaço publicitário em revistas e recentemente adicionou um recurso que permite que marcas façam o upload e veiculem anúncios da TV através de sua interface AdWords (uma parceria com a EchoStar). Nesse meio tempo, o Google está formando uma enorme equipe interna de vendas de mídia que está começando a competir com aquelas dos maiores players do setor.

O consenso geral é de que o Google está trabalhando para se tornar uma plataforma integrada de publicidade que pode permitir a profissionais de marketing de qualquer porte alcançar seus consumidores-alvo de maneira individualizada. Hoje, o Google está juntando as peças e permi-

O FUTURO DO MARKETING COM VALOR *AGREGADO* 311

tindo que empresas veiculem e meçam anúncios facilmente. Mas amanhã, pode combinar todos os seus serviços em algo muito mais poderoso. Por exemplo, a empresa poderia usar um histórico de sua atividade e pesquisas on-line como gatilho para uma infinidade de alternativas de marketing. Digamos que você esteja começando a pensar para onde ir nas férias. Você entra no Google e pesquisa opções de viagens familiares. Enquanto faz isso, o Google está construindo um perfil e acionando campanhas publicitárias em seus outros serviços de mídia. De repente, quando você liga o rádio ou a TV, ouve anúncios de marcas como Carnival Cruise Lines e Expedia.com, que deram lances pela oportunidade de apresentar suas mensagens para pessoas que estão especificamente no modo planejamento de viagem.

Este é um conceito muito intrigante, e provavelmente algo que o Google pode alcançar nos próximos três ou cinco anos. A ideia é basicamente uma forma mais aprofundada do que é conhecido como "addressable advertising" (propaganda endereçável), que significa essencialmente qualquer sistema para oferecer anúncios para pessoas específicas num domicílio. Em 2008, a agência de mídia Starcom Media Vest conduziu um teste de marketing com anúncios endereçados (com empresas como GM, P&G e Discover participando) em Huntsville, Alabama, e constatou que os domicílios de lá pularam os anúncios ou mudaram de canal 38% menos durante os anúncios do que a média. Em 2009, a Cablevision conduziu um programa semelhante em 500 mil lares em Nova York e Nova Jersey. O Google poderia ir ainda além de apenas focar na demografia certa, mas usar outros dados para observar – e talvez até mesmo prever – quais são as necessidades atuais mais importantes na vida de uma pessoa.

O Google pode até se tornar a força motriz da melhoria na criatividade na propaganda em si. Em sua nova plataforma de comerciais para a TV, a inserção (*ad placement*) será baseada não só em qual empresa paga mais, mas também na qualidade do anúncio. Este sistema reflete a maneira como o Google prioriza os links patrocinados – afinal, se o anúncio for tão ruim que ninguém clica nele, o Google não ganha dinheiro. Para começar, a empresa medirá a qualidade pela porcentagem de espectadores do programa que mudam de canal ou pulam o comercial. Combinadas, essas ações podem levar a um renascimento do modelo tradicional de propaganda.

Vincent Dureau, diretor de tecnologia de TV do Google, diz "Estamos confiantes de que vamos ressuscitar a indústria da propaganda na TV trazendo uma propaganda renovada para ela. Você pode na realidade ganhar mais dinheiro, porque pode aumentar a relevância de seus comerciais. No final das contas, você está mudando a atitude do consumidor. Eles chegaram a um ponto em que esperam que o comercial seja relevante e estão dispostos a assisti-lo". Ei! manda vir aqueles *storyboards* de 30 segundos!

Mas não tão rápido. Até o momento, a teoria de que anúncios com direcionamento personalizado vencerão a resistência está longe de ser comprovada. Veja a propaganda no Facebook, por exemplo. A empresa deixou os profissionais de marketing empolgados com a promessa de atingir pessoas que estão compartilhando sua vida com os amigos. O Facebook criou uma interface de publicidade parecida com a do Google que permite aos profissionais de marketing entrar e focar pessoas com base em tudo, desde idade e código postal até que animais de estimação possuem e que tipo de cerveja que gostam. A expectativa era que estes profissionais de marketing atraíssem a atenção dessas pessoas apresentando anúncios extremamente relevantes quando elas acessassem o Facebook a cada dia. Mas isso não está acontecendo. Até agora, a empresa não conseguiu gerar o enorme crescimento na receita que esperava porque as pessoas não prestam atenção nos anúncios que ela oferece – não importa o quanto pessoalmente relevantes eles sejam. Tomando como base alguns experimentos em nossa agência, a taxa de cliques nos anúncios do Facebook giram em torno de 0,02%, e não houve um aumento significativo em focar audiências com *microtargeting*. Os profissionais de marketing estão descobrindo rapidamente que as pessoas estão muito mais interessadas nas fotos de seus amigos e na atualização de status do que em anúncios marginais que podem facilmente eliminar.

Ilya Vedrashko, estrategista de mídias emergentes da agência de publicidade Hill Holliday, tem uma excelente analogia para isso. Vedrashko, cuja empresa cuja empresa responsável desde 2004 pelo blog Advertising Lab, focado no futuro da publicidade, sugere que os comerciais de TV não têm nada de diferente de um amigo pegar seu controle remoto e mudar de canal no meio de seu programa preferido. "Você não pode criar uma interrupção consistentemente mais inteligente", ele diz. "O problema não é o que está interrompendo, é a interrupção em si." Ele continua observando que "Marketing com Valor *Agregado* diz respeito a construir confiança sem sufocar os consumidores com promessas".

> **Marketing com valor agregado diz respeito a construir confiança sem sufocar os consumidores com promessas.**

E mesmo quando esses anúncios são perfeitamente relevantes e personalizados, existem preocupações quanto à privacidade do consumidor. O que acontece quando um pai faz uma pesquisa sobre disfunção erétil ou a filha sobre controle de natalidade? Isso poderia levar a um grande desconforto quando anúncios de Viagra e Trojan fossem parar no programa de notícias noturno da família. Com certeza, esses são cenários extremos, mas demonstram que as pessoas não gostam de ter suas informações pessoais "veiculadas" sob nenhum formato. Como resultado, uma legislação governamental pode acabar com o cenário dos sonhos de publicidade personalizada antes mesmo de ela decolar.

O problema que o Google Life vai enfrentar é que ele continua focado em polir um modelo de propaganda interruptiva que não comande mais a vida das pessoas. Talvez ele se torne de fato a melhor forma de propaganda tradicional – e provavelmente algum marketing de interrupção sempre vai existir –, mas é um pequeno sopro de oxigênio para um modelo agonizante, em vez do imenso volume de transfusão que precisamos.

* * *

Por mais que eu tente oferecer previsões sobre o avanço do paradigma do Marketing com Valor *Agregado*, o futuro permanece como algo que só saberemos quando estiver prestes a acontecer. Mas nem todo mundo experimenta o que virá a seguir da mesma maneira, e os profissionais de marketing podem ficar na dianteira do jogo se engajando e testando pessoalmente as águas. Citando o autor de ficção científica William Gibson, "O futuro já chegou, só não foi bem distribuído".

Na qualidade de profissional de marketing clássico ou de estrategista de agência digital, sempre me senti atraído "pelo novo" na esperança de estar a frente de meus competidores e colher um retorno maior sobre o investimento em propaganda. Acredito que a curiosidade natural e o desejo de aprender rapidamente são qualidades que beneficiarão o aspirante a profissional de marketing. Para mim, Dave Knox, um estrategista de mídia digital da Procter & Gamble e um blogueiro formador de opinião (www.hardknoxlife.com), proporciona uma das melhores orientações para esta próxima geração de profissionais de marketing de marcas. Knox sugere que seus colegas gerentes de marca devem "combinar as habilidades de um profissional de marketing, um tecnólogo e um antropólogo para estudar como os avanços digitais estão mudando a cultura e a mídia". Ele prossegue sugerindo que seus pares devem "se sentir tão confortáveis falando sobre novas tecnologias quanto analisando criação com sua agência". Acredito que a perspectiva de Knox é muito poderosa.

Se você prospera na mudança e adora entender como o mundo funciona, este é um momento ideal para empreender, especificamente em marketing. As regras de legado expiraram e aqueles que permaneciam historicamente na liderança estão perdendo sua proteção; nunca foi tão fácil lançar um produto ou serviço novo no mercado mundial. A queda do bem-sucedido modelo tradicional de interrupção pode nos deixar vulneráveis e buscando uma resposta, mas acredito que o marketing com valor pode ser o modelo que vai ajudar você a mudar com sucesso para um novo caminho de crescimento, tanto em vendas como em estatura.

Em uma palestra para aspirantes a milionários ponto.com do programa Stanford Technology Ventures, o bem-sucedido empreendedor de start-ups e guru do marketing, Guy Kawasaki, aconselhou seu público de que a verdadeira essência do empreendedorismo diz respeito a criar valor agregado. Está certo – não é "planejar uma abertura de capital bem-sucedida" nem "maximizar o retorno sobre o capital investido", mas investir para tornar o mundo um lugar melhor. Como Kawasaki aconselha, "Se você oferecer valor agregado certamente vai ganhar dinheiro. Mas se partir para ganhar dinheiro, certamente não vai propiciar valor agregado e não vai ganhar dinheiro".

Desejo que você ganhe muito dinheiro para sua marca e tenha uma carreira bem-sucedida produzindo Marketing com Valor *Agregado*.

Epílogo

ADICIONANDO VALOR À SUA VIDA

Nos mais de dois anos de preparação deste livro, um exemplo de Marketing com Valor *Agregado* se destaca em minha mente. O One Sight da Luxottica é um programa que tem menos a ver com vendas externas do que com uma ferramenta para inspirar a cultura de uma empresa unida. Talvez você nunca tenha ouvido falar deste programa, porque não é algo do qual a empresa tenha decidido se vangloriar. Mas ele apresenta uma lição final de como o Marketing com Valor *Agregado* pode acrescentar algo mais profundo a sua vida.

A Luxottica é um dos principais conglomerados de design, fabricação e distribuição de óculos de grau e de sol do mundo no segmento de luxo. Seu poderoso portfólio na América do Norte inclui marcas como Pearle Vision, Lenscrafters e Sunglass Hut, assim como outras marcas licenciadas como Oakley, Ray-Ban e Versace, apenas para citar algumas. A primeira vez que ouvi falar do OneSight foi durante uma palestra de abertura proferida por Greg Hare, diretor executivo do programa, em 2007. O OneSight é uma família de programas beneficentes de oftalmologia dedicados a promover a saúde visual por meio de serviços comunitários, pesquisa e educação. O programa foi criado para ajudar mais de 250 milhões de adultos e crianças ao redor do mundo com problemas visuais devido à falta de acesso a atendimento oftalmológico básico. Através do OneSight equipes de funcionários viajam para países em desenvolvimento, onde realizam consultas oftalmológicas gratuitas e fornecem óculos montados em armações usadas para pessoas necessitadas. Nos últimos 20 anos, a OneSight ajudou mais de 7 milhões de pessoas carentes em países em desenvolvimento e na América do Norte a enxergar melhor. Os consumidores podem ajudar doando seus óculos usados em qualquer um dos pontos de venda no varejo da Luxottica – incluindo a Perale Vision e a LensCrafters.

Hare descreveu como o "modelo de engajamento de funcionários" do OneSight envolve todos na empresa nesta causa importante. Nos laboratórios, os funcionários se reúnem algumas noites por ano em rodadas de pizza para consertar os óculos doados que serão despachados. E na sede da Luxottica em Cincinnati, Ohio, todos os funcionários são convidados a ajudar no centro de reciclagem do OneSight para recuperar armações doadas e prepará-las para serem enviadas para lugares ao redor do mundo. A Luxottica pede a seus revendedores e agências parceiras para se envolverem também. As pessoas que preparam os óculos geralmente incluem um cartão com seu nome e o número da loja, com o intuito de que um dos membros da equipe médica tire uma foto da pessoa usando os óculos que eles mandaram.

Para alguns poucos escolhidos, o programa se torna uma experiência ainda mais especial. Todos os funcionários ao redor do mundo têm a oportunidade de se inscrever para participar de uma das cerca de 20 viagens globais realizadas por ano onde os óculos são distribuídos. Eles viajam para lugares remotos na América Central e do Sul, na África e na Ásia, onde vivenciam o incrível processo de ajudar as pessoas a voltarem a enxergar bem – ou talvez a enxergar pela primeira vez em suas vidas. Muitos desses poucos escolhidos retornam com experiências de vida transformadoras e com histórias incríveis para contar, como a de um senhor mexicano de 95 anos que conseguiu enxergar os netos pela primeira vez com os óculos novos. Quando os funcionários voltam para seus respectivos laboratórios e lojas depois de experiências como essas, sentem que seu trabalho cotidiano é mais gratificante do que achavam antes. Percebem que, em vez de simplesmente "vender armações", estão realmente proporcionando a dádiva de uma "visão melhor". Esta nova atitude melhora a qualidade do serviço e também influencia positivamente os outros ao redor deles.

> **O Marketing com Valor *Agregado*... vai aumentar o otimismo em sua empresa e a satisfação pessoal e ao mesmo tempo o crescimento de seu negócio.**

Em vez de promover seu programa especial com uma campanha multimilionária na TV, a Luxottica vem realizando este programa discretamente há mais de 20 anos, sendo o principal benefício para a empresa o aumento do otimismo na organização. Greg Hale descreveu como esta caridade e o envolvimento pessoal profundo demonstrado por cada funcionário acrescentam algo especial a uma rede dispersa de 64 mil funcionários distribuídos em 130 países e falando 55 idiomas diferentes. Ele contou a história de dois funcionários contratados no Japão que recusaram um trabalho numa empresa mais prestigiada por uma oportunidade de entrar na Luxottica – especificamente por causa de seu programa OneSight. O programa também tem sido uma maneira de funcionários das empresas recém-adquiridas (como a Sunglass Hut, Pearle Vision e a Oakley) "se sentirem melhor sobre sua nova empresa controladora, provando que a Luxottica, embora grande, é uma empresa com uma paixão: cuidados visuais básicos para todos".

A história do OneSight dá início a meu apelo final para que você adote o Marketing com Valor *Agregado*: vai aumentar o otimismo em sua empresa e a satisfação pessoal e ao mesmo tempo o crescimento de seu negócio.

Claramente, aqueles que atuam no marketing e na publicidade poderiam usar este estímulo. Muitos de nós se sentem envergonhados ano após ano quando o Gallup publica sua pesquisa sobre as categorias profissionais que inspiram a maior e a menor confiança. Como sempre, os publicitários estão no fim da lista, juntamente com os vendedores de carros e os políticos. Em outro estudo, conduzido por Walter J. Thompson/*Adweek* em 2007, apenas 14% das pessoas disseram que respeitam os publicitários, colocando-os logo acima dos vendedores de carros (5%) e dos políticos (10%), mas muito atrás dos militares (79%), médicos

(75%) e dos professores (71%). Apenas 12% disseram que melhoramos nos últimos anos e somente 31% disseram que fornecemos um "bem necessário".

Se essa classificação anual não faz seu coração doer, talvez esta torrente contínua de retórica antipublicidade faça. Os filósofos assim como os comediantes não conseguem deixar de zombar da publicidade, uma profissão que muitas pessoas adoram odiar. Basta digitar "propaganda" num serviço on-line de busca de citações para encontrar um quem é quem de pessoas famosas que estão ridicularizando a causa maior com que estamos comprometidos em nossa atividade.

Poucos de nós gostam de falar sobre o julgamento da sociedade. Num raro exemplo de discussão aberta dos méritos de nosso trabalho, Maureen Hall, dona de uma agência, escreveu recentemente no *Advertising Age Small Agency Diary Diary*[1] que seus amigos perguntam, "Como você pode passar sua vida perpetuando o consumismo moralmente prejudicial?". Assim como Hall, eu e muitas outras pessoas que conheço foram colocadas na berlinda para defender o que fazemos. Na melhor das situações, alegamos que a propaganda "estimula a economia", "apoia o conteúdo livre" e "às vezes, ajuda você a solucionar um problema". Maureen acrescenta, "Embora nem toda propaganda seja boa, nenhuma é intrinsecamente maligna". Hum, não é intrinsecamente maligna – é um começo, acho.

Os autores John A. Quelch e Katherine E. Jocz seguem uma perspectiva diferente em seu livro *Greater Good: How Good marketing Makes For bettter Democracy*. Eles alegam que "o marketing em si é mal divulgado e que o valor social criado pelos 17 milhões de americanos empregados pelo marketing merecem mais crédito". Sua visão segue a linha de que, assim como a democracia, o marketing não é perfeito, mas é um sistema eficiente que contribui para uma sociedade produtiva. Talvez, parafraseando Churchill, o marketing hoje é a pior forma de comunicação, com exceção de todas as outras.

Como todos os indicadores estão apontando para a crença de que o modelo de marketing que seguimos hoje não é bom o suficiente, afirmo que se vamos revolucionar o modelo de marketing, devemos ao mesmo tempo recuperar nossa reputação. Mas é melhor agirmos rápido, ou vamos perder a competição pelos talentos necessários para construir o novo modelo de marketing de marca e de sucesso das agências.

Já temos nosso trabalho delineado para nós. Na lista das "Empresas mais Admiradas" da revista *Fortune*, a SC Johnson é a única empresa focada em marketing que está entre as 25 primeiras colocadas. Entre as agências de publicidade, apenas o Integer Group, em oitavo lugar na lista das empresas de médio porte e a minha Bridge Worldwide, em sexto lugar na lista das pequenas empresas, servem de exemplo. Na lista anual dos "Melhores Lugares para Iniciar uma Carreira", da *Business Week*, a empresa com mais alta classificação entre as focadas em marketing tradicional é a General Mills no vigésimo lugar. Não existem agências de publicidade nesta lista. Kevin Roberts, CEO da agência de publicidade Saatchi & Saatchi, lamenta que estejamos perdendo grandes pensadores para profissões mais sedutoras como consultoria estratégica.[2] As agências de publicidade perderam seu papel como um guia confiável para CEOs – um resultado claro de nosso crescente foco em produzir comerciais de TV em vez de resultados para o negócio.

Mas ao menos uma empresa mostra um vislumbre de esperança. O Google é o oitavo colocado na lista das empresas mais admiradas, e o quinto na lista dos melhores lugares para iniciar uma carreira. O Google na realidade deveria ser considerado uma empresa focada em publicidade e marketing, pois praticamente todo seu dinheiro vem de resultados pagos de busca (links patrocinados). Mas o Google não é uma empresa de marketing tradicional em nenhum sentido da palavra. Porque está revolucionando o negócio de publicidade e marketing oferecendo um serviço que as pessoas acham valioso, a Google é considerada a marca mais valiosa do mundo atualmente,[3] embora não gaste praticamente nada com propaganda.

O Google e a Luxottica não são as únicas empresas a verem um estímulo cultural a partir do Marketing com Valor *Agregado* – na verdade, as pessoas por trás de praticamente todos os casos de estudo neste livro experimentaram tanto um maior retorno sobre o investimento como uma maior satisfação pessoal com seu trabalho. Em sua pesquisa sobre marcas voltadas para propósitos tanto na P&G como em empresas de fora, Jim Stengel afirmou que podia sentir uma diferença positiva no-

> **Conforme nossos desejos materiais básicos são satisfeitos, sentimos uma urgência natural de melhorar o mundo ao nosso redor.**

tável nesses funcionários no minuto em que entrava na empresa. Comentando em nosso blog de Marketing com Valor *Agregado*, Carrie Schiff, uma produtora do programa de TV *Designing Spaces*, afirma, "As melhores histórias vêm de gerentes de marca, presidentes e CMOs que de fato acreditam que podem fazer uma diferença na vida das pessoas".

Schiff prossegue sugerindo, "O queremos não é ajudar as pessoas de alguma maneira a ter uma vida melhor e conseguir ganhar dinheiro com isso?". Este é um conceito parecido com o que Bill Gates recentemente chamou de "capitalismo criativo". Em seu livro *Tribes*, Seth Godin resume o sentimento geral que está conquistando lugar nas salas de diretoria e em nossas baias:

> Muitas pessoas estão começando a perceber que trabalham muito e que trabalhar em coisas que acreditam (e fazer coisas acontecerem) é muito mais gratificante do que receber um contracheque e esperar ser despedido (ou morrer). "Como foi seu dia?" é uma pergunta muito mais importante do que parece. Acontece que as pessoas que mais gostam de seu trabalho também são aquelas que fazem o melhor trabalho, causando o maior impacto e as maiores mudanças. Mudando a maneira como veem o mundo, com certeza, mas também mudando o mundo.

Cada vez mais em nossa sociedade nos sentimos menos motivados por um contracheque e um tapinha nas costas, e em vez disso queremos nos dedicar a um trabalho que em nossa opinião traga significado para nossas vidas. Voltando para a hierarquia de necessidades de Maslow, conforme nosso desejos materiais básicos são satisfeitos, sentimos uma urgência natural de melhorar o mundo ao nosso redor. E embora possamos contribuir com dinheiro e tempo fora do trabalho, as pessoas preferem passar seu dia fazendo um trabalho que em si é mais gratificante.

Maslow acreditava que o caminho para a felicidade humana era melhor alcançado através de um trabalho recompensador. O estudioso de Administração Douglas McGregor constatou que as pessoas querem que suas empresas adotem uma causa, e que eles empenharão seus maiores esforços quando estiverem trabalhando em prol de uma causa em que acreditam. Em seu *best-seller The Dream Manager*, Matthew Kelly sugere "Quando os funcionários acreditam que o que estão fazendo os está ajudando a realizar seus sonhos pessoais, conseguem tolerar muito mais. Funcionários altamente engajados tendem a abraçar a visão pela qual estão trabalhando".

A visão que eu, minha empresa e outros administradores que adotaram um modelo de Marketing com Valor *Agregado* compartilhamos é a de criar trabalho que torna o mundo um lugar melhor. Ao criar um marketing que as pessoas escolhem se engajar, e que em si melhora a vida das pessoas, estamos alcançando o mais alto nível de sucesso pessoal.

Comecei este livro descrevendo meu desejo pessoal de seguir o mantra de Steve Jobs "fazer uma diferença no mundo". Acho adequado terminar com outra citação de Jobs que espero proporcione a conclusão para nossa escolha pessoal de buscar um Marketing com Valor *Agregado*. Não importa se você é um profissional de marketing há quatro meses ou há anos, agora é um bom momento para direcionar seu talento para este que é o mais significativo dos caminhos:

> Não temos a oportunidade de fazer muitas coisas, e cada uma deveria ser realmente excepcional. Porque esta é nossa vida. A vida é breve, e daí você morre. Todos escolhemos fazer isso com nossas vidas. Então é melhor ser muito boa.

Eu lhe desejo muita felicidade e sucesso em seu negócio e em sua carreira no marketing e espero que este livro, e que o Marketing com Valor *Agregado*, tenha a influência positiva em você como deveria. E se em algum momento precisar de uma ajuda ou uma motivação extra, sempre pode me encontrar em www.marketingwithmeaning.com.

Bibliografia

Introdução

1. http://en.wikipedia.org/wiki/Michelin_guide.

Capítulo 1

1. Bob Garfield, "Bob Garfield's 'Chaos Scenario'", *Advertising Age*, 13 de abril, 2005.
2. www.mangiamedia.com/pizza_box.html.
3. www.bbidisplays.com/gallery2/main.php?g2_itemld=202.
4. Eric Pfanner, "At 30,000 Feet, Finding a Captive Audience for Advertising", *New York Times*, 26 de agosto, 2007.
5. Eric Pfanner, "The View from Your Airplane Window, Brought to You By...", *New York Times*, 25 de setembro, 2007.
6. http://media.guardian.co.uk/advertising/0,,2197672,00.html.
7. Wendy A. Lee, "As the Fall Season Arrives, TV Screens Get More Cluttered", *New York Times*, 24 de setembro, 2007.
8. http://youtube.com/watch?v=UFYhupmhhBw.
9. www.tvweek.com/news/2007/1 l/world_series_2007_ratings_aver.php.
10. Frederik Balfour, "Catching the Eye of China's Elite", *BusinessWeek*, 31 de janeiro, 2008.
11. Moshe Bar, "To Get Inside Their Minds, Learn How Their Minds Work", *Advertising Age*, 26 de novembro, 2007.
12. http://gawker.com/news/the-future/schizophrenia-is-the-new-ad-gimmick-329133.php.
13. "Cookie-Scented Ads Cause Stink in S. F.", CBSNews.com, 6 de dezembro, 2006.
14. http://money.cnn.com/2007/02/09/news/companies/gm_robotad/.
15. Rebecca Dana e Stephanie King, "Answer to Vexing Question: Who's Not Watching Ads", *Wall Street Journal*, 17 de outubro, 2007.
16. Rob McGann, "Study: Consumers Delete Cookies at Surprising Rate", ClickZ, l4 de março, 2005.
17. Noam Cohen, "Whiting Out the Ads, but at What Cost?" *New York Times*, 3 de setembro, 2007.

326 MARKETING COM VALOR *AGREGADO*

18. www.computerworld.com/action/article.do?command=viewArticleBasic&articl eld=9060002 &intsrc=hm_list.
19. Pamela Parker, "Interactive Ads Play Big Role in 'Minority Report'", ClickZ, 21 de junho,2002.
20. Bob Sullivan, "Do Not Call Entries Won't Expire, After Ali", Red Tape Chronicles, 23 de outubro, 2007.
21. http://en.wikipedia.org/wiki/Adbusters.
22. www.commercialalert.org/theater_ads.html.
23. www.vss.com/news/index.asp? d_News_ID=166.
24. Bob Garfield, "Bob Garfield's Chaos Scenario 2.0", *Advertising Age*, 26 de março, 2007.
25. "How Many Friends Can You Have?" sessão da *Ad Age Digital Conference*, 8 de abril, 2009.
26. www.emarketer.com/Article.aspx?id=1006799.

Capítulo 2

1. http://en.wikipedia.org/wiki/Burger_king.
2. Daniel Gross, "Unhappy Meal", *Slate*, 24 de junho, 2004.
3. Andrew Martin, "Gulp! Burger King Is on the Rebound", *New York Times*, 10 de fevereiro, 2008.
4. Emily Bryson York, "No Offense, But This Guy's Got Your Number", *Advertising Age*, 2 de março, 2009.
5. "Burger King, Helped by 'Freakout' Ad, Posts Sales Gains", Dow Jones Newswires, 31 de janeiro, 2008.

Capítulo 3

1. Brian F. Martin (CEO fundador da Brand Connections, uma empresa especializada em mídia e marketing), "Give It a Try: Put Brands in Consumers' Hands *(Literally)*", *Advertising Age*, 22 de outubro, 2007.
2. Emily Bryson York e Natalie Zmuda, "Sampling: The New Mass Medium", *Advertising Age*, 12 de maio, 2008.
3. www.brooklynvegan.com/archives/2008/10/radiohead_in_ra.html.
4. Fonte de alguns *insights*: Ellen Reid Smith, autora de *e-Loyalty*.
5. *Advertising Age*, 28 de agosto, 2007.
6. Instituto SAS.
7. Louise Story, "Online Pitches Made Just for You", *New York Times*, 6 de março, 2008.
8. www.renegade.com.
9. Press release da empresa.
10. www.prweekus.com/Promotional-Event-of-the-Year-2008/article/104095/.
11. David Ogilvy, *Ogilvy on Advertising* (Vintage, 1985), p. 74.
12. Pew Internet and American Life Project.
13. "Discovering the Pivotal Point Consumer", The CMO Council and Pointer Media Network, 2008.
14. www.bazaarvoice.com/pressrelease.php?id=18.

15. *Marketing Experiments Journal*, julho de 2007.
16. Todas as estatísticas do Baazarvoice.
17. http://marketingroi.wordpress.com/2007/06/07/a-little-knowledge-is--great-marketing/.

Capítulo 4

1. http://en.wikipedia.org/wiki/BMW_films#History; http://www.imediacon- nection.com/content/546.asp; http://wiki.media-culture.org.au/index.php/ Viral_Marketing_-_Case_Study_-_BMW_Films.
2. Laura Lorber, "Marketing Vídeos Became a Hit in Their Own Right", *Wall Street Journal*, 2 de julho, 2007.
3. http://www.gamedaily.com/articles/features/study-women-gamers -outnumber-men-in-25-34-age-group/68821/?bizl.
4. http://www.imediaconnection.com/content/1060.asp.
5. http://dchpl.blogspot.com/2007/07/great-results-for-get-glass.html.
6. http://arstechnica.com/news.ars/post/20071121-your-song-in-guitar-hero-equals-a-big-jump-in-digital-sales.html.
7. Steve Lohr, "Apple, a Success at Stores, Bets Big on Fifth Avenue", *New York Times*, 19 de maio, 2006.
8. Pete Blackshaw, "How Apple Is Blurring the Line between Marketing and Service", *Advertising Age*, 23 de junho, 2008.
9. "Apple's New U.S. Store Hints at Global Plans", *Boston Globe*, 15 de maio, 2008.
10. Aaron O. Patrick, "Heineken Set to Keep Shop", *Wall Street Journal*, 4 de julho, 2008.
11. Tim Parry, "Following Up with the Meow Mix Cafe", *Chief Marketer*, 11 de outubro, 2005.
12. Mickey Alam Khan, "Embed Marketing in Products: Crispin Porter +Bogusky CEO", *DMNews*, 25 de outubro, 2006.
13. http://creativity-online.com/?action=news:article&news=Idll9089&sectionl d=the_creativity_awards.
14. Jay Greene, "This Social Network Is Up and Running", *BusinessWeek*, 17 de novembro, 2008.
15. Bob Garfield, *Advertising Age*, 9 de julho, 2007.
16. Ken Robinson, *Out of Our Minds: Learning to Be Creative* (Capstone Publishing Limited, 2001).
17. 2008 Reggie Awards - Special Advertising Section to *Brandweek*.
18. John Gerzema e Edward Lebar, *The Brand Bubble* (Jossey-Bass, 2008).
19. Charlene Li e Josh Bernoff, "Groundswell", *Forrester Research*, 2008.
20. Jean Halliday, "Saturn Brand Expands Orbit with Its Own Social Network," *Advertising Age*, 28 de abril, 2008.
21. Edmund Lee, "Amazon Relied on Customers to Pimp the Kindle", Portfolio. com, 26 de agosto, 2008.
22. Andrew McMains, "Mercedes Readies Second Exclusive Online Community", *Brandweek*, 17 de novembro, 2008.
23. http://searchenginewatch.com/3631269.
24. http://worldofusability.wordpress.com/2008/10/08/why-zappos-works/.

328   MARKETING COM VALOR *AGREGADO*

Capítulo 5

1. Jack Aaronson, "Education as a CRM Tool", ClickZ, 2 de janeiro, 2003.
2. Stuart Elliott, "1,200 Marketers Can't Be Wrong: The Future Is in Consumer Behavior", *New York Times*, 15 de outubro, 2007.
3. www.homedepot.com.
4. Powered.com Case Studies.
5. "Chronic, A Report on the State of Teen Driving", Allstate Foundation, 2005.
5. Ron Nixon, "Bottom Line for (Red)", *New York Times*, 6 de fevereiro, 2008.
6. Jerry C. Welsh, "Good Cause, Good Business", *Harvard Business Review*, setembro-outubro 1999.
7. Jonah Bloom, "Agencies Will Have to Steer Marketers toward the Big Ideal", *Advertising Age*, 8 de outubro, 2007.
8. David Holthaus, "P&G: Doing Good Is Good for Business", *Cincinnati Enquirer*, 24 de abril, 2009.
10. Michael Bush, "Consumers Continue to Stand by Their Causes during Downturn", *Advertising Age*, 17 de novembro, 2008.
11. "TBWA's Pedigree Effort Ahead of Pack at Kelly Awards", *Advertising Age*, 4 de junho, 2008.
12. Elaine Wong, "Tide's Charitable Makeover", *Brandweek*, 10 de abril, 2009.
13. Michael Bush, "Haagen-Dazs Saves the Honey Bees", *Advertising Age*, 7 de maio, 2009.
14. Tiffany Meyers, "Haagen-Dazs: A Marketing 50 Case Study", *Advertising Age*, 17 de novembro, 2008.
15. Diana Barrett, "The Rise of Cause-Related Marketing", *Harvard Business Review*, 4 de abril, 2002.
16. Chip Conley and Eric Friedenwald-Fishman, *Marketing That Matters* (Berrett-Koehler Publishers, 2006).
17. Ibid.
18. "BP Touts Greenness, Then Asks to Dump Ammonia", adage.com, 20 de agosto, 2007.

Capítulo 6

1. Emily Steel, "Marketers Reach Out to Loyal Customers", *Wall Street Journal*, 26 de novembro, 2008.
2. www.PGA.com.
3. Netflix 2008 InvestorDayslides.
4. pesquisa anual de equity da Millward Brown.
5. www.web-strategist.com/blog/2008/10/25/community-marketing-fishing--where-the-fish-are/andwww.adweek.com/aw/content_display/news/client/e3ie-2cfa53a4fD85a60558894f6f99295cc.

Capítulo 7

1. "Consumer Revolution", discurso de abertura de Mark Addicks, vice-presidente sênior e CMO, General Mills, HBS Marketing Conference, 23 de novembro, 2008.

Bibliografia **329**

2. Gerald Zaltman, *How Customers Think: Essential Insights into the Mind of theMarket* (Harvard Business School Press, 2003).
3. Ibid.
4. Ibid.
5. Brian Morrissey, "Sears Aids Prom-Dress Sharing on Facebook", *Brandweek*, 21 de março, 2008.
6. Copyright 2009 Effie Worldwide Inc. Todos os direitos reservados.
7. IRI Scanner Data, janeiro/fevereiro 2007 vs. 2006.

Capítulo 8

1. www.advertisingourselvestodeadi.corri/2007/06/full_contact_br.html.
2. Todd Wasserman, "Westin Not Ambivalent about Ambient Ads", *Brandweek*, 15 de dezembro, 2008.
3. Jack Neff, "J&J's BabyCenter to Close Online Store", *Advertising Age*, 6 de janeiro, 2009.
4. O acordo com a JCPenney terminou 2008, e aFederated Media já estava buscando um novo patrocinador para seu conteúdo.
5. Stephanie Kang, "BMW Ran Risk with Silent Role in Mockumentary", *Wall Street Journal*, 20 de junho, 2008.
6. Joan Voight, "Appetite for Disruption", *OMMA* magazine, Março 2009.
7. www.digitalpodcast.com/podcastnews/2008/04/22/social-marketing-case-study-levis-project-50l/.

Capítulo 9

1. Brian Haven, "Marketing's New Key Metric: Engagement", Forrester Research, 8 de agosto, 2007.
2. Christopher Vollmer, "Digital Darwinism", *Strategy+Business*, Spring 2009.
3. Nina Lentini, "Plugged into the Electorate". *OMMA magazine*, abril 2009.
4. John Gaudiosi, "Mountain Dew Makes MMO More Than Just a Game", *Advertising Age*, 28 de janeiro, 2008.

Capítulo 10

1. John Gerzema e Ed Lebar, *The Brand Bubble* (Jossey-Bass, 2008).
2. Abbey Klaassen, "Sephora Simplifies Selection Process with Mobile Reviews", *Advertising Age*, 19 de janeiro, 2009.

Epílogo

1. http://adage.com/smallagency/post?article_id= 120054.
2. www.saatchikevin.com/C-_to_A/.
3. "2007 BrandZ Top 100 Most Powerful Brands", Millward Brown Optimor.

Índice Remissivo

1-800-Flower, 84
20th Century Fox, 131
7-Eleven, 131, 248, 249

A&Enetwork,37
Aaronson Group, 154
Aaronson, Jack, 154
Abbott Nutrition, 279-289
Abercrombie & Fitch, 125, 214
ACNielsen, 274
Activision, 140, 141
Acura MDX, 248
Ad Lab blog, 312
Ad-Air, 34
Adams, Roger W., 154
AdblockPlus, 42
Adbusters, 45
Addicks, Mark, 212
Adidas, 57, 127-128
Administração da Segurança nos Transportes dos EUA, 34
Advertising Age, 21, 214
AdWords, 310
Age Concern, 169
Agências de publicidade, 236-237, 304-305
Alaska Airlines, 85-86, 230
Alerta Comercial, 45
Align, 101-102
Allgood, Greg, 164
Allstate Insurance, 156
Alltel, 147

Alvo, refinando, 210-213
Always, 142
Amazon, 146, 220, 305
Ambiente para pesquisa, 219, 220-2243
American Express, 43, 158-159, 161, 163-164, 272
American Foundation for Suicide Prevention, 38
Amostra grátis, 73-77
Anheuser-Busch, 49-50
Anthem Blue Cross and Blue Shield, 92, 93
Anúncios pop-up, 35-36
Apex, 309
Apoio da alta administração, 198
Apple, 58, 124-125, 247, 266, 279, 293
Aprovação do cônjuge, 90-91
Ariel, detergente, 167, 302
Asimov, Isaac, 292
Associação Americana de Agências de Publicidade, 21
Associação de Golfistas Profissionais, 189
AT&T, 296
Atendimento ao cliente:
    Melhorando a um baixo custo, 145
    Trocando de marca e, 102-103
Avis Rent-a-Car, 78, 227-228

BabyCenter.com, 250, 279
Bank of America, 106-107
Banners de anúncio, 48

Bar.Moshe, 36
Bargerhuff, Rita, 132
Baskin-Robbins, 77
Bed.TV, 306
Beinggirl.com, 142
Ben&Jerry's, 170
Bernoffjosh, 222
Best Buy, 182
BJ's, 100
Black, Lewis, 35
Blackshaw, Pete, 103, 125, 222
Blendtec, 115-116
Blindekuh, 130
Blitz Games, 62
Bloomjonah, 88, 159
Bloqueio de propaganda, 45-46
Blue Nile, 91
Blyk, 308
BMW, 111-113, 156, 252
Boca a boca:
    comunicação digital e, 220
    criando, 272-273
    positivo, disseminando, 145-146
Bounce, 167, 212
Bowerman, Bill, 57
Bowling, Ryan, 137
Branding relacionado a causa, 171
Brandweek, 21, 214
Bridge Worldwide, 10-11, 279-289, 321
Brin, Sergey, 48
British Petroleum, 173
Bruno Banani, 231
Brush, Sue, 240
Buck, Joe, 35
Budweiser, 194, 306
BugMeNot, 42
Bunchball, 261
Burger King, 55, 60-63, 117, 135, 172
Burns, Bob, 240-241
BusinessWeek, 21

Cablevision, 311
Caltex, postos de gasolina, 302-303

Campanha para uma Infância Sem Comerciais, 45
Canais, desenvolvidos pelo anunciante, 305-306
Cane, Carol, 171
Cannon, Steve, 146
Canon, 158
Capri Sun, 300
CareerBuilder, 155
Carnival Cruises, 143
Cartoon Network, 38
Cascade, 23
Cerveja Goetz, 26-27
Charles Schwab, 223
Charmin, 53, 87-88, 277, 279, 294
Cheadle, Don, 112
Chen, Christine, 170
Chiquita, 200
Chmiel, Mark,76
Chouinard, Yvon, 171-173
Chow, Joan, 198
Citigroup, 44
Clark, Lauren, 168
Clientes:
    adquirindo *versus* mantendo, 182-183
    aumentando a demanda de, 292-294
    boca a boca e (*ver* Boca a boca)
    comerciais criados por, 133-136
    como foco do marketing, 199
    envolvendo no desenvolvimento de
        produto, 138-140
    Geração do milênio, 299-302
    impacto na vida dos, 270-271
    instruindo, 153-156
Clif Bar, 152
Clorox, 165
Coca-Cola, 68, 75, 112-113, 145, 279, 308
Companhias aéreas, público cativo das, 34
Compreensão do consumidor, 205-232
    insights e, 225-232
    melhorando a vida dos consumidores
        e, 207-213

pesquisa e, 216-225
refinando seu alvo e, 210-213
resposta ao marketing e, 213-216
Compromisso no longo prazo, 165-167, 256-258
Comunicações digitais, 220
Comunidades gerenciadas pela empresa, 221-222
ConAgra Foods, 151-152, 198, 294
Conexões sociais, 142-143
    boca a boca positivo e, 145-146
    construindo lealdade e, 144
    equação de valor para produto e, 143-144
    melhorando o serviço e, 145
    melhoria/lançamento de produto e, 146
Confiança, construindo lealdade de longo prazo e, 194
Conley, Chip, 172
Conscientização em funil de vendas, 184
Conselho de Processadores de Leite da Califórnia, 38, 117
Consideração em funil de vendas, 183-184
Consumidor(es) (ver Clientes)
Consumidores da Geração do Milênio, 299-302
Conteúdo:
    criar ou licenciar, 249-260
    desenvolvido pelo anunciante, 305-306
Cookies, deletando, 42
Cooper, Frank, 278
Copilevitz, Todd, 237
Corrida para a Cura, 167
Cosby, Bill, 40
CoverGirl, 296
Crayola Factory Museum, 126
Criatividade, 133-140
Crispin Porter + Bogusky, 61, 279
Críticas do consumidor on-line, 97-99, 199

Críticas on-line sobre produto, 97-99, 199
Crocs, 305
Crosby, Sidney, 119
Cruz Vermelha, 160
Cultura corporativa, causa como parte da, 168-170
CVS Samaritan Van, 253
Cymfony, 220

Daboll, Peter, 261
Dawn, 23
De Beers, 238-239
Decker, Sam, 307
Declarações de conceito, comprováveis, 242-244
Defesa em funil de vendas, 186
Dell, 308
Delta Airlines, 104-105, 127
Demografia, público-alvo e, 210
Denny's, 75-76
Desacreditar, 45-46
Desculpas, 102-104
Desenvolvimento de produto, clientes em, 138-140
Diabetes Control for Life, 279-289
Diamantes, compras, 91-92
Dickson, Tom, 115
Digg Arc, 196
Digitas, 147
Discover, 311
Distribuição de amostras, 23-24
Dockers, 211
Dole, 100
Domino's, 100, 131
Doritos, 133, 229-230, 299
DoubleClick, 310
Dove, 55-57, 62, 113, 175, 214
Downy, 167, 212
Dr. Pepper, 257-258
Dr. Scholl, Custom Fit Orthotics, 97
Dr. J, 257
Duracell, 277, 279

Dureau, Vincent, 312

EAS. 280
EchoStar, 310
Edgerton, David, 60
Edwards, Trevor, 58
Egg Beaters, 152
Elf Yourself, 191
Engajamento, medindo, 263-270
Engel, Louis, 89
English, Todd, 127
Ensure, 280
Entrevistas para pesquisa de marketing,
223-225
Equity, construção a longo prazo e, 192
ESPN, 95
Estée Lauder, 163
Ethicon Endo-Surgery, 92
Experiências de loja, 125-126
Experimentação no funil de venda, 183
ExpoTV.com, 99

Facebook, 39, 47, 48, 63, 65, 86, 135,
142-143, 152, 223, 227, 266, 293
Fairy, 208-210
Famílias, focando membros das, 156-
158
Fantasy football, 94-95
Fathers and Husbands, 39
Fawkes, Piers, 253
Febreze, 23
Federated Media, 251
Feedback, negativo, 199-200
Fender, violões, 156
Filmes curtas-metragens, 111-112
Firefox, 42
Flanagan, Tom, 305
Fleishhacker, Marc, 182
Flickr, 13
Folgers, 267-268
Ford, 49
Fox, 35, 86, 135, 248

Frankenheimer, John, 112
Friedenwald-Fishman, Eric, 172
Frito-Lay, 228-230, 299
Full-Contact Brainstorming, 237
Fundação dos Parques de Cincinnati,
165
Fundação Susan G. Komen, 166, 174
Funil de venda, 183-187

Gap, 257
Garfield, Bob, 131
Gates, Bill, 322
GEICO, 255, 256
General Electric, 272
General Mills, 49, 79-80, 166, 212,
321
General Motors, 44, 223
Geração de ideia, 233-240
Giant, 100
Gibson, William, 314
Gillette, 212
Gilmore, James, 123
Glucerna, 280-289
Godin, Seth, 40, 52, 322
Goldman, Seth, 75
Gooby, Silverstein & Partners, 170
Google, 45, 47-48, 90, 139, 193, 289,
294, 309-313, 321
Gorrell, Robert, 191-192
Gould, Marston, 85
Gourmet, revista, 138
Greenpeace, 175
Grey Advertising, 279
Griffin, Abbie, 223
GrokDotCom, 191
Grover, Tim, 60
Grupos de foco, 211
GSD&M Idea City, 29
Guinness Stout, 25
Guns N'Roses, 257

Haagen-Dazs, 138,170-171

Hagan, Katherine, 165
Hall, Maureen, 320
Hammonds, Bruce, 107
Handycam, 133
Hanes, 147
Hare, Greg, 317, 318
Harles, Rob, 183
Harley Owners Group, 144
Harper, Charles "Mike", 121
Hauser, John R., 224
Hayek, Salma, 160
Healthy Choice, 121-122, 254, 275
Heisenberg, princípio da incerteza de, 219-220
Hershey's Chocolate World, 126
Hewlett-Packard, 34, 156
Hicks, Jeff, 119
Hierarquia das necessidades, 67-69
Hierarquia do Marketing com Valor Agregado, 30, 67, 69, 277
Hill Holliday, 255, 256
Hollis, Nigel, 84, 298
Home Depot, 45-46, 153-154, 214
Home Made Simple, 23-24
Honda, 248
Hot Wheels, 248
Howell, Ryan, 123
HSBC BankCab, 87-88, 253
Hsiech, Tony, 147
Hulu.com, 86
Hummer, 241
Hunt's, 152

Incentivos,
    amostras grátis como, 74-77
Índice Vida Equilibrada (BLI), 151
Informação, 89-104
    ajudar pessoas a escolherem o produto certo, 96-99
    dicas e conselhos e, 102-104
    monitoramento on-line e, 99-100
    respostas para perguntas importantes

e, 90-95
sobre produtos, 98-99
Informações do produto, 95-96
ING, 34
Innocent Drinks, 169-170
Insights:
    ganhando, 147
    identificando, 225-232
Instruindo clientes, 153-156
Integer Group, 321
Intel, 196-197
Interrupção inteligente, 84-86
Intromissão do marketing, 33-35
Intuit, 272, 307
iPhone, 297, 207
Iron Horse, 147
Irrelevância do marketing tradicional, 39-40

Jaffe, Joseph, 61
Jalopnik, 39
JCPenney, Guia de Compras de Outono, 251
Jeep, 241
Jiang, Jason, 35
Jobs, Steve, 124, 323
Jocz, Katherine E., 320
Jogar games, 116-119, 140, 298-299, 300-301
Johnson & Johnson, 49-50, 92-93, 250, 250
Johnson, Ron, 124
Joias, compras, 91
Jones Soda, 137
Jordan Brand Breakfast Club, 60
Junk mail, 52

Kaczmarek, Ed, 297
Kantar Group, 211
Kawasaki, Guy, 314
Kellogg's Cereal City, 126
Kelly, Matthew, 323

Kendall-Jackson, 156
Kindle, 146,305
Klein, Russ, 62
Kmart, 182, 183, 198
Knight, Phil, 57-58
Knox, Dave, 314
Kochjim, 129
Koffmann, Christian, 250
Kraft, 253, 277, 279, 297, 301
Kroger, 80-82, 134-135, 200
Kruse, Carol, 82
Kuchera, Ben, 118

L.A. Gear, 57
L'Oréal, 308-309
Lampert, Eddie, 181, 198
Lançando campanhas, 228-232
Land Rover, 156, 240-242
Law, Nick, 128
Lealdade:
    construindo, 144, 192-197
    no funil de vendas, 186-187
Lee, Ang, 112
LensCrafters, 317- 318
Levi's, 258
Li, Charlene, 222
Liberty Mutual, 254-255
Liga Nacional de Hockey, 119-120
Ling, Lisa, 268
LiveWorld, 143
Lowe's, 154
Lucky Charms, 213
Luxottica, 317-318, 321
Lysol, 22

M&Ms, 136, 137, 206
MAC Cosméticos, 162-163
Magic Eraser, 22-23
Mahon, Nancy, 162-163
Mandel, Maria, 56, 301
Mangia Media, 34
Marca(s):

construindo lealdade de longo prazo
    e, 194-195
envolvimento em ação, 251-252
impacto positivo e, 270-271
Marcas baseadas em propósito, 28
Marchioli, Nelson, 76-77
Marketing móvel, 295-297
Marketing com Valor *Agregado*:
    atributos do, 55
    conhecimento do, 70-71
    descrição, 20-24
    lições de adotar, 258-260
    modelo para, 66-70
    vendendo para sua organização, 197-201
Marketing como serviço, 87
    conexão social e, 141-147
    criando experiências e, 123-132
    criatividade e, 133-140
    entretendo e, 110-123
Marketing de conexão, 69, 109-147, 149
Marketing de entretenimento, 110-123
    games e, 116-119
    por marcas de entretenimento, 119-123
    vídeos e, 111-116
Marketing de interrupção, 36
    inovações em, 308-309
    interrupção inteligente e, 84-86
Marketing de permissão, 41-43, 51-53
Marketing de produtos novos, 211
Marketing de realização, 70, 173-197
Marketing de salto (Leapfrog), 297-299
Marketing de solução, 69, 73-104
    Amostras grátis e, 74-78
    informação e, 89-108
    lealdade e, 81-87
    novas maneiras de satisfazer neces-sidades e, 87-89
Marketing digital, 21
Marketing direto, 51
Marketing incorporado, 127-129

Marketing on-line:
bloqueando anúncios e, 42
Combinando com marketing off-line, 306-308
marketing de relacionamento e, 23-24
Marketing participativo, 133-136
Marketing relacionado a causa, 158-163
cultura da empresa e, 168-170
marca como causa e, 170-173
recíproca, 163-165
Marketing tradicional, 33-36
anúncio em banner e, 47-48
bloqueio de anúncio, 45-46
desacreditar e, 44-45
falta de sustentabilidade do, 55-56
intromissão e, 33-35
irrelevância do, 37-38
lista Não Me Ligue e, 43-44
ofensa do, 36-38
permissão e, 40-42
sites de rede social e, 47-48
telemarketing e, 43
Martin, 147
Maslow, Abraham, 67-68, 322
Mattel, 248
Maxwell House, 279
Maytag, 74
McDill, Andy, 127
McDonald's, 37, 60, 74-75
McGregor, Douglas, 323
McKenna, Patrick, 252
McLamore, James, 60
Measurabilidade dos objetivos de marketing, 187
MediaCom, 209-210, 303
Medindo marketing com Valor *Agregado*, 245-259
engajamento e, 219-226
razões para, 242

resultados do negócio e, 220, 229-232
significado e, 273, 257-260
Meow Mix Cafe, 126
Mercedes, 146
Merrill Lynch, 89-90
Metamucil, 39
Michelin Guide, 26-27
Michelin, André, 26
Microsoft, 34, 246-247, 307
Miller, Rick, 212
MINI, 279
Modelo de mix de marketing, 274
Monitoramento de pedido on-line, 99-101
Monitorando serviços, 220
Monster.com, 155-156, 256
MotiveQuest, 220
Moulton, Sara, 138
Mount Gay Rum, 144-145
Mountain Dew, 278-279
Mr. Clean,22-23, 200-202, 211-212
MSN, anúncios, 295
Multiple Sclerosis of Australia, 130
Museu Heineken, 126-127
MyFreshEgg.com, 100
MySears.com, 182-183
MySpace, 47, 135

Nader, Ralph, 45
Não Perturbe, 43
NASCAR, 194
NatWest Bank, 308
NBC, 86
Neisser, Drew, 87, 253
Net Promoter Score, 272-273
Netflix, 189-190
Newman, Nell, 171
Newman, Paul, 171
Newman's Own, 171
Nielsen, 211, 220, 266
Nieman Marcus, 80-81
Nike, Inc., 57, 58-61, 127-128, 137, 247-248, 274, 275, 277

Nikon, 156
Ning, 143
Nintendo, 78
Norwegian Cruise Line, 221
NuConomy, 266-267

Oakley, 317, 319
Obama, Barack, 162-163, 298
Objetivos de estilo de vida, apoiando, 151-153
Objetivos de marketing alcançáveis, 188
Objetivos de marketing, fortes, 187-192
Ofensa do marketing, 38-40
Office Depot, 191, 307
OfficeMax, 191-192, 254-255
Ogilvy Consulting, 182, 279, 301
Ogilvy Toronto, 56-57
Ogilvy, David, 25-26, 28, 89-90, 244-245
Ohmae, Kenichi, 236
Olander, Stefan, 59
Olay for You,96-99
Oldman, Gary, 112
OldNavy, 257
Oreck, 174

Países em desenvolvimento, marketing nos, 302-303
Palmolive, 193-194
Palomino, 226
PAM, 152
Pampers, 29, 160, 161, 175
Pantene, 303
Papa Bento XVI, 303
Parcerias(s), 131-133
Parker, Mark, 60
Participação de mercado, 185
Partnership for a Drug-Free America, 55, 64-65
Pasierb, Steve, 65
Patagônia, 171-173
PC, 140
Pearle Vision, 318, 319, 320

Pedialyte, 280
PEDIGREE, 163-164
Penn, Mark, 211
Pepsi,257
Perguntas sobre saúde, 91
Personalização, 136-137
Pesquisa, 216-225, 244-245
    ambiente de, 219, 220-225
    categorizando alternativas de, 219-225
    princípio da incerteza de Heisenberg, 219
    tradicional, 218
PETCO, 99
Peterson, Randy, 95
Philadelphia Cream Cheese, 77
Philips, 308
PickupPal, 174
Pien, Katty, 170
Pine, Joseph,123
Pinho Sol, 22
Pizza Hut, 221
Plaid, 147
Planejamento de mídia, baseado em engajamento, 303-305
PlayStation, 78, 140
Playtex, 90-91
Ponto de entrada no mercado, 184, 211
PracticeLink.com, 155
Pretzel Dog, 133
Principal Financial Group, 34
Pringles, 133, 137, 300
Priorizando objetivos de marketing, 187-188
Problemas:
    desculpas para, 102-105
    solucionando mesmo às custas de vendas, 105-107
Processo de desenvolvimento criativo, 234-242
Procter & Gamble, 19, 21-22, 25, 29, 96-99, 101-103, 160, 164-165, 194, 279, 314

Produtos/serviços:
demanda por melhoria de, 292-294
insights para aprimorar e lançar, 146
melhorando a equação de valor, 143-144
mesclando mensagem e, 127-131
personalização de, 136-137
Programas de fidelidade, 80-87
Projeto Água Potável Segura para as Crianças, 164
Público cativo, 34-35
Purina alimentos para animais de estimação, 251

Quelch, John A., 320

Radiohead, 78-79
Rastreando pedidos on-line, 93-94
Ray-Ban, 113, 317
Razorfish, 259
Reavaliando campanhas, 253-256
Red Bull, 120, 257
Red Robot, 305
Reebok, 57
Reichheld, Fred, 272
relacionado a causa (ver Marketing relacionado a causa)
causando um impacto positivo e, 158-163
compromisso no longo prazo e, 165-167
dando apoio a objetivos de estilo de vida e, 151-153
educação do cliente e, 153-156
focando membros da família e, 156-158
proporcionando benefícios e, 167-168
Relevância, interrupção e, 83-84
Renault, 78

Renegade, 87, 253
Resultados do negócio, medindo, 263, 273-276
Revista *Time*, 39
Ritchie, Guy, 112
Roberts, Kevin, 321
Robinson, Ken, 133-134
Rodkin, Gary, 198
Ronaldinho, 60
Rose, Axl, 257, 258
Ross Products, 280
Ruebel, Jason, 281

Samsung, 53, 88-89
Samuel Adams, 129-130
Sandberg, Sheryl, 48
Saturação de mídia, 33
Saturn, 144
Schadler, Ted, 124
Schiff, Carrie, 322
Schwartz, Barry, 96
Schwarzenegger, Arnold, 291
SCJohnson, 321
Sears Holding Corporation, 181-183
Sears, 183, 198, 227
Second Life, lojas, 295
Segunda hora da verdade, 101-102
Segway, 147
Sephora, 307-308
Serviços (ver Produtos/serviços)
Serviços patrocinados com valor agregado, 62-64
Shevlin, Ron, 107
ShopRite, lojas, 307
Sicher, John, 278
Similac, 212, 280, 294
Sites de rede social, 47-48 (*Ver também* Facebook; Flickr; MySpace; YouTube)
Skarsgård, Stellan, 112
Slashdot, 197
Slipknot, 118
SmartPop!, 152
Snipes, 35-36

Sony, 147, 155, 305
Southwest Airlines, 29, 230-231, 279
Special K, 250
Speight's Beer, 120-121
Spence, Roy, 29
Spielberg, Steven, 43
Staples, 191
Starbucks, 139
Starcom MediaVest, 311
Start Making Choices, 151
State Farm, 255
Steel, John, 206, 217, 221, 224, 236, 237, 238
Stengel, Jim, 12, 19, 21, 27, 29, 168, 194, 221-222, 321
Stichweh, John, 84
subservientchicken.com, 61-62
Sucesso:
    Longo prazo, 256-258
    preparando para, 245-247
sucks.com URLs, 44-45
Sullivan, Steve, 254, 255
Sunglass Hut, 317, 319
Sunsilk, 114
Suporte ao cliente, pós-venda, 103
Suporte da alta administração, 198
Swiffer, 23

Tampax, 142
Target, 22, 124, 182
TBWA\Chiat\Day, 279
Tchao, Michael, 59
Telemarketing, 43
Televisão, 28
    público cativo da, 25-26
    pulando comerciais da, 41
Teste Beta, 139-140
Thacker, Bob, 191, 254
The Fixx, 39
The Strokes, 118
Thet, Zao, 296
Thompson, Richard, 126
Tide, 38, 167-168, 199, 212, 215-216,

    225
TiVo, 132, 145, 266
Toyota, 39, 121, 293
TPG Capital, 60
TripAdvisor, 99
trocando de, 102-103, 159-160
Trojan, 313
Turner Broadcasting, 38
Turner, Ryan, 246
TV-B-Gone, 45
Twitter, 220
Tylenol, 77, 106, 107, 253

Under Armour, 57
União de marcas, 247-249
Unilever, 114
United Airlines, 239
United Way, 160
UPS, 99, 100

Valette, Jean-Michel, 129
Valor agregado, medindo, 263, 270-273
Vault, 145
Vedrashko, Ilya, 312
Verizon, 296
Versace, 317
Viagra, 313
Vicks, 194-196, 297
Victoria's Secret, 248
Vídeo viral, 113-115
Vídeo(s), 111-116
Videogames, 117, 140, 298-300
Viés externo, em resultados de pesquisa, 219
Viking, equipamentos de cozinha, 156
Virgin Airways, 248
Visa, 49, 242-243
Visual Intelligence Agency, 147

W Hotel, 248
Walkman, 133

Índice Remissivo

Wall Street Journal, 39
Walmart, 22, 182
WebMD, 287
Welch, Sarah, 99
Welcome Wagon, 212
Welsh, Jerry, 158-159
Westin, 239
Whole Foods, 164
Wilson, Chandra, 268
Winfrey, Oprah, 174
Woo, Brian, 282
Woo, Judiaann, 138
World Series (2007), 35
WPP, 119
Wright, George, 115

Wright, Ted, 258
Wrigley, 117

Xbox, 78, 84, 140, 279

Yahoo!, 65, 250
Yoplait, 166
YouTube, 135, 262, 310

ZAAZ, 246-247, 265
Zaltman, Gerald, 223
Zappos.com, 147

Sobre o Autor

Bob Gilbreath é Chief Marketing Strategist, da Bridge Worldwide, uma das maiores agências digitais e de marketing de relacionamento da América do Norte, e subsidiária da WPP. Gilbreath foi citado em publicações que incluem o *Wall Street Journal* e o *New York Times*. Proferiu palestras na Harvard Business School e na Ad:Tech. Iniciou sua carreira em marketing na Procter & Gamble, figurando na lista dos 50 melhores profissionais de marketing da *Advertising Age*. Formou-se pela Duke University e pela New York University, e atualmente mora em Cincinnati, Ohio, com sua esposa, Stephanie, e suas filhas, Grace e Ella.

GRÁFICA PAYM
Tel. (011) 4392-3344
paym@terra.com.br